그러므로 내란은 끝나지 않았다

김정인 ¶ 손우정 ¶ 이미현 ¶ 이원재 ¶ 정연순 ¶ 정욱식 ¶ 추은혜

지금 여기, 한국을 관통하는 50개의 시선

¶**강성현** 극우를 이해하려면 이 정치가 감정이나 감각이나 정동을 어떻게 조직하고 있는가를 봐야 합니다 ¶**강정수** 기득권 타파가 아니라 자기 보전을 위한 친위쿠데타로 귀결된 셈 ¶**권혁은** '12·3 내란과 그 이후, 역사적 관점에서' 인터뷰의 사회를 진행 ¶**권혁철** 따라서 이번 사건이 앞으로 군에게 어떻게 인식될 것이며 어떤 행동으로 나타날지는 심각하게 고민해야 할 필요 ¶**금준경** 2030 세대 극우 남성들은 민주당 정부하에서 자랐고, 오히려 민주당을 기득권으로 여긴다고 합니다 ¶**김귀옥** 2030 세대와 70대가 서로 맞물리는 과정이 파시즘을 지속시킬 수 있는 토대 ¶**김동춘** 명분이 없으니까 군인들이 움직이지 않았고, 그래서 일사불란하게 명령이 집행되지 않았던 구조적 한계 ¶**김성경** 계엄 세력들이 군 장교들을 동원하기 위해 진급에서 밀려날 위기에 있는 이들을 타깃으로 삼았다 ¶**김영숙** 광장에서 엄청난 힘을 얻었고 무엇인가를 해볼 수 있다는 에너지를 발견 ¶**김종철** 저는 이번 사태가 1972년의 유신쿠데타와 비슷하다고 생각해요 ¶ '87년 체제의 장단점이 드러난 게 이번 계엄 ¶**김현수** 여러 세력을 조정하면서 헤쳐나가는 직이라고 생각하지 않고, 자기가 왕으로서, 최고 권력의 자리에서 통치한다고 생각 ¶**박미경** 시청에서 열린 대책 회의에서는 이번 비상계엄은 엄연한 불법이고 ¶**박성철** 말로는 계속 정교분리를 외쳤지만, 실질적으로는 근본주의 대형 교회들이 결탁했습니다 ¶**박우대** 가장 중요한 요인은 윤석열의 비상계엄 선포 직후 계엄을 막기 위해 여의도로 달려온 4천여 명의 시민들 ¶**박태균** 1980년 신군부 세력과 서울대 법대 출신을 중심으로 탄생해 육법당이라 불린 민주정의당 구조의 단면이 드러난 사건 ¶**백승헌** 이번 사건을 규범적으로 정의하면 친위쿠데타를 통한 내란이죠 ¶**서복경** 주류 권력이 극단주의 세력을 용인하고 발언권을 부여할 때 그들이 영향력을 얻게 된다 ¶**신현호** 윤석열 한 사람만의 문제가 아니라 한국 사회에 깊이 뿌리내린 초엘리트 집단의 문제 ¶**안병진** 한국 사회는 '차가운 내전' 국면으로 넘어간 것으로 봅니다 ¶**양승훈** 미국이나 유럽에서 나타난 폭넓은 극우 운동과는 다릅니다 ¶**양이현경** 뭔가가 벌어지면 몸으로 막아야 한다는 그런 각오까지 하고 오셨다고 생각 ¶**엄미경** 윤석열 정권의 반민주성, 반민중성을 이대로 두면 안 된다는 일정한 공통적 인식이 존재 ¶**여석주** 대한민국이 많은 국방 예산을 들여서 최고의 전사로 양성한 인원들이 엄청나게 어벙한 행동 ¶**오병두** 절차 위반이나 과잉 수사가 있더라도 처벌하는 것이 정당하니까 문제가 없다고 믿는 경향 ¶**윤홍식** 잠복해 있던 우경화가 드디어 표면에 드러났다고 보입니다 ¶**이동기** 법원을 물리적으로 공격하는 것은 상상도 하지 못한 일 ¶**이송순** 엘리트 카르텔이 윤석열 정부의 탄생과 12·3 계엄의 근원 ¶**이승원** 윤석열은 국가를 어떻게 사용해야 할지, 아무 생각이 없어요 ¶**이승훈** 극우 선동의 말들이 대중 정치인을 통해서 대중들에게 메시지로 전달되면 안 되는 거든요 ¶**이제영** 인터뷰에서 직접 발언을 하진 않았지만, 우리가 함께 나눈 이야기를 더욱 심층적으로 정리 ¶**이주희** 반공주의의 건재가 극우 세력을 오랫동안 형성해 왔으며 결국 이번 계엄에서도 반국가 세력 처단이라는 명분을 제공 ¶**이준일** 한국 사회가 그간 혐오 표현이나 선동을 방치해 왔고 그것이 실제 폭력으로 전환될 수 있음을 보여준 사례 ¶**이철희** 보수진영 전반에서 진행된 좀 더 근본적이고 구조적인 문제를 지적 ¶**이한솔** 전략도 없고 도태되는 방식만 보이다 보니 극우 세력 문제가 위기로 느껴지지 않는다 ¶**임선응** 윤석열의 의사결정 과정을 이성이나 합리성으로 이해하거나 해석하는 게 무의미 ¶**임춘택** 정작 그가 기대했던 청년층은 그를 지키기 위한 행동에 나서지 않았다 ¶**정완숙** 극우가 점차 행동화, 지능화하고 있는 상황에서도 단호한 처벌이 쉽지 않다 ¶**정은주** 언론이 왜 윤석열을 제대로 검증하지 못하고 놓쳤는가에 대해 심각하게 반성해야 ¶**조희연** 반대자를 반국가 세력으로 보는, 정치적 도그마에 가까운 양분법적 시각 ¶**차성환** 내가 예전에 볼 수 없었던 정말 엄청난 투쟁 ¶**하남석** 중장기적인 정책의 토대와 방향을 잡지 못하면 회복이 불가능할 수 있다 ¶**홍진원** 윤석열 이후를 희망으로만 전망하기 어려워했다 박근혜 탄핵의 교훈 때문이다

그러므로 내란은 끝나지 않았다

SIDEWAYS

프롤로그

2024년 12월 3일, 현직 대통령의 계엄령 선포는 온 나라를 충격에 빠뜨렸습니다. 그러나 시민들의 신속한 저항, 국회의 대응, 헌법기관들의 작동으로 독재체제를 수립하려는 내란은 저지되었습니다. 선거를 통한 새로운 정부의 출범과 함께 헌정질서는 다시 제 궤도로 돌아왔습니다. 혼란과 위기 속에서도 우리 민주주의는 훌륭한 대응력과 회복력을 보여주었고, 시민사회는 그 건강함을 다시 한번 입증했습니다.

   그러나 이 모든 과정을 거치며 우리 사회가 치른 대가는 결코 작지 않습니다. 민주공화국의 근간을 뒤흔든 이 친위쿠데타의 상처를 치유하고 그 후유증을 극복하기 위해서는 앞으로도 긴 시간과 상당한 노력이 필요합니다. 무엇보다 중요한 것은 이번 사태의 원인을 제대로 직시하고, 그 전개 과정에서 드러난 허점과 문제점을 성찰하며, 재발을 막기 위한 제도적·사회적 해법을 찾아 실행하는 일입니다. 이 과제는 아무리 오래 걸리더라도 반드시 해내야 할 일이며, 그래야만 우리 사회는 일보 더 전진할 수 있을 것입니다.

 이러한 노력은 먼저 질문하는 데서 시작됩니다. 민주화 이후로는 더 이상 그 이전으로 되돌아갈 일 없다고 믿었던 우리 사회가 언제부터, 왜, 독재의 질곡으로 다시 떨어질 위험에 노출되었을까요. 이번 사태를 단지 당시 정치권력의 일탈로만 볼 수 있을까요. 어쩌면 언론, 사법, 군, 종교, 시민사회의 일부까지도 이 위기의 구조에 가담하거나 방조한 것은 아닐까요. 우리는 그런 질문을 피하지 않기로 했습니다.

 비상계엄 사태를 단지 윤석열이라는 검사 출신 대통령과 그 주변의 비정상적 일탈로만 해석할 수도 있습니다. 그만큼 시대착오적이고 망상과 같은 시도였기 때문입니다. 그러나 계엄 해제와 탄핵 절차를 보이콧한 집권 여당, 헌정질서 회복을 외면하다 못해 방해한 국무위원들, 계엄령을 지지하고 탄핵 반대를 외치며 극우 담론에 공명한 적지 않은 국민들, 법원에 대한 폭력적 공격과 거짓 선동의 확산은 이번 사태가 단순히 한 사람으로부터 비롯된 문제가 아니었음을 보여줍니다. 내란 극복과 파면에 이르기까지의 과정에서 발생한 여러 사건은 우리 사회의 건강함을 우려하지 않을 수 없게 만들었습니다.

 이에 한겨레경제사회연구원과 법무법인 경 공익연구소는 각 분야의 전문가들과 함께 이번 사태를 살펴보고 대안을 모색하는 공동사업을 진행했습니다. 사건의 규모와 함의 그리고 그 영향이 너무 크기에 가능한 한 입체적이고 다양한 시선으로 사건을 바라보고, 평가하며, 각계에서 오랫동안 탁월한 식견을 보여준 이들의 제안을 모아 전반적인 과제를 도출하는 것이 필요하다고 판단했습니다.

 그래서 9개 분야의 전문가들이 4인 내지 5인씩 한자리에 모여 자신의 견해를 밝히고 토론하는 포커스 그룹 인터뷰(FGI, Focus Group Interview)를 통해 50인의 의견을 모았습니다. 참여한 전문가들은 법학자, 정치학자, 정치평론가, 기자, 연구자, 시민활동가, 변호사, 정신과 의사 등 다양한 직역에서 우리 사회를 관찰하고 고민해 온 분들입니다. 책은 총 9장이며, 각 장은 인터뷰 결과의 핵심을 정리하면서 집필자가 자신의 견해를 더하는 방식으로 구성되었습니다.

먼저 책의 제1장 「역사: 기로에 선 민주주의, 역사의 선택」(김정인)에서는 12·3 계엄 시도를 어떤 역사적 맥락에서 바라볼 것인가를 살펴봅니다. 해방 이후 이승만·박정희의 쿠데타와 이번 내란을 비교해 보고, 이번 사건을 하나의 분절된 것이 아닌 한국 민주주의의 반복된 위기로 분석합니다. 그런 맥락에서 김정인은 이번 사태에서 보인 극우 대중운동, 법원 피습, 엘리트 카르텔 등이 매우 깊은 역사적 뿌리를 가진 현상이라고 파악합니다. 나아가 우리 사회가 위기를 극복한 힘은 그동안의 민주주의 발전 그 자체와 시민들이 광장에 나선 힘, 그리고 민주화운동 세력의 연대와 지원이 있었기에 만들어질 수 있었다고 결론짓습니다. 그는 더욱 성숙한 민주주의를 위한 시민적 합의를 모아낼 수 있는 공론장으로서의 광장이 절실한 시점임을 강조합니다.

제2장 「정치: 내란의 발발, 그 구조와 맥락」(손우정)에서는 내란이 발발한 한국 사회와 정치의 구조적, 시대적 맥락을 통해 이번 사건을 해석하려 시도합니다. 12·3 계엄 시도를 윤석열 개인의 일탈로 간주해야 할지, 보수의 위기에 대한 사법 엘리트, 군, 검찰, 보수 언론 등 기득권 연합의 구조적 산물로 바라봐야 할지, 계엄 사태를 겨우 막은 것인지, 필연적으로 실패할 수밖에 없는 시도였는지 등등 내란을 둘러싼 다양한 쟁점을 여러 전문가의 시각과 논리를 통해 분석하고 있습니다. 윤석열의 계엄 시도가 권위주의적 세계관과 극우 미디어·무속과의 결합, 그리고 한국 사회

의 고질적인 양극화를 토대로 한 것이었다면, 이런 문제를 반복하지 않기 위한 방안이 필요합니다. 손우정은 자영업 붕괴, 청년 불안정 노동 등 구조적 위기가 계엄 시도의 사회적 기반과 극우의 활성화로 이어졌다는 점에 주목하고 '내란 이후'의 대안을 고민해야 한다고 주장합니다.

제3장 「경제: 민주주의 종말의 경제적 가능성들」(이원재)에서는 12·3 계엄의 사회경제적 원인과 영향을 분석합니다. 이원재는 이번 계엄 시도를 초엘리트 집단의 친위쿠데타로 진단하며, 이는 한국 사회 내 권력 엘리트들의 민주주의 경시와 결합된 경제적·정치적 문제라고 지적합니다. 전 세계적인 극우 정치의 득세와 신자유주의의 퇴조, 보호주의적 경향의 확대는 성장과 분배, 보편적 사회복지에 관한 오랜 딜레마를 우리 앞에 던져놓고 있습니다. 이원재는 한국 사회의 이중노동시장, 중소자영업의 몰락, 불안정한 청년층 등이 극우의 사회경제적 토양이 될 수 있다고 경고하면서 그 해법으로 불평등, 고령화, 기후위기를 해결할 새로운 성장 전략을 통해 민주주의 기반을 강화하는 방안을 제시합니다.

제4장 「외교: 내란 사태와 남북·국제관계, 그리고 군에 대한 민주적 통제」(정욱식)은 12·3 내란을 민군 관계와 남북 관계 등 외교의 위기라는 관점에서 분석한 글입니다. 정욱식은 일부 군 수뇌부의 동조에도 다수 하급 병력이 명령을 거부한 것을 내란 실패의 이유로 꼽습니다. 하지만 동시에 이번 계엄 사태가 민주화 이후 당연하게 생각했던 군의 문민통제가 완벽하지 못하다는 점을 보여주면서 민군 관계의 현주소를 드러냈다고 평가합니다. 문민통제를 성찰적으로 재검토하여 계엄 제도와 위법 명령에 대한 거부권 명시 등 제도 개혁을 지속적으로 이어나가야 한다고 강조합니다. 윤석열이 북한과의 관계를 계엄의 사유 중 하나로 내세우고 실제 남북 관계의 악화를 통해 계엄의 명분을 얻으려 한 점도 분석합니다. 정욱

식은 윤석열 정부의 구체적 행보와 이에 대한 북한의 대응을 되짚은 뒤 남북 관계의 안정과 한반도 평화의 증진, '북풍'을 유도하려는 나쁜 관습을 타파하는 것이 중대한 과제임을 강조합니다. 아울러 이번 사태에서 발견한 민주주의의 회복력을 발판으로 삼아 한반도 평화를 진전케 하는 것을 중요한 목표로 제시합니다.

제5장 「윤석열: 문제적 인물, 윤석열」(손우정)에서는 인간 윤석열에 집중합니다. 12·3 계엄 시도가 윤석열 개인의 특유한 성격에 기인한 것인지, 아니면 보수의 위기에서 비롯된 구조적 결과인지를 본격적으로 살펴봅니다. 정치학, 법학, 사회학 전공자와 정신분석가, 언론인 등 다양한 전문가들은 '인간 윤석열'을 건너뛰고는 12·3 계엄 시도를 이해할 수 없다고 입을 모읍니다. 다만 손우정은 이번 사태에 윤석열 개인의 특성이 크게 작용한 것은 사실이지만, 계엄 시도의 원인을 온전히 윤석열 개인에게만 돌리는 것이 현재의 내란 국면을 제대로 파악하는 방법인지에 대해서는 의문을 던집니다. 손우정에 따르면, 윤석열 같은 캐릭터의 리더가 한국 사회에서 드물지 않다는 인식이 중요합니다. 그는 이런 인물들이 지도자의 위치에 오를 수 있는 환경이 변하지 않는 한 언제든 같은 사태가 반복될 수 있다고 경고합니다.

제6장 「극우: 외로움의 시대, 극우를 키우다」(추은혜)는 극우에 관한 이야기입니다. 이번 사태가 보여주는 큰 특징 중 하나는 적지 않은 국민들이 계엄령을 선포한 윤석열을 옹호하며 탄핵에 반대하고 거리에 나왔다는 점, 그리고 윤석열이 구속되자 일군의 사람들이 국가기관인 법원을 실체적인 폭력으로 공격했다는 점입니다. 그간 많은 전문가들은 수 개월간 지속된 내란 사태의 가장 충격적인 장면으로 서부지법 폭동을 꼽기도 했습니다. 추은혜는 한국 극우의 준동이 일시적인 현상이 아니며 반공주의,

뉴라이트, 개신교 근본주의 등이 결합한 구조적 산물이라고 진단합니다. 유튜브와 온라인 커뮤니티가 이를 증폭시키고 있으며, 능력주의가 만연한 사회적 토양에서 기인한 박탈감과 분노는 극우 동원의 뿌리가 되고 있다는 것입니다. 추은혜는 외로움이라는 키워드에 특히 주목합니다. 민주주의를 지키기 위해서는 시민 연대와 표현의 자유를 보장하면서도 폭력과 허위 정보에는 단호히 대응해야 하며, 동시에 신뢰와 포용을 바탕으로 '혼잣말하지 않는 사회'를 만드는 게 필수적이라고 제안합니다.

제7장은 시민사회에 대해 분석한 글입니다. 「시민운동: 두 번째 위기, 두 번째 교훈」(이미현)은 12·3 계엄 이후 시민들이 만들어낸 광장에 관한 이야기를 우리에게 들려줍니다. 계엄령 선포 직후의 긴박했던 순간에서부터 탄핵에 이르는 고비마다 시민들은 새롭고 역동적인 광장을 만들어냈습니다. 시민사회 활동가들은 광장에 모인 이들에게 더 많은 발언권을 주기 위해 노력했고, 집회의 분위기를 성숙하고 비폭력적으로 바꾸기 위해 애를 썼으며, 그 결과 예전과는 다르게 거리에선 안전하고 평등한 공간이 열렸습니다. 그러나 이미현은 우리 사회의 광장이 가지는 제반 한계 또한 직시하고 심층적으로 풀어놓습니다. 그는 민주주의는 완성된 체제가 아니며, 광장은 완성을 향한 과정을 지속하는 공간이라는 점을 강조합니다.

제8장은 지역입니다. 「지역: 이곳에도 저항이 있었다」(손우정)에서는 내란을 막은 시민의 행동이 서울에서만 벌어지지 않았다는 점에 주목합니다. 계엄이 선포되자마자 숨 가쁘게 움직였던 지역은 서울 및 수도권과 전혀 다른 조건과 상황에서 각자의 방식으로 싸워 왔습니다. 손우정은 보수 세가 강한 강원과 대구, 부산, 1980년의 상처가 고스란히 남아있는 광주, 다양한 정치적 시각이 비교적 고르게 분포하고 있는 대전의 저항 과

정을 복기하며 언론이 주목하지 않은 지역의 상황을 기록합니다. 이들이야말로 한국 민주주의가 최저선 아래로 내려가지 않도록, 곳곳에서 묵묵하게 안전망을 만드는 사람들임을 우리에게 상기시킵니다.

제9장 「헌정질서: '민주공화국'을 중심으로 본 헌정(憲政)의 과제」(정연순)는 우리 헌정질서의 현주소와 과제를 다루었습니다. 이 글은 12·3 계엄이 헌법 제1조의 민주공화국 원리를 정면으로 위반한 사건임을 분명히 하면서 우리 헌정질서가 그 시도를 제도적 틀 안에서 저지해 냈다는 점을 강조합니다. 그렇지만 이 승리는 결코 쉬웠던 것도, 완전히 종결된 것도 아닙니다. 결국 쿠데타의 주역은 파면되었지만 현재에도 내란 세력이 활개 치고 광장은 분열하는 등 헌정질서를 위협하는 불안정한 요소들이 존재합니다. 정연순에 따르면, 민주공화국의 원리를 제대로 인식하고 실천하는 것만이 극우의 준동을 막고 혐오의 확산을 저지할 수 있는 유일한 방법입니다. 그러기 위해선 물론 권력기관과 민주주의 심화를 위한 제도 개혁도 중요하지만, 무엇보다도 공공선을 추구하는 시민의 양성이 그에 못지않게 절실한 과제라는 게 정연순의 결론입니다.

지금까지 살펴본 『그러므로 내란은 끝나지 않았다』의 아홉 장은 이번 사태를 '예외적인 사건'으로 치부하지 않고 그것이 가능하게 했던 조건들을 심층적으로 드러냅니다. 우리는 이 책에서 한국 사회의 균열과 맹점을 정면으로 마주하고자 했습니다. 2024년 12월 3일에 시작된 내란 사태로 드러난 우리 사회의 취약하고도 첨예한 면이 무엇인지, 그 취약하고 첨예한 쟁점들은 왜 지금도 계속 남아있는지, 그러므로 우리는 왜 이 나라의 내란이 다 끝났다고 안심할 수 없는지를 살펴보기 위해 노력했습니다. 특히 '극우의 일상화', '권위주의의 회귀', '시민사회의 역할 재정립'과 같은 주제는 단지 학술적 논의에 그치지 않고 우리가 마주한 현재를 사는 데 반드시 필요한 논점들입니다. 책의 저자와 기획위원 총 아홉 명은 이러한 고민을 담아내기 위해 한자리에 모여 머리를 맞대고 토론했습니다. 이 대담은 「12·3 계엄과 한국 민주주의의 위기」라는 제목으로 원고의 마지막 부분에 실려 있습니다.

   이 책의 기획과 편집, 집필에는 많은 분들의 노고가 담겼습니다. 무엇보다 기꺼이 인터뷰에 응해 주신 전문가분들에게 깊은 감사를 드립니다.
   기획자로서 전체의 방향을 잡고 진행을 책임진 정은주 기자께 특별한 감사를 드립니다. 아울러 집필과 편집의 동반자였던 도서출판 사이드웨이 박성열 대표께도 고마운 마음을 전합니다.
   12·3 계엄을 통한 내란 시도는 주권자의 힘 덕분에 다행히 비극으로 맺어지지 않았습니다. 그러나 내란의 상처가 온전히 치유된 것은 아닙니다. 내란이 일어난 근본적 원인을 차분히 살펴 우리 사회의 과제들이 성공적으로 해결되어 나갈 때, 우리는 비로소 지난 내란의 상처를 완전히 극복했다고, 앞으로도 유사한 위험은 더 이상 존재하지 않는다고 자신할 수 있을 것입니다.
   이 책이 그 길을 함께 모색하고 실천하는 데 작은 보탬이 되기를 바랍니다.

2025년 7월 20일
이번 책에 참여한 50인을 대표하여, 백승헌

차례

¶ 프롤로그 005

제1장 역사
기로에 선 민주주의,
역사의 선택
¶김정인

017

제2장 정치
내란의 발발,
그 구조와 맥락
¶손우정

049

제3장 경제
민주주의 종말의
경제적 가능성들
¶이원재

083

제4장 외교
내란 사태와
남북·국제관계,
그리고 군에 대한
민주적 통제
¶정욱식

121

제5장 윤석열
문제적 인물,
윤석열
¶손우정

147

제6장 극우

외로움의 시대,
극우를 키우다

¶추은혜

173

제7장 시민운동

두 번째 위기,
두 번째 교훈

¶이미현

223

제8장 지역

이곳에도
저항이 있었다

¶손우정

257

제9장 헌정질서

'민주공화국'을
중심으로 본
헌정(憲政)의 과제

¶정연순

285

대담

12·3 계엄과
한국 민주주의의
위기

¶정리 정은주

315

제1장 역사

기로에 선 민주주의, 역사의 선택

김정인

춘천교대 사회과교육과에 재직하며 한국 근현대 민주주의 역사와 대학사를 연구하고 있다. 참여연대 창립 멤버로 운영위원장을 역임했고, 한중일3국공동역사편찬위원회에 참여하는 중이다. 학문 후속 세대 양성을 위한 인문사회과학 아카데미인 필로버스를 운영하고 있다. 저서로는 『민주주의를 향한 역사』, 『독립을 꿈꾸는 민주주의』, 『모두의 민주주의』, 『대학과 권력』 등이 있다.

인터뷰 참여자　**권혁은** (서울대학교 국제학연구소 연구교수)
김종철 (전 《한겨레》 기자)
박태균 (서울대학교 국제대학원 교수)
이동기 (강원대학교 평화학과 교수)
이송순 (고려대학교 민족문화연구원 연구교수)

2024년 겨울, 산업화와 민주화의 성과로 선진국 반열에 오른 대한민국은 OECD 국가 중 유일하게 계엄을 선포한 나라로 전락했다. 1987년 6월 항쟁 이후 독재의 시대가 막을 내리고 민주주의 공고화의 길을 걸으며 앞으로는 독재를 경험할 일이 없을 것이라던 진보 서사가 무너졌다. 비상계엄령 선포로 시작되어 윤석열 대통령 파면으로 막을 내린 일련의 상황은 독재로의 퇴행이라는 쓰나미가 언제든 대한민국을 덮칠 수 있음을 경고했다.

2016년 겨울, 거리를 촛불로 밝히며 박근혜 대통령 퇴진을 요구해 2017년 봄 파면을 끌어냈던 시민들이 이번에는 응원봉을 들고 광장에 섰다. 국회의 윤석열 대통령 탄핵소추와 헌법재판소의 파면 선고 절차는 박근혜 대통령 탄핵 당시의 과정과 같았다. 하지만 12·3 계엄이 친위쿠데타인 까닭에 네 달 동안 계엄 세력의 도발이 끊이지 않았다. 내란 상황이 지속되면서 비폭력 평화시위를 이어가던 광장 시민은 때론 환호하고 때론 두려움에 떨며 힘든 시간을 견뎌야 했다. 그만큼 내란이 종식되던 순간을 맞이한 기쁨은 컸다. 민주화 이후 친위쿠데타를 통해 민주주의의 퇴행, 즉 독재화를 시도하던 계엄 세력은 "시민의 저항"에 번번이 무너졌다. 비 온 뒤에 땅이 더 굳는 것처럼 민주주의는 더욱 튼튼한 체질을 갖춰가고 있다. 그럼에도 아직 민주주의의 성숙을 위해 짚어야 할 과제가 적지 않다.

12·3 계엄을 겪고 매일 '민주주의란 무엇인가'를 되물으며 해방 이후 독재의 역사, 민주주의 역사를 뒤적였다. 네 달간의 내란 상황은 민주주의의 회복이라는 해피엔딩을 맞이했지만, 그 시간 동안 계엄과 내란을 도발하고 실행한 위협적 세력에 대한 역사적 경계심을 풀 수 없었기 때문이다. 40여 년 독재의 역사에선 12·3 계엄의 단초가 될 만한 사건을 찾았다. 우리 민주주의의 역사에서는 바로 그 해피엔딩을 만들어내고자 분투한 광장 시민의 역량이 어디에서 왔는지를 살폈다. 이와 함께 탄핵 선고를 사흘 앞둔 2025년 4월 1일에는 '12·3 내란과 그 이후, 역사적 관점에서'라는 주제로 포커스 그룹 인터뷰(FGI)를 진행했다. 권혁은 서울대학교 국제학연구소 연구교수의 사회로 진행된 인터뷰에는 김종철 전 《한겨레》 기자, 박태균 서울대학교 국제대학원 교수, 이동기 강원대학교 평화학과 교수, 이송순 고려대학교 민족문화연구원 연구교수가 참여해 각자의 전문적인 견해를 피력했다. 요컨대 이 글에선 이를 바탕으로 역사라는 깊은 우물 속에서 여러 사건을 길어 올렸다. 12·3 계엄 이후부터 윤석열 대통령 파면까지 민주주의가 기로에 섰던 시간에 관하여 친위쿠데타, 극우 카르텔, 엘리트 카르텔 부패, 운동 사회, 광장 시민을 화두로 짚어본다.

정부의 의회에 대한 일격, 친위쿠데타

12·3 계엄은 최고 권력자인 대통령이 일으킨 친위쿠데타였다. 쿠데타 하면 흔히 '정부에 대한 일격'을 뜻하는 군사쿠데타를 연상하지만 쿠데타는 본래 "1851년 루이 나폴레옹 보나파르트가 일으킨 쿠데타처럼 입법부에 일격을 가하는 친위쿠데타"(이동기)를 뜻한다. 한국에서는 이승만 대통령의 1952년 5월 25일 계엄 선포, 박정희 대통령의 1972년 10월 17일 계엄 선포, 그리고 윤석열 대통령의 2024년 12월 3일 계엄 선포까지 세 번의 친위쿠데타가 일어났다. "부산정치파동으로 불리는 최초의 친위쿠데타"(박태균)와 박정희 대통령의 친위 유신쿠데타는 성공했다. 하지만 민주화 이후 독재로의 퇴행을 시도한 윤석열 대통령의 친위쿠데타는 실패했다. 박태균 서울대학교 국제대학원 교수는 이 친위쿠데타를 과거의 경험으로 설명되지 않는 전례 없는 사건이라고 평가했다.

> "우리가 몇 차례의 계엄을 겪긴 했지만, 대부분은 민주주의가 정착되지 않은 시대에 일어났던 일들입니다. 그런데 지금은 민주주의가 어느 정도 안정화됐고, 평화적인 정권 교체도 몇 차례 이루어진 상황이잖아요. 이런 조건에서 계엄이 발생했다는 건 과거의 경험으로는 설명되지 않는 전례 없는 일이라고 볼 수 있어요."(박태균)

첫 번째 친위쿠데타는 한국전쟁 중인 1952년에 이승만 대통령이 일으켰다. 당시 대통령은 국회에서 선출했는데, 1950년 5월 30일 열린 제2대 국회의원 선거에서 이미 무소속 당선자의 득표율이 60% 이상을 차지한 상황이었다. 그리고 곧바로 일어난 한국전쟁에서 이승만 정부가 거듭 잘못을 저지르면서 국회 내에 반이승만 세력이 확대되었다. 1950년 6월 27

일 새벽, 이승만은 서울 사수를 결의한 국회가 모르게 서울을 벗어났다. 이어 국민방위군사건(1951), 거창양민학살사건(1951)이 일어나면서 국회와 이승만 정부의 대결이 격화되었다.

이승만 정부와 의회 간 갈등의 골이 깊어지면서 이승만 대통령의 재선 가능성은 희박해졌다. 그러자 1951년 11월 28일 이승만은 대통령 직선제 개헌안을 국회에 제출했다. 하지만 이듬해인 1952년 1월 18일, 국회는 대통령 직선제 개헌안을 찬성 19표, 반대 143표, 기권 1표의 압도적인 표 차이로 부결했다. 이승만 정부는 대한국민회, 대한청년단 등 관변단체를 총동원해 헌법에도 없는 국회의원 소환 운동을 전개했다. 이에 맞서 국회는 호헌결의안을 통과시켰고, 4월 17일 국회의원 123명이 내각책임제 개헌안을 국회에 제출했다. 그러자 40여 개 관변단체가 내각책임제 개헌안반대공동투쟁위원회를 즉각 결성하고 국회를 성토했다. 4월 20일 이승만 대통령은 내각책임제 개헌안을 주장하던 장택상을 포섭해 국무총리에 지명했다. 장택상은 5월 6일 국무총리로 취임하면서 개헌안 4개 원칙을 발표하고 내각책임제 개헌안 서명 의원들을 회유했다.

이승만 정부와 국회가 개헌을 둘러싸고 전면전을 벌이는 가운데 내각책임제 개헌을 추진하던 서민호 의원이 현역 대위를 사살하는 사건이 일어났다. 5월 14일 국회는 서민호의 살인이 정당방위라며 찬성 94표, 반대 0표로 석방결의안을 가결했고, 다음 날 이승만 정부는 대통령 직선제 개헌안을 수정해 다시 국회에 제출했다. 5월 19일 서민호가 석방되자 며칠 동안 부산 시내에서는 민중자결단, 백골단, 땃벌떼 등의 폭력 집단이 "살인 국회의원 석방한 국회는 해산하라" 등의 구호를 외치며 국회를 포위하는 시위가 일어났다. 김종철 전《한겨레》기자는 이들 청년 단체가 정치권력의 하부조직이었다는 점을 짚었다.

"이승만 시절엔 청년 단체들이 많았어요. 땃벌떼, 서북청년단, 백골단 같은 조직들 말이죠. 하지만 이들은 자발적인 대중 조직이라기보다 권력에 의해 조정되거나 자금을 지원받는, 정치권력의 하부조직 같은 성격이 강했어요." (김종철)

청년 단체의 항의가 점차 불거지자 야당 국회의원들은 개헌을 앞둔 6월 2일 국회에서 대통령을 먼저 선출하는 방안을 추진했다. 이러한 국회의 움직임에 이승만 대통령은 공비를 소탕한다는 명목으로 비상계엄을 선포하며 맞대응했다.

1952년 5월 25일 0시를 기해 부산을 비롯한 경남, 전남, 전북 등 3개 도의 23개 시군에 비상계엄령이 선포되었다. 이승만 대통령은 이종찬 육군 참모총장을 계엄사령관에 임명하고자 했다. 하지만 이종찬은 이를 거부하고 군의 정치 개입에 반대하는 성명을 발표했다. 결국 이승만의 최측근인 헌병대장 원용덕이 계엄사령관을 맡았다. 특무대장 김창룡은 대구형무소에 수감 중이던 무기수와 중형수 7명을 공비로 위장시켜 부산 금정산 일대에서 총격 사건을 일으키도록 지시했다. 원용덕은 헌병대, 특무대, 경찰을 동원해 서민호를 포함한 야당 국회의원을 체포했다. 5월 26일 아침에는 48명의 야당 의원들이 통근버스에 탄 채 헌병대로 연행되었다. 이승만 정부는 공산당 자금의 국내 유입에 연루되었다며 국회의원 11명을 구속했다. 강력한 야당 대통령 후보로 국무총리를 역임한 장면은 수배되는 처지에 놓였다. 5월 27일 국회가 비상계엄 해제요구 결의안을 의결했으나 이승만 대통령은 계엄을 해제하지 않았다. 5월 29일에는 김성수 부통령이 국회의원 체포에 항의하며 사표를 제출했다.

마침내 6월 2일 이승만 대통령은 다음날 오전 10시까지 대통령 직선제 개헌안을 통과시키는 데 동의하지 않으면 정오를 기해 국회를 해산한다는 최후통첩을 국회에 보냈다. 하지만 6월 3일 이승만 대통령에게 미국의 트루먼 대통령(H. S. Truman)이 보낸 경고 서한이 전달되었다. 트루먼 대통령은 미국으로 귀환한 무초(J. J. Muccio) 주한미국대사가 부산으로 돌아갈 때까지 "돌이킬 수 없는 행동", 즉 국회 해산을 하지 말라고 압박했다. 결국 국회를 해산하고 다시 선거를 치러 대통령 직선제 개헌을 관철하려던 이승만 대통령의 시도는 미국의 개입으로 좌절되었다.

그럼에도 이승만 대통령은 재선의 욕망을 포기하지 않았다. 6월 하순에 이르러 정쟁은 더욱 격렬해졌다. 6월 20일에는 야당 국회의원과 재야 인사 60여 명이 반독재호헌구국투쟁위원회를 결성하는 행사를 치르던 중 폭력배들에게 습격당하는 사건이 일어났다. 6월 21일에는 이승만 정부가 대통령 직선제를 포함해 헌법의 몇 개 조항만을 개정하는 발췌 개헌안을 국회에 제출했고, 6월 25일에는 야당 국회의원 김시현의 사주로 이승만을 저격하려다 실패하는 암살 미수 사건이 터졌다. 이승만 정부와 여당은 야당 배후설을 퍼뜨리며 야당을 압박했다. 결국 야당 국회의원들은 전방위적인 압박에 발췌 개헌안에 대한 저항을 포기하고 말았다.

이승만 대통령의 마지막 카드는 개헌 의결에 필요한 국회의원 정족수를 채우는 일이었다. 먼저 등원을 거부하던 야당 국회의원에게 안전 보장을 약속하며 등원을 압박했고, 구속 중인 국회의원도 석방했다. 이렇게 국회의원 대부분이 등원하자 경찰과 군대가 국회를 포위했고 여당 의원들이 나서 출입을 통제했다. 7월 4일 저녁 9시 24분 국회의원들이 기립표결에 들어갔고, 그 결과 재석의원 166명 중 163명 찬성으로 발췌 개헌안이 의결되었다. 이승만 정부는 7월 7일 제1차 개정헌법을 공포했으며 7월 19일에 계엄령을 해제했다. 8월 5일 치러진 제2대 대통령 선거에서 이승만 대통령은 재선에 성공했다. 이 친위쿠데타는 대통령이 집권 연장을 위해 비합법적인 수단으로 헌정을 유린한 최초의 사례였다.

그로부터 20년이 지나 박정희 대통령은 1972년 10월 17일 오후 7시부로 계엄을 선포하며 친위쿠데타를 도발했다. "북한에 대한 강력한 대응체제 구축"(이송순)을 명분으로 내세우며 국회 해산권이 없음에도 군대를 동원해서 강제로 국회를 해산한 뒤 야당 국회의원들을 감금하고 고문했다. 이들은 개헌과 그를 통해 출범하는 정부에 협조한다는 각서를 쓴 뒤에야 석방되었다. 12·3 계엄이 해제되지 않았다면 되풀이되었을 역사다. 김종철은 안보 위협이나 질서 유지에 문제가 없음에도 대통령이 군을 동원해 권력 강화를 시도했다는 점에서 박정희의 친위쿠데타와 윤석열의 친위쿠데타가 유사하다고 보았다.

"저는 이번 사태가 1972년의 유신쿠데타와 비슷하다고 생각해요. 박정희가 이미 집권한 상태에서 자신의 권력을 강화하려고 군을 동원해서 국회를 해산했잖아요. 윤석열도 마찬가지로 대통령인 상태에서 병력을 투입해 입법부를 압박하려 했다는 점에서 유사성이 있어요. 또 당시에도 남북은 평화 공존 분위기였고 전시 상황도 아니었어요. 오히려 6·25 이후 가장 평화로운 시기였는데 계엄이 선포됐죠. 지금도 안보 위협이나 질서 유지에 문제가 없었는데 군을 통해 대통령 권력 강화를 시도했다는 점이 매우 유사해요."(김종철)

이렇게 이승만 대통령과 박정희 대통령의 친위쿠데타는 성공했다. 하지만 그들처럼 군을 동원해 입법부에 일격을 가하려던 윤석열 대통령의 친위쿠데타는 실패했다. 세 대통령 모두 자신을 "한국 민주주의의 수호자"(박태균)라고 주장하며 민주주의를 위협하는 친위쿠데타를 도모했다.

내란의 '실행자', 극우 세력의 귀환

12·3 계엄은 최고 권력자인 대통령에 의해 이뤄진 친위쿠데타였다. 그러므로 비록 실패했으나 계엄 세력이 도발한 내란 상황은 윤석열 대통령 파면이 결정될 때까지 지속되었다. 그 소용돌이 속에서 내란의 실행자로 극우 세력이 부상했다. 개신교 세력을 주축으로 결집한 극우 세력이 윤석열 대통령을 지지하며 1·19 법원 폭동을 일으켰다. 윤석열 대통령은 구속되고 석방되는 과정에서 극우 세력을 방패로 삼았다. 12·3 계엄은 극우 세력의 부추김에 윤석열 대통령이 동조하며 일어난 극우쿠데타이기도 했다.

21세기 대한민국에서 극우 세력은 순식간에 득세했다. 정치적 자산과 경험이 없는 윤석열 대통령은 전광훈으로 대표되는 개신교 세력, 극우 유튜버 등을 주축으로 삼은 집단을 자신의 권력 기반으로 취했다. 그리고 극우 이념에 경도된 극소수의 최측근과 12·3 계엄을 단행했다. 하지만 12월 3일 밤과 4일 새벽 사이 시민의 저항과 군인들의 소극적인 행동 덕에 국회는 비상계엄 해제요구안을 의결했고 윤석열 대통령은 결국 계엄을 해제했다. 그럼에도 극우 세력은 친위쿠데타의 좌절과 국회의 윤석열 대통령 탄핵소추안 의결이라는 현실을 받아들이지 못했고, 광화문과 여의도에서 탄핵에 반대하는 대중 집회를 열며 세를 과시했다. 급기야 윤석열 대통령에게 구속영장이 발부된 2025년 1월 19일 새벽에는 서부지방법원에서 폭동까지 일으켰다. 법원 내부에 들어가 집기를 부수고 판사를 잡으러 다니는 광기 어린 폭동은 극우쿠데타 실패에 대한 좌절과 분노의 크기를 여실히 보여주었다.

극우 세력은 극우 반공 독재 시대라고 불린 이승만 정부 시절에 부상했다. 그때는 군인과 경찰 등의 공권력도 그들과 한편인 경우가 많았다. 해방 직후 귀국해 국내의 정치적 기반이 약했던 이승만 대통령 역시 극우 반공 세력을 권력의 발판으로 삼았기 때문이다. 이승만 대통령은 1948년 8월 15일 대한민국 정부가 수립하자마자 제주도에 계엄을 선포하고 주민을 학살했다. 이때는 계엄법도 없던 시절이었다. 그런데 제주 4·3 사건에서 주민 학살에 나선 것은 군인과 경찰만이 아니었다. 소위 극우 반공 청년 조직인 서북청년회가 학살에 가담했다. 극우 세력은 경찰이 친일 청산 소임을 맡은 반민족행위특별조사위원회(이하 반민특위)를 습격할 때도 선봉대 역할을 했다. 1949년 6월 3일 친일 전력자 단체인 국민계몽회가 이끄는 1천여 명의 시위대가 '반민특위 내의 공산 분자를 숙청하라'를 외치며 반민특위 사무실을 습격했다. 다음날 반민특위는 이 시위의 배후자로 지목된 서울시경 사찰과장, 종로경찰서 사찰주임 등을 체포했다. 그러자 다음날인 6월 6일 서울 중부경찰서장이 무장경찰을 이끌고 반민특위를 직접 습격했다. 국회에서 반민특위 습격 사건은 불법이라고 문제를 제기하자 경찰 간부들은 총퇴진하겠다며 배수진을 쳤다. 결국 이 사건으로 반민특위의 활동은 사실상 무력화되었다. 같은 달인 6월 26일에는 김구가 안두희 소위의 총탄에 쓰러졌다. 당시 육군본부는 안두희가 김구가 이끄는 한독당의 비밀 당원이라 발표했다. 하지만 그는 극우 테러단체인 백의사의 최정예 암살단원이자 미군 방첩대 정보요원이었다. 이렇듯 대한민국 정부 출범 당시에는 군부, 경찰 등 공권력까지 극우 세력의 편에 서서 폭력 테러를 불사하는 극우 카르텔이 작동했다.

극우 세력은 한국전쟁이 끝난 후에도 반공을 앞세우며 대중운동을 벌이고 폭력 테러를 감행했다. 1950년대 중반에는 평화통일론을 주창한 조봉암이 이끄는 진보당을 표적 삼아 공격했고, 진보당의 서울시·경기도당 결성대회가 테러단과 경찰에 의해 중단되는 일도 일어났다. 결국 1958년 초 조봉암 등의 진보당 간부들이 간첩죄로 구속되면서 진보당은 해산당했다. 그해 7월 2일 서울형사지방법원 유병진 판사는 진보당 간부들의 국가 변란 혐의에 대해 무죄를 선고했다. 조봉암에게는 간첩죄가 아니라 국가보안법을 적용해 징역 5년을 선고했다. 그러자 7월 5일 오전 11시 35분경 반공 청년을 자칭하는 100여 명이 법원에 몰려왔다. 그들은 "공산 판사 유병진을 타도하자" 등을 외치며 법원 구내까지 침입해 복도에서 시위했다. 경찰이 퇴거를 요구하자 법원 밖으로 나와 계속해서 구호를 외쳤고, 서울고등법원장을 만나 항의문을 전달하고서야 해산했다.

극우 세력의 법원 난입 사건은 "우리나라 건국 후 처음 보는 판결에 대한 시위 및 소란 사태"이자 "폭력으로 국가 변란을 꿈꾸는 행동"으로 인식되어 사회에 큰 충격을 주었다. 주동자 5명이 긴급 체포되었고 조용순 대법원장은 "확정판결도 아닌 1심 판결만을 가지고 그런 난폭한 짓을 벌인 것은 경거망동한 짓이며 유감스러운 일이다. 확정판결이라 해도 국민의 자격으로 판결에 대해 비판할 수는 있으나 폭력으로 데모한다는 것은 있을 수 없는 일이며, 사법부의 장래를 위해서 치안국에 데모한 자들을 엄중 단속할 것을 요청하였다."라는 입장을 발표했다. 김병로 전 대법원장은 "다른 부문에 있어서는 그런 일이 있을 수 있지만 사법에 대해서는 미개한 나라에서도 유례가 없는 행위다."라고 개탄했다. 서울지방법원장은 "피고를 구출하기 위한 시위는 외국에서도 볼 수 있으나 판사 개인에 대하여 공격하는 시위는 처음 보는 일이다."라고 충격을 전했다.

그로부터 68년 만인 2025년 1월 19일 새벽, 극우 세력은 서울서부지방법원에서 집기를 부수고 판사 집무실을 침탈했다. 극우 세력이 법원 복도에 난입했던 1958년의 난동과는 비교할 수 없을 수준의 극단적 폭력에 사법부가 유린당했다. "1980년대 중후반 민주화운동이 가열되었을 때에도 부당한 판결을 내린 법원 앞에서 항의의 뜻과 분노를 표출하는 경우는 있었지만, 법원을 물리적으로 공격하는 것은 상상도 하지 못한 일"(이동기)이었다. 이처럼 "우리 사회에서 생각이라는 것을 공유할 수 없는 사람들도 살고 있구나"(박태균)라고 생각할 만큼 한국 사회에 큰 충격을 안긴 법원 폭동에 대해 조희대 대법원장은 별다른 입장 발표 없이 침묵으로 일관했다.

이승만 정부 시절 공권력과 함께 권력의 기반 역할을 하던 "극우 조직은 5·16 군사쿠데타 이후 군부 세력이 그들을 비호하지 않으면서 대부분 사라졌다."(김종철) 그리고 민주화 이후 극우 세력은 개신교를 기반으로 활동을 재개했다. 이들은 김대중 정부와 노무현 정부가 과거사 청산에 나서자 이에 저항하는 세력으로 떠오른 뉴라이트에 동조했다.

"극우 세력들의 역사 인식은 현실의 승자를 강자로 보는 경향이 강하다. 그들은 이승만·박정희·전두환의 독재적 카리스마가 한국 사회의 경제적 성장을 가져왔고 반공과 친미를 통해 선진국 대열에 진입했다고 생각한다. 그래서 그들에게 있어 또 하나의 우상인 박정희의 딸 박근혜 대통령이 파면되자 정치적으로 결집했다."(이송순)

박근혜 대통령 탄핵에 반대하는 태극기 부대가 거리 시위에 나서고 유튜브, SNS 등을 통한 지속적인 결집이 이뤄지면서 극우적 구호와 부정선거론과 같은 음모론을 기반으로 삼은 극우 세력이 전면에 등장했다. 나아가 윤석열 대통령은 극우 세력을 자신의 권력 기반으로 삼았을 뿐 아니라 집권 여당이었던 국민의힘의 극우화를 견인했다. 12·3 계엄 이후 친윤계 국회의원을 필두로 국민의힘은 윤석열 대통령 탄핵에 반대하며 극우 세력에 끌려다녔다. "아직 극우 세력이 의회에 진출하지는 않았지만 국민의힘이 그 역할을 대신하는"(이동기) 양상을 보였다.

이처럼 극우 세력은 12·3 계엄 이후 내란의 주역으로 부상하며 정치와 사회를 흔드는 '불온한' 세력으로 자리를 잡았다. 이송순은 극우 세력의 이러한 폭력성이 점차 수위를 높여가는 현실을 우려했다.

"우리 사회에서도 인종, 민족, 젠더, 성소수자, 정치적 견해, 지역감정 등에서 자신과 다르다고 판단하는 집단에 대한 적개심이 아무런 제재 없이 쏟아지고 있습니다. 이재명 당시 민주당 대표에 대한 테러, 서부지법 폭동 행위는 상대방을 이해하고 설득하는 과정에 동의하지 않고, 언어적 폭력을 넘어 파괴, 테러, 암살 등도 거리낌 없이 실행할 수 있다는 단초들을 보여주는 것이죠."(이송순)

그런데 한국의 극우 세력은 "다른 나라에도 있는 현상이라고 하기에는 종교가 너무 강하게 개입돼 있고, 이전과 비교했을 때 여성혐오와 중국에 대한 혐오가 뚜렷하게 나타나는 특징을 보인다."(박태균) 박태균은 특히 일요일에 열리는 극우 집회에서 오전 11시에 예배를 한 뒤에 집회를 하는 종교적 극우 문화에 주목했다. 김종철도 "복음주의를 중심으로 한 일부 개신교계가 젠더 문제나 성소수자 문제를 고리로 정치적 행동에 나서 정당을 만들고 정치권까지 진출하려 시도하고 있다."라는 점을 우려했다.

극우 세력의 부상은 비단 한국만의 현상이 아니다. 세계 곳곳에서 극우 세력은 신자유주의 체제에 반대하는 반체제적 성향을 보이며 외연을 확장 중이다. "기존의 극우 세력들이 체제를 유지하는 성격이 뚜렷했다면 현재 극우 세력은 현실의 체제에 대한 불만을 부각한다."(이동기) 그러므로 극우 세력의 대중운동과 폭력 선동은 "21세기 중반까지 지속될 글로벌 포퓰리즘과 극우 세력 확산의 흐름 속"(이동기)에서 파악할 필요가 있다.

내란으로 드러난 민낯, 엘리트 카르텔 부패

내란 상황에서 극우 세력 외에도 실행자 역할을 한 세력이 있었다. 바로 엘리트 카르텔 세력이었다. '충암파'로 불린 군부 카르텔 혹은 육사 카르텔은 대통령과 함께 국회에 무장군인을 투입하는 반헌법적 계엄을 모의했고 실행에 옮겼다. 박태균은 윤석열 대통령의 친위쿠데타를 "1980년 신군부 세력과 서울대 법대 출신을 중심으로 탄생해 육법당이라 불린 민주정의당 구조의 단면이 드러난 사건"이라 보았다. 한편 한덕수 국무총리나 최상목 경제부총리 등의 모피아(Mofia)는 대통령 권한대행으로서 헌법재판소의 판결에도 불구하고 헌법재판관을 임명하지 않는 헌법 유린 사태를 자초하며 고위 관료의 빈약한 민주주의 의식을 고스란히 드러냈다. 김종철은 12·3 내란에서 가장 인상 깊었던 장면으로 이를 꼽았다. 그는 국가 공동체보다 자기 이해관계를 먼저 생각하는 관료 사회의 타락을 우려했다.

> "한덕수, 최상목 두 고위 관료의 헌법 위반, 법률 위반적 행동, 관료의 타락이랄까 이 부분이 정말 심각했다고 느꼈어요. 한덕수, 최상목 두 사람은 너무 기회주의적이었을 뿐 아니라 국가 공동체에 대한 자기 의무를 저버린 게 아닌가 하는 생각이 들어요. 과거 엘리트 관료들은 그래도 애국심이 있었고, 국가 공동체를 위한 사명감도 있었거든요. 그리고 그 관

료들이 한국 사회를 발전시키는 데 큰 역할을 하기도 했고. 그러나 이번 두 사람의 행동은 도무지 이해하기 어려웠어요. 국가 공동체보다는 자기를 임명해 준 사람이나 자기 이해관계를 먼저 생각하는 모습이 아니었나 싶어요. 한국 관료 사회가 너무 타락한 것 아닌가 하는 걱정이 들어요. 앞으로 우리 사회가 이 문제를 잘 짚어봐야 하지 않을까, 그런 생각이 듭니다." (김종철)

여기에 사법부 카르텔은 내란 우두머리 혐의로 구속된 윤석열을 해방 이후 최초로 '일자'가 아닌 '시간'을 적용하는 법 해석으로 풀어주었다. 지귀연 서울중앙지방법원 판사의 석방 결정에 검찰 카르텔의 정점에 있는 심우정 검찰총장은 즉시항고를 하지 않았다. 그리고 조희대 대법원장은 윤석열 대통령 파면으로 치러지는 대통령 선거를 한 달 앞두고 이재명 대통령 후보의 공직선거법 위반 사건을 대법원전원합의체에 회부한 지 9일 만에 파기환송해서 국민적 공분을 샀다.

미국 콜게이트 대학 존스턴(M. Johnston) 교수는 국가별 부패 유형을 4가지로 나눴다. 1단계는 '독재형(Official Moguls) 부패'다. 중국, 인도네시아 등 정치 후진국에서 주로 나타난다. 2단계는 '족벌형(Oligarchs and Clans) 부패'이다. '독재형 부패'와 같은 후진국형 부패로 러시아, 필리핀 등에서 나타난다. 3단계인 '엘리트 카르텔형(Elite Cartel) 부패'는 인맥을 중시하는 문화가 또렷한 한국, 이탈리아 등에서 나타난다. 정치인과 고위 관료, 대기업 임원과 언론인 등 이른바 엘리트들이 학연·지연으로 뭉쳐 권력 유지 기반을 만들고 그 위에서 부패 행위를 통해 이익을 추구하는 것이 특징이다. 4단계는 '시장 로비형(Influence Markets) 부패'로 미국과 영국, 캐나다, 일본 등의 선진국에서 나타난다.

12·3 계엄과 이후 내란 상황은 존스턴 교수의 지적대로 한국이 전형적인 엘리트 카르텔형 부패의 나라임을 재확인해 주었다. 그렇다면 이번 계엄 사태를 통해 가장 노골적으로 드러난 사법부 카르텔과 모피아의 부패 현상은 언제부터 형성된 것일까? 사법부 카르텔 부패를 상징하는 전관예우 현상과 모피아의 부패가 사회문제로 부상한 것은 민주화 이후인 1990년대였다. 민주화 이후 민주주의가 절차를 중시하는 제도와 문화를 만들며 공고화의 길을 걷는 동안 독재형 부패와 족벌형 부패는 약화되었다. 반면 학연에 기반한 엘리트 카르텔 부패 현상이 노골화되면서 이번 12·3 계엄과 내란 상황에서 위헌·위법적 행위도 불사하는 지경에 이르게 된 것이다.

본래 전관예우는 고위 관료를 지낸 사람에게 퇴직 후에도 재임 때와 같은 예우를 베푸는 일을 가리켰다. 전관예우가 사법 카르텔 부패를 응축한 개념으로 부상한 것은 1990년대 초였다. 1991년 《한겨레》는 한국 사회 부패 구조의 실상에 관한 특집 기사를 다뤘는데, 이 중 다섯 번째 기사 제목이 「법조계 비리: 개업 변호사–현직 판·검사 먹이사슬」이었다.

> 판검사와 개업 변호사의 이런 부패 사슬 구조는 돈이 없는 게 죄라는 서민들의 한탄이 냉엄한 현실임을 증명해 주는 것이다. 그러나 "자본주의 체제하에서 돈으로 유능한 변호사를 사서 유리한 판결을 받아내는 것은 당연한 일"이라고 반론을 펴는 법조인들이 아직 많은 것을 보면 이 문제는 장기간 동안 해결이 불가능한 구조적 고질적 병폐로 보인다. (《한겨레》, 1991년 1월 31일)

이처럼 30년 전에는 사법 카르텔을 상징하는 전관예우가 부패 현상으로 비판받았다. 하지만 2020년대 중반인 지금은 전관예우가 오히려 '관행'으로 자리 잡아 이를 거부하겠다는 당연한 말을 남긴 문형배 헌법재판소 재판관이 칭송을 받는 시대가 되었다. 민주화 이후 부패라는 범죄를 수사하고 재판해야 할 법조인들이 학연에 기반한 사법 카르텔을 강화했고, 자신들의 부패를 스스로 청산하기는커녕 그것을 사회적인 문제로 인식하지 못하도록 호도한 역사는 민주주의 역사에서 커다란 오점으로 기록될 것이다.

《한겨레》의 기획 기사는 검사들에 대해서 이렇게 전한다.

> 검사들이 스폰서를 끼고 술을 마시는 것도 오래된 악습 중의 하나다. (중략) 검사들끼리 사건 청탁을 하는 것도 보기에 따라서는 큰 문제다. 검사들 중 일부는 친인척이나 학교 선후배는 물론 스폰서로부터 들어오는 사건 청탁을 아무 죄의식 없이 담당 검사에게 부탁한다. 동료나 상급자로부터 부탁을 받은 검사가 사건을 불편부당하게 처리하리라고 기대할 수는 없다.

그렇게 30년이 훌쩍 넘는 세월 동안 검사들은 그 자체가 하나의 이익집단으로서 순혈주의적인 카르텔을 형성했다. 부패를 수사해야 할 검찰의 부패가 관행화된 것이다. "'나는 사람에 충성하지 않고 조직에 충성한다'라는 말을 서슴없이 하면서 조직 중심주의와 힘의 논리를 내세웠던"(박태균) 검찰 카르텔은 강고한 순혈주의로 대통령 권력까지 창출해 냈으나 결국 민주화에 역행하는 반동으로 기능하고 말았다.

한편, 행정부 수반을 대행하면서 초법적 행위도 서슴지 않았던 한덕수 국무총리, 최상목 경제부총리 등을 가리키는 모피아가 신조어로 언론에 오르내리며 사회문제화된 것 역시 1990년대 초였다.

> 한번 재무부는 영원한 재무부, 꺼진 불도 다시 보자는 얘기가 농담처럼 나도는 것은 바로 이와 같은 재무부 출신의 유별난 연대 의식에서 비롯됐다. 은행, 보험, 단자, 증권 등 각종 금융기관의 장을 보면 재무부 출신들이 어김없이 자리 잡고 있으며 10년 이상 금융기관장을 역임한 사람도 10명 가까이나 된다. 그래서 모피아란 신조어가 탄생했다. 재무부의 영문 약자와 마피아의 합성어인 모피아는 금융계 사람들이 금융계 내 재무부 출신들을 일컫는 말이다. (《매일경제》, 1992년 9월 18일)

모피아의 부패는 1997년 IMF 외환위기 사태를 유발한 원인으로 지적될 만큼 심각했다. IMF 외환위기 사태의 시발점이 되었던 한보그룹의 부도 사태에 모피아가 연루되면서 언론의 조명을 받았다.

> 모피아 멤버들은 동기나 선후배 관계를 엄격하게 유지하며 우리나라 금융, 세제, 환율정책을 좌지우지한다. 모피아 인맥은 퇴직 후에도 이어진다. 관직에서 물러나더라도 수많은 금융기관에 중역 이상으로 발탁되는 모피아 인사는 숱하다. (중략) 한국 금융정책이 수립·시행되는 과정에서 담합이라는 마피아의 조직 생리가 작용돼서는 곤란하다. 금융가에서는 한보 사태의 등장인물 중 모피아가 끼어있음을 우연한 일로 보지 않는다. (《매일경제》, 1997년 3월 14일)

한보 사태만이 아니라 IMF 외환위기에 도화선이 된 종금사 부실 사태에도 모피아가 연루되어 있었다. 금융기관에 취직한 전직 관료, 즉 모피아의 주된 역할은 현직 재무 관료들을 상대로 자신이 속한 금융기관의 현안 해결을 위해 로비를 하는 것이었다. 그 결과 금융감독이 소홀해지면서 종금사의 부실이 발생했다. 하지만 역설적으로 모피아가 더욱 본격적으로 세력화된 계기도 외환위기였다. 기업과 금융기관의 대대적인 구조조정에서 사실상 결정권을 행사한 것은 당시 재정경제부와 금융감독위원회였다. 이후 경제 관련 공공기관은 물론이고 대형 금융회사, 유관 단체의 경영진이 급속하게 모피아들로 채워졌다. 이들이 재취업한 자리를 후임 모피아들이 채우면서 퇴직 관료들이 하나의 세력을 형성하기에 이르렀다. 고위 관료들이 대기업, 금융기관 또는 로펌 등에 취직했다가 이른바 회전문 인사를 통해 다시 정부에 복귀하는 경우도 생겨났다. 한덕수 국무총리 역시 김앤장법률사무소 고문으로 4년여 동안 20억 원의 급여를 받으며 지내다 정부로 복귀했다.

최근에는 모피아를 넘어 관피아라고 불리는 전 부처의 퇴직 고위공직자들이 엘리트 카르텔형 부패에 가담하고 있다. 관피아가 퇴직 공직자의 재취업을 넘어서 다시 고위공직자로 '재재취업'하는 일도 흔해졌다. 민간 부문과 공공 부문 사이를 오가는 회전문 인사 방식으로 부패가 일어나는 것이다. 문재인 정부는 물론 윤석열 정부에서도 민간에서 고액 연봉을 받으면서 재취업했던 퇴직 공직자가 한덕수처럼 다시 고위공직자로 '재재취업'하는 사례가 늘어났다.

이번 12·3 계엄 사태는 엘리트 카르텔이 민주주의에 위협이 될 수 있다는 사실을 여실히 보여주었다. 윤석열 대통령은 사회 전반의 의료계 카르텔, 노동 카르텔, 사교육 카르텔 등을 척결하겠다고 천명했으나 본인이야말로 검찰 카르텔의 기반 위에서 대통령에 오른 인물이었다. 나아가 "과거의 어떤 개인적 인연에 기반해 인선하는 등 관료 임명 과정을 사유화하면서 관료제를 무너뜨리기까지"⁽박태균⁾ 했다. 이송순은 엘리트 카르텔을 윤석열 정부의 탄생과 12·3 계엄의 근원이라고 보았다.

"1980년대까지 군부가 했던 역할을 민주화 이후의 경제 권력인 재벌과 이와 연결된 경제 금융 관료(모피아), 그리고 그들의 이해관계를 시스템적으로 합리화시켜 주는 법조 카르텔이 대신하고 있다고 생각해요. 이들은 한국 사회 '학력능력주의'의 최대 성공자들로 사회적 명망과 신뢰를 얻고 있기에 이들에 대한 국민의 저항은 미미한 것 같고요. 이것이 윤석열 정부의 탄생과 12·3 내란의 기본적 뿌리라 생각해요."⁽이송순⁾

이처럼 12·3 계엄 이후 내란에 앞장선 법조 카르텔과 모피아 카르텔은 모두 민주화 이후에 본격적으로 형성된 특징을 갖고 있다. 민주주의 사회에서 선출직이 아닌 임명직 관료에 대한 민주주의적 통제가 제도적·문화적으로 제대로 작동되지 못했고, 이는 그들이 반민주적 내란에 가담하는 참담한 결과를 초래했다. 관료 사회에 대한 민주주의적 제어 장치 역할을 해야 하는 정부와 시민사회의 거버넌스마저 오히려 그들의 카르텔을 강화하거나 혹은 은폐하는 기능을 했다. 이송순은 "보수적 성격이 강한 관료 사회의 중립성과 공공성 확보"를 앞으로의 과제로 제시했다.

그런데 민주화 이후 진보·개혁 정권이 집권하던 시기에도 관료 사회에 만연한 카르텔 부패를 끊어내진 못했다. 그들 스스로도 엘리트 카르텔을 하나의 문화 현상으로 수용하면서 부패에 가담했고 이에 따른 심각성을 제대로 파악하지 못했다. 결국 진보·개혁 정권도 12·3 계엄과 내란 상황에서 드러난 엘리트 카르텔의 부패에 대한 책임과 비판에서부터 자유롭지 못하다. "민주주의 체제는 한 번의 쿠데타 성공이 아니라 지속적인 침

식과 부식 과정을 통해 무너질 수도 있기 때문이다."(이동기)

민주주의의 힘, 운동 사회와 광장 시민

앞서 살펴보았듯이 1952년 5월 25일 이승만 대통령은 비상계엄을 선포하면서 재집권을 위한 친위쿠데타를 일으켰다. 그 후 40여 일간 정부와 국회의 내전 양상은 12·3 계엄과 그 이후에 벌어진 여러 사건을 떠올리게 한다. 크게 다른 점이 있다면 부산정치파동 때는 극우 세력이 관제 시위를 하며 폭력을 행사했지만 이에 맞선 시민 저항이 존재하지 않았다. 하지만 12·3 계엄이 일어났을 때 시민들은 그날 밤 국회에 모여 무장한 군인들에 맞섰고, 겨우내 광장에서 윤석열 파면을 요구하는 응원봉 시위를 벌였다. "비상계엄 소식을 듣자마자 자발적으로 뛰쳐나가서"(김종철) 친위쿠데타를 좌절시킨 시민의 힘, 그것은 1970년대 반독재민주화운동으로부터 발원해 2000년대 촛불시위를 거치며 응축된 것이었다.

1987년 이후 한국은 민주주의 공고화의 길을 걸었다. 민주주의 공고화를 추동한 것은 운동이었고 제도화한 것은 정치였다. 그리고 운동과 정치 영역에서 민주주의의 공고화를 이끈 주체는 운동권이라고도 불리는 운동 사회에서 배출되었다. 일제강점기에 한국인들은 사회운동 단체들을 결성하고 상호 연대하는 한국인만의 운동 사회를 구축해 식민 권력에 항거했다. 그리고 해방 이후 1970년대에 재야운동과 학생운동을 주축으로 상호 연대에 기반한 운동 사회가 재건되어 독재 권력에 저항하며 민주화운동을 펼쳤다. 학생운동은 이념 서클을 통해 운동권 문화를 만들어갔고, 재야는 정치적 국면마다 연대 기구를 꾸리며 유신 반대운동의 강도를 높여나갔다. 이러한 연대 문화는 1980년대에 들어와 민주화운동과 사회운동의 조직들이 상설적인 연대 기구를 꾸릴 만큼 발전했다.

한편 1970년대 민중은 개발독재에 저항하는 주체로 성장해 민주화운동 세력의 연대와 지원 속에서 민중운동을 전개했다. 1970년대 노동운동에서는 민주노조운동이 일어났다. 1980년대에 들어와서는 민주노조의 노동운동가들을 중심으로 노동운동 조직이 만들어졌고 학생운동과 연대하며 급진화하는 경향을 보였다. 1985년에 일어난 대우자동차 파업과 구로동맹파업은 이러한 노동운동의 변화를 잘 보여준 변곡점이었다. 농민운동은 기독교계의 농민운동이 주축을 이뤘는데 가톨릭농민회는 농협민주화운동에 주력했다. 1980년대에 들어와서는 1985년 소몰이 투쟁이 상징하듯 전국 곳곳에서 농축산물 수입 반대운동이 치열하게 벌어졌다. 1970년대 빈민운동에선 기독교계가 배출한 빈민운동가들이 빈민들과 함께 생활하며 철거 반대운동을 벌였다. 1980년대에는 목동, 상계동, 사당동 등에서 격렬한 철거 반대운동이 일어났다.

1987년 6월 항쟁은 민중운동에서도 중요한 전기였다. 6월 항쟁 직후에 폭발적으로 일어난 노동자대투쟁으로 많은 민주노조가 탄생했고 그에 기반한 노동운동 조직들이 결성되었다. 1990년대에 들어와 노동운동은 사회운동의 중심으로 자리 잡았고, 민주노조의 전국 중앙 조직인 전국민주노동조합총연맹이 탄생했다. 농민운동에서는 1990년에 전국적 조직인 전국농민회총연맹이 결성되었으며 빈민운동에서도 1989년에 전국 조직인 전국빈민연합이 결성되었다. 이와 같은 1980년대 이후 민중운동의 성장과 전국적 조직화는 운동 사회의 확장을 가져왔다. 민중운동은 1970년대 운동 사회를 탄생시킨 재야운동 및 학생운동과 연대하며 민주화운동을 전개해 운동 사회에서 입지를 굳혔고 대중적 진보 정당을 결성해 국회에도 진출했다.

1987년 6월 항쟁 이후 민주개혁이 시대정신이 되면서 시민운동의 시대가 도래했다. 독재에 저항하면서 성장한 운동 사회의 주역들이 시민단체를 만들어 국가와 시장의 민주화와 합리화를 지향하는 시민운동을 펼쳤다. 이때부터 '시민'은 독재체제의 민주개혁을 요구하는 사회 구성원들의 광범한 동의를 드러내는 집단적 정체성을 상징하는 개념으로 작동했다. 시민운동은 경실련으로 대표되는 자유주의적 시민운동으로 출발해 1990년대 참여연대, 환경연합 등의 등장과 함께 진보적 시민운동이 부상하면서 민중운동과의 연대가 이뤄졌다.

이처럼 1990년대 이후 시민운동이 성장하면서 운동 사회의 외연은 더욱 확장되었다. 2000년대 이후 운동 사회가 국회에 진출하는 데 성공하면서 진보·개혁 정권의 인적 자양분 공급지가 되었다. 그렇게 운동 사회는 정치·경제·사회·문화 등 제 분야에서 민주주의를 구현하는 운동을 전개했고 진보·개혁 정권은 운동 사회와 거버넌스를 형성하며 제도적 민주주의를 실현했다.

2000년대에는 운동 사회가 마련한 광장에 촛불을 든 주권자 시민들이 쏟아져 나왔다. 2002년 미군 장갑차에 의한 중학생 사망 사건에 대한 시민의 항의를 계기로 시작된 촛불시위는 2004년 노무현 대통령 탄핵 반대 촛불시위, 2008년 미국산 쇠고기 수입 반대 촛불시위, 2014년 세월호 참사 진상규명 촉구 촛불시위, 2016년 가을부터 2017년 봄까지 이어진 박근혜 대통령 퇴진 요구 촛불시위, 2024년 겨울부터 2025년 봄까지 일어난 윤석열 대통령 구속과 파면 요구 응원봉 시위에까지 이르렀다. 시민들은 광장에 모여 연대하며 민주주의 세상을 만들어갔고, "대한민국은 민주공화국이다. 대한민국의 주권은 국민으로부터 나온다."라는 헌법 제1조를 스스로 구현했다.

이처럼 2000년대 운동 사회의 확장에 결정적 역할을 한 것은 광장을 가득 메우고 촛불을 든 시민이었다. 2016년 촛불시위로 박근혜 대통령이 파면되고 들어선 문재인 정부는 대한민국의 주류가 친일·독재·반공 정서에 기반했던 보수 세력에서 민족·민중·민주, 삼민(三民)의 가치 아래 독립운동과 민주화운동의 계보를 잇는 진보·개혁 세력으로 교체되었음을 천명했다. 2000년대에 등장해 주목받았던 뉴라이트가 "개인의 출세 욕구에 기댄 측면이 강했던 일시적 현상"(김종철)으로 평가받는 데서도 주류 교체의 현실을 엿볼 수 있다. 그리고 2024년 봄, 광장 시민들은 자유민주주의 국가에서 폐쇄적 독재국가로 전락할 뻔한 대한민국을 구했다. 김종철은 이제껏 민주주의 DNA를 가진 시민의 힘으로 민주주의를 지켜왔고 앞으로도 지켜낼 것이라 기대했다.

"우리의 민주주의는 말 그대로 시민들의 힘으로 이루어져 왔잖아요. 주어진 게 아니라. 4·19, 1980년 서울의 봄, 5·18항쟁, 1987년 6월항쟁을 통해 그야말로 국민의 힘과 피땀으로써 이루어왔기 때문에 저는 우리 국민에게 민주주의 DNA가 있다고 생각해요. 앞으로도 상당히 어려운 과정이 있을지 몰라도 결국은 이겨내고 사회를 발전시켜 가지 않을까 생각해요. 그런 면에서는 낙관적인 편이죠." (김종철)

이제 광장 시민과 진보·개혁 세력이 대한민국을 이끄는 주류로서 민주주의의 성숙을 모색할 때가 왔다. 그런데 386세대 혹은 운동권으로 상징되면서 정치와 운동을 이끄는 진보·개혁 세력에는 주류 의식이 약하다. 여전히 수십 년간 민주주의를 위해 싸운 운동적 감성으로 자신이 정의로운 실천을 하고 있다는 비주류 의식을 가지고 있다. 존재는 주류인데 의식과 행동이 비주류로 불일치된 현실은 '내로남불'을 시대를 상징하는 개념으로 만들고 있다. 그러므로 앞으로의 민주주의가 성숙하는 과정에서는 진보·개혁 세력이 자신의 주류 정체성을 인정하고 성찰하는 역량은 중요한 요소로 작용할 것이다.

기로에 선 민주주의의 선택

2024년 12월 3일 밤, 한강 위를 날아 국회 뒷마당에 내려앉던 헬리콥터를 보았고 그 굉음을 들었다. 수십 년간 쌓아 올린 민주주의가 한순간에 무너지는 장면을 목격하며 두렵고 아찔했다. 다행히 국회는 "시민들의 저항과 군경의 소극적인 임무 수행 덕분"에 비상계엄 해제요구를 결의했고 새벽에 계엄이 해제되었다. 이동기 강원대학교 평화학과 교수는 친위 쿠데타가 불과 몇 시간 만에 실패한 이유를 이렇게 설명했다.

"12월 3일 밤은 더 특별한 차원이 존재해요. 유튜브 생중계와 SNS를 통한 동시 인지를 넘어 사건 진행에 시민들이 순식간에 개입하면서 쿠데타가 애초의 계획대로 진행되지 않았다는 점이에요. 12월 3일 밤에 공동체 시민 다수가 군인들의 국회 진입에 맞서 저마다의 사진기를 들었다고 볼 수 있어요. 여전히 보이지 않는 곳에서는 폭력과 파괴가 이어지지만, 대명천지에 쿠데타가 웬만해서는 불가능한 '즉각 인지와 개입 시대'의 도래가 확인되었어요." (이동기)

윤석열 대통령 탄핵소추안이 국회를 통과한 12월 14일까지는 12·3 계엄이 초래한 격변이 순조롭게 마무리될 줄 알았다. 연인원 1,700만 명의 시민이 광장에서 밝힌 촛불의 힘으로 박근혜 대통령을 탄핵했던 평화혁명을 답습할 줄 알았다. 국회 앞으로 응원봉을 들고 쏟아져 나온 청년 세대를 바라보며 더욱 낙관적 전망을 품을 수 있었다. 광장에 선 청년들은 2000년대부터 촛불시위의 세례를 받은 세대이다. 세월호 참사와 이태원 참사를 겪으며 자란 그들이 수십만 시위대의 주력이 되었다. 그들은 삼삼오오 혹은 홀로 집회에 나와 모두와 연대했다. 또래와 응원봉으로 연대하고 노동자·농민과의 민중 연대를 도모했다. 이송순은 청년 세대가 응원봉 시위를 통해 한국 사회에 희망을 불러일으켰다고 보았다.

"기성세대가 들었던 촛불을 이어받고, 거기에 자신들만의 색깔을 더한 이 응원봉 집회는 지금 한국 사회에서 꽤 큰 위안이 됐고, 앞으로 우리 사회를 이끌어갈 진짜 힘이 될 수 있을 거라고 믿고 싶어요. 12·3 내란 사태에 놀란 청년 세대들의 사회적, 정치적 관심이 높아졌고 또 다른 투쟁 방식을 고안해 냈다는 점에서 2024~2025년 한국 사회의 희망이 된 건 확실하죠." (이송순)

김종철은 남태령에서 농민과 청년이 연대했던 '남태령 대첩'은 "민주주의를 지켜나갈 수 있는 힘이 여전히 우리 안에 있음을 보여준 사건"이라고 평했다. 이동기는 "도시 여성에게 농민운동과의 연대는 정치적 사회화의 중요한 매개가 될 것"이라 기대했다.

하지만 4월 4일 헌법재판소가 윤석열 대통령을 파면할 때까지 K-민주주의는 매일 기로에 섰다. 한국 민주주의 역사의 계보가 유린당하는 위기에 놓였다. 지독한 확증 편향 현상, 나와 우리 편이 무조건 옳다는 파시즘적 심리에 더해 진실과 거짓의 경계를 무너뜨리는 계엄 세력을 목도했다.

심지어 그들은 민주주의 언어를 절취해 자신들의 갑옷으로 사용했다. 스스로를 '민주투사'라고 부르며 서부법원 폭동을 '민주화 투쟁'이라고 주장했다. 김종철은 그들을 바라보며 우리 사회의 현실을 개탄했다.

"유튜버들의 선동으로 이루어졌다고 하지만, 거기에 들어갔던 사람들의 상당수가 20~30대인 젊은 층이었죠. 그들이 자신들은 민주화운동을 하고 있다면서 마치 역사적 사명을 지닌 것처럼 여기는 모습을 보면서 정말 우리 사회가 어디로 가고 있는가 하는 생각이 들었습니다." (김종철)

하지만 이처럼 말을 오염시키는 것으로 민주주의 운동의 계보를 뒤엎을 수는 없다. 허구와 거짓에 기반해 선동을 일으키면서 민주화라는 개념을 전유하려는 계엄 세력이야말로 독재 시대에 반공주의를 이념적 무기로 삼아 공권력을 동원한 폭력까지 불사했던 극우·보수 세력의 계승자들이다. 반면 유신독재에 저항하면서 결집한 재야 세력과 학생운동 세력, 개발지상주의에 저항하며 성장한 민중운동 세력, 민주화 이후 민주주의의 공고화를 일군 시민운동 세력은 정당, 민중 조직, 시민단체로 연대하며 반계엄 세력을 형성하고 민주주의를 위기로부터 구하고자 분투했다. 진실보다 거짓이 득세하고 사실보다 허구가 판을 치는 위기가 눈앞에서 빈발해도 운명을 결정짓는 역량은 지식인과 청년, 민중과 시민이 쌓아 올린 민주주의 운동의 전통으로부터 나온다. 그것이 역사의 힘이고 과거의 힘이다.

그렇게 절망스러운 123일을 견디게 만든 힘은 윤석열 대통령 파면을 요구하며 광장을 메운 시민들로부터 분출됐다. 매주 토요일 광장은 개인과 단체가 들고나온 다양하고 기발한 깃발들로 가득했다. 형형색색의 응원봉과 함께 〈다시 만난 세계〉에 맞춰 펄럭이던 수많은 깃발은 평화롭지만 결연한 민주주의 수호 의지를 상징했다. 시민들은 속이 타들어 갔지만 헌법재판소의 선고를 존중하며 인내했고, 마침내 헌법재판소는 시민들의 평화롭고 질서 있는 기다림에 대통령 파면 선고로 화답했다.

이렇듯 민주주의의 견고한 성벽을 지켜낸 시민의 힘을 분석하면서 문득 지금 여기, 정작 위기에 처한 것은 보수 세력이 아닐까 하는 질문을 던져 본다. 그들은 반공의 시대가 저물었음에도 아직 그를 대신할 공통의 보수 이념을 구축하지 못했다. 인물 프레임에 기대어 기득권을 유지하려 하며 극우의 논리와 조직에 경도된 보수 세력의 위기, 그것이 민주주의 위기의 진범일지 모른다. 이러한 상황에 대해 박태균은 지금 보수가 방향을 잃었다고 진단했다.

"보수 정당 내부에서도 2016년 이후 변화가 나타나기 시작했고, 지금은 보수가 방향을 잃은 상태라고 느껴져요. 보수가 추구하는 비전이나 정책이 무엇인지 들리지 않게 된 지가 거의 10년은 된 것 같습니다." (박태균)

김종철은 국민의힘이 자꾸 극우 성향을 띠게 되면 나라의 미래가 어두울 것이라 우려했다. 이송순 역시 보수 세력이 '건강한 보수'로 제자리를 잡기보다는 극우 파시즘으로 기울 가능성이 높다고 진단했다. 이동기는 윤석열 대통령이 고전적 권력 강화 방식인 쿠데타를 자행하도록 만든 것도 보수 우파 정치세력의 한계에서 비롯된 것이라고 보았다.

다시 말해 12·3 비상계엄, 즉 친위쿠데타는 윤석열 개인의 "족보 없는 돌출 현상이기도 하지만 동시에 보수 세력의 위기가 극단적으로 표출된 사건"(이동기)이기도 하다. 이제는 이와 같은 민주주의 퇴행의 비극을 되풀이하지 않기 위한 길을 모색할 때다. 박태균은 민주화가 제기한 다양한 문제를 근본적으로 검토할 시점이 도래했다고 보았다.

"1987년 개헌 당시에는 1980년 서울의 봄 시기에 있었던 다양한 논의를 담지 못했던 것 같아요. 대통령 권력 제한, 인권과 젠더 문제 등 여러 논의가 있었거든요. 결국 일부만 고치고 '민주화했다'고 선언했지만, 사실상 지금 이 사태까지 온 거잖아요. 사람의 문제, 제도의 문제를 다시 근본적으로 검토해야 할 시점이라고 봐요." (박태균)

무엇보다 앞으로도 반복될 정권 교체와 글로벌 민주주의의 위기에도 흔들리지 않도록 민주주의를 수호하고 유지할 수 있는 합의를 만들어내려는 노력이 필요하다. 독일에서는 이를 방어적 민주주의(Wehrhafte Demokratie, defensive democracy)라고 일컫는다. 방어적 민주주의는 민주주의를 스스로 보호할 수 있도록 헌법과 법률을 통해 반(反)민주적 세력을 제약하는 원칙을 뜻한다. 이동기는 한국도 이제 방어적 민주주의를 공론장에서 본격적으로 논의할 때가 왔다고 진단했다.

"(방어적 민주주의는) 민주주의와 다원주의를 내세워 민주주의 근간을 파괴하는 세력에 맞선 투쟁 전략이자 정치 실천이에요. 그것은 수세적인 의미가 아니라 민주주의 수호를 위한 적극적이고 투쟁적인 개념이에요. 다른 말로는 '전투적 민주주의(Streitbare Demokratie, militant democracy/fighting democracy)'라고도 해요. 우익 극단주의는 다원주의 배격을 통한 획일적 정치 정체성 강화를 지향해요. 그들은 국가 범죄나 인권유린을 부인하고, 민주주의 운동과 정치의 역사를 폄훼하며 특정 단일한 정치 정체성

외의 모든 공동체 주민의 경험과 집단기억을 부정해요. 선동 정치 외의 민주적 절차와 규칙을 부인하는 정치세력에는 관용이나 자유를 보장할 수 없어요. 그것이 방어적 민주주의의 근간이에요. 물론, 방어적 민주주의는 국가 기구만의 과제가 아니에요. 사회 전체가 나서야 해요. 민주주의를 수호하는 담론을 발견하고 보호하고 확장해 극우 세력의 준동에 맞서는 사회문화와 경험 세계의 변화를 이끌 책임이 민주시민에게 있어요. 민주주의를 파괴하는 정당이나 단체를 금지하는 조치를 지지하는 것도 중요하지만, 그 목표는 항상 민주주의 의식을 강화하고 확산하는 것이어야 해요." (이동기)

2024년 겨울부터 2025년 봄까지, 대한민국은 네 달 동안 내란이 초래한 민주주의의 위기를 겪었다. 특히 극우 세력에 의해 민주주의가 훼손될 우려가 커진 만큼 방어적 민주주의에 대해 진지한 검토가 요구된다.

지금까지 친위쿠데타가 실패했음에도 극우 세력과 엘리트 카르텔이 계엄 세력으로서 내란 상황을 유발하는 현실을 독재의 역사에 비추어 살폈다. 또한 친위쿠데타와 내란을 막아낸 광장 시민의 역량을 민주주의 역사 속에서 계보학적으로 조명했다.

2025년 봄을 지나면서 결국 독재화의 시도는 좌절됐고 민주주의의 역량은 더욱 견고해졌다. 그럼에도 여전히 극우적인 백래시를 우려하는 목소리도 높다. 그러기에 민주주의를 부인하거나 파괴하려는 세력을 견제하고 압도하며 민주주의를 지키는 길에 대한 시민적 합의를 모아낼 공론장으로서의 광장이 절실하다. 또한 대한민국의 주류로서 정치와 운동 사회를 이끄는 진보·개혁 세력의 성찰적 역량 문제에 대한 공론화 역시 필요한 시점이다.

제2장 정치

내란의 발발,
그 구조와 맥락

손우정

한국마을정책연구소 소장과 성공회대 사회과학연구소 연구위원으로 재임 중이다. 민주주의와 공동체, 사회적 연대, 대안정치 등을 화두로 다양한 연구와 글쓰기를 계속해 왔다. 노동, 시민사회, 마을, 사회적경제 등 다양한 영역의 활동가들을 연결하고 연대를 촉진하는 솔라시 포럼(노동시민사회연대포럼) 추진 단장을 맡고 있다.

인터뷰 참여자　　**김귀옥** (한성대학교 소양·핵심교양학부 교수)
　　　　　　　　　김동춘 (좋은세상연구소 소장)
　　　　　　　　　백승헌 (법무법인 경 변호사)
　　　　　　　　　안병진 (경희대학교 미래문명원 교수)
　　　　　　　　　이철희 (지식디자인연구소 소장)

> "저는 북한 공산 세력의 위협으로부터 자유대한민국을 수호하고 우리 국민의 자유와 행복을 약탈하고 있는 파렴치한 종북 반국가 세력들을 일거에 척결하고 자유 헌정질서를 지키기 위해 비상계엄을 선포합니다."

2024년 12월 3일 밤 10시 23분. 난데없는 대통령의 긴급 담화 속에 끼어든 '비상계엄 선포'라는 단어는 온 나라를 충격 속에 몰아넣었다. 서울 시내에 무장 장갑차가 몰려오고 헬기에서 쏟아져 내린 공수부대원들이 국회로 투입되는 모습은 모두의 현실감각을 의심케 했다. 비상계엄의 충격은 국회의 신속한 해제 의결로 일단락되었지만, 이후에도 놀라운 사건들은 연달아 일어났다. 2025년 4월 4일 헌법재판소에서 대통령 파면을 선고할 때까지 대한민국은 두 편으로 나뉘어 치열한 공방을 주고받았다.

헌법기관을 불법적인 물리력으로 중단하려 한 내란은 2025년 5월 초 기준으로 3단계를 거치고 있다. 1단계는 12월 3일 비상계엄의 선포로 국회와 선거관리위원회를 불법 점거한 윤석열의 내란이다. 2단계는 국회의 윤석열 탄핵소추 이후 민간에서 행동주의적 극우가 준동해 정치권과 시민사회가 양분된 상태가 지속되다가 헌법재판소의 전원일치 판결로 윤석열의 파면이 확정된 시기다. 그러나 4개월 동안 이어진 갈등이 헌법재판소의 판결로 마침표를 찍으리라 예측하는 사람은 아무도 없다. 2025년 5월 1일, 대법원은 대통령 파면과 조기 대선으로 혼란이 수습되고 정상화의 단계를 밟아가는 과정에 개입해 유력한 대권 주자인 이재명 후보에 대한 파기환송을 결정했다. 12월 3일의 내란은 아직 관련자들에 대한 처벌도 제대로 이뤄지지 못한 채 세 번째 단계로 접어들고 있다.

이처럼 12월 3일에 촉발된 총체적인 갈등이 언제까지 지속될 것이며 어떻게 종료될지는 아무도 모른다. 그럼에도 이 사태를 하루속히 매듭지으려면 2024년 12월 3일 이후 벌어진 일련의 사태에 대한 정확한 해석과 정의가 필요하다. 우리는 이 사건을 어떻게 역사에 기록해야 하는가?

비상계엄과 서부지법 폭동으로 상징되는 극우의 부상은 수많은 쟁점을 던져놓았다. 우선 종합적인 평가가 필요하다. 특히 이 사건을 낳은 구조적, 시대적 맥락을 살펴봐야 한다. 이를 위해 모인 사람은 한국 사회의 대표적인 비판사회학자 김동춘 좋은세상연구소 소장, 여성 역사사회학자를 대표하는 김귀옥 한성대학교 소양·핵심교양학부 교수, 미국 정치와 견주어 한국 정치의 특성을 날카롭게 분석하고 있는 안병진 경희대학교 미래문명원 교수, 국회의원을 역임하고 날카로운 시선으로 현실 정치를 분석하고 있는 이철희 지식디자인연구소 소장, 최연소 민변 회장이자 최초로 두 차례 회장직을 연임한 백승헌 법무법인 경 변호사다. 학자의 시선과 법률가의 시선, 현실 정치를 경험한 정치평론가의 시선으로 12·3 비상계엄과 내란을 분석한다.

계엄, "파시즘적 형태에 가까운 친위쿠데타"

윤석열은 12·3 비상계엄을 '경고성 계엄'이라고 항변했다. 탄핵을 남발하고 예산을 옥죄어 행정부의 손발을 묶어버린 야당에 대한 경고였을 뿐, 실제로 계엄을 실행할 의지가 없었다는 것이다. "2시간짜리 내란이 가당키나 합니까?"라는 그의 변명은 비상계엄이 한갓 에피소드에 지나지 않는다는 호소로도 들린다. 과연 그럴까?

그동안 많은 이들이 비상계엄 이후 벌어진 일련의 사건을 '파시즘(Fascism)', 또는 '파시즘적 징후'로 규정했다. 그러나 '파시즘'은 학계에서도 매우 까다로운 개념이다. 이론적인 구성물이 아니라, 역사에 실재한 이탈리아의 정치인 무솔리니(Benito Mussolini)의 파시스트 운동을 사후적으로 개념화한 것이기 때문이다. 파시즘의 특징으로는 권위주의적 통치, 포퓰리즘, 민족주의, 공동의 적에 기초한 전체주의의 조합이 주로 거론되고 있지만, 이 역시 명확하게 합의된 것은 아니며 항상 예외 사례가 존재한다.

그러나 가장 핵심적인 특징이라면 권위적 통치자가 공동체의 단일성을 추구하면서 공동의 적을 만들고, 이를 매개로 삼아 자발적으로 동원된 민간 부문과 결합하는 형태를 띠는 것이다. 본디 공동체는 단일하지 않으며 이질적인 주체들로 구성되어 있다. 그래서 이질적인 공동체를 마치 단일한 것, 통일된 것으로 보이게 하는 방법은 '공동의 적'을 만들어내는 것이다. 마치 월드컵 경기에서 공동의 적(상대편)에 대한 동일시를 통해 영남과 호남, 부자와 빈자, 남성과 여성이 하나가 되는 것, 아니 '하나가 된 것처럼 느끼도록 만드는 것'과 같은 원리다.

만일 이런 단일성을 거부하면 어떻게 될까? 공동체의 단일성과 통일성에 대한 거부와 이견은 공동체 외부의 적에 동조하는 '내부의 적'으로 규정되고, 오직 배제와 섬멸의 대상이 될 뿐이다. 파시즘은 '공동의 적'을 향한 동일시를 통해 공동체에 남아있는 이질적인 존재를 끊임없이 외부로 추방하면서 공동체의 순수한 통일과 단일성을 만들어낸다. 이 과정에서 파시즘의 권력은 법의 경계를 자유롭게 넘나드는 자발적인 민간 동조자와 유기적으로 결합한다는 특징이 있다.

인터뷰 참여자들은 대체로 12·3 비상계엄이 파시즘적 성격을 가진다는 진단에 동의한다. 김동춘은 이 사건을 "냉전 분단 체제에 기반한 구조적 파시즘의 한 형태"로 정의한다. 실제로 존재했던 1945년 이전의 파시즘을 '역사적 파시즘'으로 부른다면, '구조적 파시즘'은 여기에 몇 가지 특성이 더 결합해 있다. 우선 한반도에는 아직 냉전 체제가 남아있고, 자유민주주의와 결합한 극우 반공 체제도 여전히 뿌리 깊다. 여기에 1997년 IMF 외환위기 이후 전면화한 '신자유주의'가 위기에 빠지고, 이것이 지구적 위기와 결합하면서 극우를 동원하는 형태를 갖춘다.

"12·3 비상계엄과 일련의 사건들은 '오래된 현재'라고 할 수 있죠. 역사적으로는 냉전 분단 체제에 기반한 '구조적 파시즘'의 한 형태로 볼 수 있고요. 구조적 파시즘은 1945년 이전의 '역사적 파시즘'과 달리 냉전 시스템에서 자유민주주의와 공존하는 극우 반공 체제가 여전히 남아있는 것입니다. 이것이 1997년 외환위기 이후의 '신자유주의 위기', '지구적 위기'와 맞물려서 극우의 부상으로 나타났어요. 이 현상은 현재형이기도 하지만 과거형이기도 한 것이죠." (김동춘)

다만 김동춘은 이것을 완전한 파시즘으로 규정하는 데에는 주저한다. 한국은 동아시아 국가의 특성처럼 국가가 주도한 위로부터의 통제나 관료주의가 강해서 파시즘이 자리 잡기 위한 사회적 기반은 약한 편이고, 식민지와 민주화의 경험으로 인해 시민사회의 저항력도 강하다. 따라서 윤석열의 비상계엄이 파시즘적 성격을 갖는 것은 사실이지만, 이것이 일부 극우를 제외하면 시민사회의 전체주의적 동원으로 이어지기는 어렵다고 본다. 이번에 등장한 극우 세력의 사회적 기반은 복음주의 기독교라는 점에서 레이건 이후의 미국 상황을 복제한 산물이라는 게 그의 시각이다.

또한 12·3 비상계엄은 친위쿠데타의 성격도 갖는다. 쿠데타가 정상적이거나 정당하지 않은 방식으로 권력을 획득하는 행위를 통칭한다면, 친위쿠데타는 이미 권력을 쥐고 있는 통치자나 권력가가 더 많은 권력을 획득하거나 권력의 안정을 위해 정당한 절차가 아닌 방법을 사용하는 것이다. 그런 점에서 윤석열의 12·3 계엄은 입법 권력을 갖지 못한 행정부의 수반이 자기 권력을 전면화, 절대화하기 위해 자행한 '친위쿠데타'라고 볼 수 있다. 김동춘은 이런 점에서 윤석열의 비상계엄이 1952년 한국전쟁 중에 이승만이 저지른 부산정치파동과 유사하며, 넷우익의 지지를 바탕으로 부정선거론을 명분 삼아 정부 기관을 폭력적으로 점거한 미국의 트럼프(D. Trump) 대통령이나 브라질의 보우소나루(J. Bolsonaro) 전 대통령의 사례와도 유사하다고 진단한다.

부산정치파동은 우리 현대사에서 가장 먼저 일어난 친위쿠데타의 전형이다. 이승만 대통령은 1950년 제2대 총선에서 무소속이 압도적인 비율로 당선되자 당시 국회에서 대통령을 선출하는 방식으로는 연임에 성공할 수 없다고 판단했다. 이에 1952년 5월 25일 공비 소탕을 구실로 계엄령을 선포하고 국회로 출근하던 국회의원 40여 명이 탄 통근버스를 크레인으로 끌어 헌병대로 연행했다. 결국 7월 4일, 경찰과 군이 국회를 포위한 가운데 대통령 직선제를 골자로 하는 발췌개헌이 이뤄졌다. 윤석열의 계엄과 이승만의 계엄은 이미 권력을 가진 통치자가 정상적으로는 더 이상 권력을 유지하기 어려워진 상황에서 무력을 동원해 권력 강화를 기도한 친위쿠데타다. 이승만은 성공했지만, 윤석열은 '아직까지는' 실패했다.

정치학자 안병진 역시 12·3 비상계엄을 네오파시즘으로 규정한다. 비상계엄 이전에도 윤석열 정부는 행정부를 동원해 권위주의적으로 통치해 왔는데 비상계엄으로 파시즘적 성격까지 드러냈다는 것이다. 안병진에 따르면, 이런 경향은 세계적인 추세이기도 하지만 우리나라에선 분단 체제의 성격에 새로운 보수가 결합하면서 '차가운 내전'의 성격을 보인다. 트럼프의 사례에서 볼 수 있듯이 세계적으로도 극우 세력의 세계관은 진보적 경향에 대한 반동적 성격을 드러내고 있다.

"뉴스쿨 대학교에 있는 앤드루 아라토(Andrew Arato) 교수가 『Populism and Civil Society』라는 책에서 세계에서 일어나고 있는 포퓰리즘을 분석한 적이 있어요. 여기에 하이브리드 유형이 있는데, 행정부를 동원해서 권위주의적 통치를 하는 걸 말해요. 이번에 윤석열의 쿠데타는 초기의 권위주의적 포퓰리즘에서 더 점프해서 네오파시즘에 가까운 단계로 넘어갔어요. 즉, 한국 사회는 '차가운 내전' 국면으로 넘어간 것으로 봅니다. 권위주의적 포퓰리즘은 구조적으로 봤을 때 세계적인 추세인 건 맞지만 한국은 분단 체제의 성격까지 남아있는 거죠. 여기에 새로운 보수가 결합한 거예요." (안병진)

김귀옥 역시 우리 사회 전반에서 파시즘적인 분위기가 자라나고 있다는 진단에 동의하면서, 윤석열의 계엄은 역사적 파시즘과 포스트 파시즘적 요소가 결합해 있다고 보고 있다. 특히 김귀옥은 70대 이상의 전통적 극우가 광장에서 청년 세대와 결합한 장면을 주목해야 한다고 강조한다.

70대 이상은 대화가 안 될 정도로 반공 체제를 내면화하고 있으며, 2030 세대의 극우는 유튜버를 꿈꾸면서 자신들이 여성에게 역차별을 당한다는 신념을 가지고 있다. 그런데 이번 비상계엄을 통해 이 두 세대가 윤석열을 매개로 연결되는 데 성공했다. 즉, 70대 이상의 세대가 가진 반공 이데올로기가 청년 세대로 재생산되면서 한국 사회 파시즘의 토대를 만들고 있는 것이다.

"아스팔트 극우를 보면 주목할 점이 있어요. 주력 세대가 70대인데 이들이 어떻게 청년 세대와 맞물리게 되었을까요? 70대 극우와는 대화가 어려워요. 그분들의 삶을 보면 가족으로부터 배제당한 분도 꽤 있고, 청년 시절 여전히 친일 잔재가 청산되지 않은 시대에 반공 체제를 적극적으로 받아들인 세대예요. (…) 반면에 1월 19일 서부지법 난동 사건을 일으킨 20~30대에는 유튜버를 꿈꾸는 청년들이 많아요. 자신들이 여성에게 역차별을 당한다는 신념으로 여러 행동을 해왔는데, 이걸 윤석열이 이삭 줍듯이 주워 먹은 거죠. 2030 세대와 70대가 서로 맞물리는 과정이 파시즘을 지속시킬 수 있는 토대가 될 수 있을 것 같아요." (김귀옥)

법률가인 백승헌 역시 12·3 계엄을 "친위쿠데타를 통한 내란"으로 정의하면서, 윤석열의 계엄이 박정희의 10월 유신처럼 전체주의 사회를 만들기 위한 친위쿠데타였다고 보고 있다. 다만 백승헌은 12·3 비상계엄보다 그 이후의 과정을 더 주목해야 이번 사태의 특이성을 포착할 수 있다고 강조한다. 계엄 해제 의결과 대통령 탄핵소추로 상층부의 물리력이 박탈되었지만 극우의 행동이 지속된 것은 과거와 다른 지점이다. 통상 보수나 우파는 제도를 지키려 하고, 진보나 좌파는 제도를 공격하고 변화를 요구한다. 그런데 이번 사태처럼 보수, 또는 우파가 제도를 공격하고 제도가 이들로부터 민주주의를 지키는 현상은 매우 낯선 풍경이다.

"이번 사건을 규범적으로 정의하면 친위쿠데타를 통한 내란이죠. 내란 세력의 목적은 박정희의 10월 유신 같은 전체주의고요. 그렇게 보면 사건의 성격은 간단한데, 과거와 다른 새로운 현상이 무엇인지를 봐야 할 것 같아요. 우선 권력 상층부의 물리력이 박탈된 이후에도 극우는 군중을 동원해서 물리력을 행사했어요. 우리의 보수 정당이 극우적 성격이 있기는 했지만, 계엄을 지지하는 정도의 극우가 보수 정당의 주류가 된 것은 아닐까 하는 의구심이 있어요. 또, 우파가 보수의 기반인 기존 제도를 공격하는 건 그전에는 별로 상상하지 않았던 일이죠. (...) 이게 파시즘이냐 아니냐보다는 새롭게 제기된 이런 현상에 대해서 사회가 어떻게 반응할지가 숙제로 남아있어요." (백승헌)

이철희는 보수진영 전반에서 진행된 좀 더 근본적이고 구조적인 문제를 지적한다. 12·3 비상계엄은 한국 보수와 주류 정당의 퇴행적 진화의 결과라는 것이다. 돌아보면 한국의 보수는 진보보다 더 변화에 민감했다. 이철희에 따르면, 민주화 이후 노태우 정부는 1989년 한민족공동체 통일방안과 1991년 남북기본합의서를 내세우며 평화라는 어젠다를 진보보다 먼저 정책화했다. 1990년 3당 합당 역시 보수의 입장에서는 민주라는 가치를 받아들인 "축복"이었다. 게다가 박근혜 정부를 거치며 복지 어젠다도 수용했다. 비록 진의가 어떻건, 그것이 형식적이었건 아니건 간에 그동안 한국 보수 정당은 평화와 민주, 복지의 가치를 체화하면서 변화해왔다. 그러나 최근 들어 평화와 복지의 가치를 점차 버려오다가 이번 비상계엄으로 민주라는 가치마저 내던졌다.

"한국 보수의 흐름을 보면, 냉전이 끝나고부터 변화에 굉장히 기민하게 대응해요. 노태우 정부가 북방정책을 펼치고 남북기본합의서를 맺는 등 평화 어젠다도 보수가 먼저 정책화했죠. 1990년 3당 합당은 야합이 맞는데, 보수의 입장에서 보면 축복이었어요. 민주의 가치를 보수가 받아들이는 결과를 가져왔으니까요. 보수는 박근혜 정부를 거치면서 복지 어젠다도 수용했죠. 평화, 민주, 복지의 가치를 보수 정당이 형식적으로라도 체화해 왔는데 이걸 하나씩 하나씩 내버렸어요. 다 버려오다가 그나마 민주라는 틀은 남았는데, 윤석열 정부에 들어서 이것마저 던져버린 거예요. (…) 그런 점에서 이번 계엄은 이 판을 물리적으로 반전시키려 한 자기 파괴적 선택이었어요. 시대와 불화를 겪는 세력이 무모하게 벌인 가장 최악의 선택인 거죠." (이철희)

이처럼 12·3 비상계엄은 통치 위기에 처한 윤석열의 친위쿠데타이자, 민간 부문의 극우 세력과 결합한 파시즘적 성격을 띠고 있다. 그렇다면 비상계엄을 감행하게 만들었던 위기의 근원은 어디에 있을까? 이것은 단지 윤석열 정부의 위기였을까, 아니면 퇴행적 진화를 거듭해 온 보수진영 전반의 위기였을까? 그것도 아니라면 보수와 진보 차원의 문제가 아니라 소위 '87년 체제' 전반의 위기를 반영한 것일까?

이 질문에 다가서기 위해서는 비상계엄 이전을, 무엇보다도 비상계엄을 선포하게 된 원인을 추적해야 한다.

비상계엄의 원인: 보수의 위기, 또는 개인적 특성

이번 사건을 포괄적으로 이해하는 데 중요한 쟁점 중 하나는 12·3 비상계엄이 구조적인 조건 속에서 만들어진 것인지 아니면 윤석열이라는 개인의 특성이 더 크게 반영된 것인지에 관한 것이다. 물론 이 질문의 답은 어느 정도 나와있다. 궁지에 몰린 보수 정권이 자신의 위기를 돌파하기 위해 강력한 수단을 동원할 수밖에 없었던 상황적 맥락이 이미 존재했다. 다만 비상계엄이라는 극단적인 방법을 선택한 데에는 윤석열이라는 인물의 개인적 특성이 아주 강하게 반영되었다는 것이다.

그러나 이 정도로 단순하게 정리하기에는 복잡하고 미묘한 질문들이 남아있다. 비상계엄 선포에 윤석열이라는 개인의 특성이 절대적인 영향을 미쳤다면, 또는 비상계엄 이외에도 보수의 위기를 넘어설 또 다른 효과적인 방법이 존재했다면 비상계엄의 실패 이후 극우만이 아니라 보수정당 전체가 보여준 윤석열에 대한 적극적인 동조 행위는 어떻게 설명해야 할까? 비상계엄 이전에는 보수층에게조차 그다지 인기 있는 지도자가 아니었던 윤석열이 계엄 선포 이후에는 왜 보수의 상징으로 다시 태어날 수 있었을까? 윤석열 개인의 특성을 접어 두고서라도 비상계엄이라는 극단적 선택에 동조할 수밖에 없는, 보수진영 전체가 공유한 구조적 환경과 조건이 존재했던 것은 아닐까?

이 질문에 답을 찾기 위해서는 보수가 처한 '위기의 실체'를 더 깊이 들여다봐야 한다. 앞에서 이철희가 분석한 것처럼 평화, 복지, 민주의 가치가 다 사라져 버린 보수가 자신의 정권을 연장하거나 혹은 권력을 유지하기 위해 사용할 수 있는 다른 방법이 있었을까? 다른 대안이 없었다면, 비록 실행 이전에 그것을 상상하지 못했더라도 비상계엄은 그들에게 마지막 남은 선택이지 않았을까? 만일 그렇다면 이 사건의 원인을 간단하게 개인적 특성 탓으로 돌릴 수만은 없을 것이다. 물론 위기에 대한 돌파구를 반드시 비상계엄과 같은 불법적이며 폭력적인 방식으로만 찾을 수 있는 것은 아닐 것이다. 그러나 비상계엄이라는 극단적 상황을 선택했거나, 혹은 선택하지는 않았더라도 동조하지 않을 수 없었던 보수의 위기를 더 들여다보지 않는다면 극우의 부상과 주류화 현상을 제대로 이해하기 어렵다.

김동춘은 보수가 위기에 빠진 근본적 이유를 스스로 혁신을 이룰 기회를 버렸기 때문이라고 분석한다. 2017년 박근혜 탄핵 시점과 지금을 비교하면 몇 가지 중요한 차이가 있다. 당시에는 보수 정권의 잘못을 인정하고 새로운 보수 혁신의 기치를 든 '바른미래'라는 정당이 존재했다. 그러나 홀로서기에 실패한 '바른미래'가 다시 기존의 보수 정당에 흡수되면서, 양당 체제를 극복할 수 있는 혁신의 기회마저 사라졌다.

되짚어 보면 지난 대선에서 윤석열이 보수진영 후보로 등장한 것은 '외부 영입' 후보라는 의미를 넘어서는 일이었다. 국민의힘이 윤석열을 활용해 보수가 처한 위기를 돌파할 힘과 자원을 만들기보다 그저 윤석열의 인기에만 의존했기 때문이다. 이런 측면에서 국민의힘이 윤석열을 영입한 것은 단순한 후보 영입만이 아니라 사실상 정치적 위임, 또는 위탁에 가깝다.

윤석열 역시 새로운 보수의 가치를 정립하지 못했다. 집권 초반 '자유'라는 키워드를 끊임없이 강조하다가 어느 순간 야당을 적으로 돌리며 파시즘적 언술을 구사하기 시작했다. 이처럼 윤석열이 "반공 보수와 손을 끊는 데 실패하면서 합리적 보수로 나아가지 못한 것"(김동춘)은 보수의 위기를 심화했거나 최소한 극복하지 못하게 만들었다. 게다가 윤석열은 과거의 보수 지도자와 달리 통치 능력이나 카리스마도 취약했다. "안보주의나 성장주의로 자신이 처한 위기를 돌파할 수 있는 정당성조차 마련할 수 없는"(김동춘) 한계를 노출한 윤석열은 비상계엄이라는 폭력적 수단에 의

존할 수밖에 없었다. 결국 12·3 비상계엄이 윤석열의 개인적 특성이 반영된 결과일지라도 그 배경에는 어떤 돌파구라도 필요했던, 그러나 다른 방식으로는 돌파구를 만들 수 없었던 보수 전체의 위기가 분명 존재했다.

이철희도 비상계엄의 배경에는 단순히 '윤석열의 위기'가 아니라 '보수 전체의 위기'가 자리 잡고 있다는 분석에 동의한다. 그것은 김동춘의 주장처럼 실패한 혁신 때문이기도 하지만, 더 근본적으로는 세력 관계 자체가 예전과는 완전히 달라졌기 때문이다. 타협에 의한 민주화로 요약되는 '87년 체제'의 등장은 보수 우위의 세력 구조를 형성했다. 따라서 민주당의 선거 전략은 DJP연합으로 상징되는 중도·보수 연합이거나, 진보 세력과의 정책 연대에 기반한 개혁 연합이었다.

그러나 이철희는 이런 상황이 이미 바뀐 지 오래라고 단언한다. 이제는 "'보수 대 진보'라기보다 '진보 대 반(反)진보'"의 상황이라는 것이다. 지난 대선에서는 겨우 이겼지만 총선에서 두 차례 크게 졌던 것은 물론이고 여러 데이터로도 보수의 위기는 쉽게 확인된다. 이제 보수는 자신의 독자적 가치를 바탕으로 존재하기보다 진보적 가치에 대한 부정과 반정립으로만 존재한다. 이미 구닥다리 꼰대, 정치적 소수파가 되었다는 위기감이 보수 전반의 정서를 휘감고 있는 상황에서 "집권 초기부터 정치 검찰을 칼과 방패로 쓰면서 버텼지만 그조차도 한계에 부딪히자 물리력, 즉 군사력을 동원하는 친위쿠데타에 나선 것"이다.

백승헌은 좀 더 분명한 입장이다. 비상계엄은 단지 망상에 사로잡힌 윤석열이 벌인 즉흥적인 모험이 아니라, "매우 오랫동안 준비한, 총체적인 판단을 통한 결과"라는 것이다. 여기에 검찰총장 출신이라는 특성이 영향을 미친 건 물론 사실이다. 검사들은 의지를 가진 수사가 잘 통하지 않으면 판을 바꾸는 방식으로 대응하는데, 명태균 게이트 등 감당하기 어려운 사건이 계속 터지면서 여러 상황을 종합적으로 판단해 비상계엄을 선택했다는 것이다. "1차 내란(12·3 비상계엄)은 윤석열의 개별적인 성격이 매우 강하게 반영되었지만, 그 판단에는 (그것이 가능한) 구조적인 토양이 이미 마련되어 있었다." 만일 비상계엄이 철저하게 윤석열의 망상에만 근거한 것이었다면 1월 19일 서부지법 폭동 사건을 기점으로 진행된 2차 내란에서 극우만이 아니라 보수와의 전면적인 결합은 불가능했을 것이라는 해석이다.

대체로 비상계엄의 배경에 보수 전체의 위기가 존재한다는 것에 대해서는 인식을 같이한다. 그러나 보수의 위기를 돌파할 방법이 과연 비상계엄과 같은 방식 외에는 정말 없었을까? 구체적으로, 비상계엄이 비록 유일한 대안은 아니었을지라도 보수 전체의 위기를 극복하기 위한 합리적 선택이었을까? 아니면 윤석열 개인의 어그러진 신념에 따른 결과였을까?

백승헌이 합리적 선택이라는 주장에 무게를 두고 있다면, 이철희는 윤석열의 충동적 망상의 결과라는 점에 중점을 둔다. 이철희에 따르면 윤석열의 시나리오는 단순하게 요약해 "북한을 도발해 계엄으로 가는 것"이었지만, 이는 크게 두 가지 측면에서 불가능했다. 첫째, 북한 도발을 미군이 용인할 리가 없다. 이철희는 국회의원 시절 2년 동안의 국회 국방위원회 경험을 통해 미국이 한국의 친위쿠데타를 용인하지 않을 것이라고 확신했다고 한다. 게다가 당시 미국 정부는 민주당 바이든 정부였다. 과거처럼 북의 공격이나 침략을 빌미로 비상계엄의 정당성을 확보하는 것은 불가능했던 상황이다. 둘째, 환경이 달라졌다. 요즘은 사병도 핸드폰을 가지고 다니고 모든 것이 생중계되는 시대다. 이런 상황에서 계엄은 성공할 수 없다. 막다른 길에 몰려서 계엄을 선포할 수밖에 없었던 윤석열의 사정이 있었겠지만, 그건 합리적 판단의 결과가 아니라 "무지의 오판 내지는 충동적 망상의 결과"(이철희)일 뿐이다.

안병진도 이철희와 유사하게 판단한다. 윤석열은 단순한 통치자가 아니라 특수부 검사의 멘털리티로 이해해야 제대로 파악할 수 있다는 것이다. 이는 트럼프의 행동을 분석할 때도 동일하게 적용된다. "트럼프나 윤석열이나 모두 병리학적으로 이해하는 것이 더 정확"(안병진)하지, 합리성의 측면으로는 제대로 된 해석이 어렵다. 특히 안병진은 윤석열과 같은 인물이 반복적으로 나타나기는 어렵다는 점에서 구조적이거나 합리적인 측면보다 개인적 특성을 더 중요하게 고려해야 한다고 평가한다. 그러나 안병진의 예측처럼 '윤석열과 같은 인물'이 정말 다시 나타나기 어려울까? 두고 볼 일이다.

12·3 비상계엄이 구조적으로 불가능함에도 윤석열의 망상적 오판으로 감행된 것이라면, 또 하나의 질문이 제기된다. 정말 비상계엄은 실패할 수밖에 없었던 것일까?

겨우 막은 것인가, 실패할 수밖에 없었나?

12·3 비상계엄 이후 일련의 사건들이 아직 완전히 종결되지 못했다는 사실은 이 사태의 분석과 평가를 복잡하게 만든다. 조금 더 풍부한 해석을 위해서는 비상계엄이 실패한 이유에 대해서도 구체적으로 살펴볼 필요가 있다. 비상계엄은 국회의 빠른 대응과 시민의 저항, 군의 지연으로 2시간 만에 종결되었다. 많은 이들이 충격적인 상황에 분노하면서도 언뜻 허술한 것처럼 보이는 비상계엄을 조롱하기도 한다. '허술한 비상계엄'은 이것이 '윤석열의 망상적 선택'이라는 해석을 뒷받침하는 데 매우 중요한 근거가 된다. 그러나 이후 비상계엄의 준비 과정과 계획이 차차

알려지면서 우리는 단지 운이 좋았을 뿐이라는 해석도 힘을 얻었다. 비상계엄이 실패로 돌아간 이유는 무엇 때문일까? 애초부터 성공할 수 없는 계엄이었던 것인가, 아니면 겨우 막은 것인가?

안병진은 성공하기 어려운 쿠데타였다는 데 무게를 둔다. 가장 강력한 근거는 한국의 시민성이다. "만일 이런 일이 유럽에서 일어났다면 성공했다고 보는 시각도 있"으나, "거의 빛의 속도로 달려가 총칼을 막은", "신성한 에너지"(안병진)를 보유한 시민들로 인해 비상계엄은 성공할 수 없었다는 것이다.

김귀옥의 해석도 유사하다. 다만 그는 안병진이 언급한 '시민성'과 함께 우리의 역사적 경험 또한 매우 중요한 근거라고 제시한다. 한국 시민들은 국가를 "나를 보호하고 안전하게 해주는 것이 아니라, 항상 나를 괴롭히고 불안하게 하는 존재"라고 생각하는 경향이 있다. 그래서 "민주화 운동은 국가주의를 넘어서려는 개인의 발견에 기초한 시민운동"(김귀옥)이라고도 할 수 있다. 이런 상황에서 권위적이며 폭력적인 비상계엄은 결코 성공할 수 없다. 윤석열은 바로 이 점을 포착하지 못했다는 것이다.

김동춘은 안병진과 김귀옥이 시민 저항의 역사에서 계엄이 실패한 원인을 찾는 것과 달리, 군의 소극적 대응을 더 결정적인 실패 요인으로 보고 있다. 계엄 포고령은 윤석열의 주장과 달리 불법적인 요소가 담겨있는데, 이 포고령을 그대로 발표한 것은 합법적인 정당성을 갖추지 않았더라도 국회를 봉쇄하고 밀어붙이면 상관없다고 봤기 때문이다. 그러나 여기에는 하나의 조건이 전제된다. 군이 윤석열의 의도처럼 일사불란하게 움직여야 한다는 것이다. 그러나 윤석열은 G2 정보장교 출신으로 군의 모든 움직임을 파악했던 박정희와 달리 주위의 몇 사람에게만 의존했다. 이 때문에 윤석열은 '군이 의도대로 움직이지 못할 모든 경우의 수'에 대한 대책을 마련할 수 없었다. 또한 군이 민간인을 적으로 직면하게 되는 상황에서는 명분과 정당성이 확실해야 하는데, "명분이 없으니까 군인들이 움직이지 않았고, 그래서 일사불란하게 명령이 집행되지 않았던 구조적 한계"(김동춘)가 존재했다. 김귀옥 역시 민주화 이후 군이 "과거처럼 육사에 내란을 위한 튼튼한 망을 가지지 못한"(김귀옥) 상황에서 친위쿠데타는 실패할 수밖에 없었다고 진단한다.

당시 국회의 빠른 대응과 시민의 저항, 군인들의 소극적인 저항이 어우러지면서 비상계엄이 실패한 것은 분명하다. 그러나 이런 요인들로 인해 윤석열의 친위쿠데타가 실패할 수밖에 없었다고 분석하는 것은 계엄이 실패했기 때문에 가능한 결과론적 해석이 아닐까? 만일 주말에 비상계엄을 선포했다면, 소극적으로 저항한 군인들이 있었지만 적극적으로 참여한 군인도 분명 존재했다는 점을 고려한다면, 언론 통제가 더 빨리 진행되었다면, 시민의 저항이나 사병의 소극적 저항이 정말 비상계엄을 막을 수 있었을까? 국회의원은 국회가 더 빠르게 봉쇄된 상황에서도 계엄을 해제할 수 있었을까? 정말 12월 3일의 비상계엄은 어떻게든 실패할 수밖에 없는 구조적 한계가 존재했던 것일까? 아니면 여러 상황과 조건, 시민의 저항으로 '겨우 막아낸 것'일까?

백승헌은 여전히 '실패할 수밖에 없었던 비상계엄'이라는 평가에 주저한다. 미국이 정말 무인기를 막으려 했었더라도 결국 통제하지 못했고, 자본 역시 계엄에 동의할 리가 없지만 계엄 선포를 막지 못했다. 결국 "윤석열이 망상적이고 음모론적이며 가짜 뉴스에 휘둘렸다는 점을 다 인정"하더라도 "윤석열 개인의 의지와 관계없는 일정한 경로가 있었던 것은 아닌지"(백승헌) 생각해 볼 필요가 있다는 것이다.

어떤 설명이 더 설득력 있을까? 어떤 경우에도 종국에는 비상계엄이 실패할 수밖에 없었던 시대적 조건이 있었음은 분명하다. 그러나 여러 변수가 결합해 국회가 계엄 해제요구안을 조기에 의결하지 못했다면 비상계엄 해제까지의 과정은 평화롭게만 진행되지는 않았을 것이다. 비상계엄이 꽤 오래전부터 준비되어 온 점을 고려하면, 이른바 '노상원 수첩'에 적힌 '실행되지 못한 계획'이 몇 가지라도 실행되었다면 얼마나 더 많은 양의 피로 비상계엄을 막아야 했을지도 예단하기 어렵다. 또한 이 사태가 '구조적으로 실패할 수밖에 없었던 도박'으로서 '87년 체제'의 견고함을 보여주는 사례로 읽을 수 있을지 혹은 '자칫하면 큰 희생을 치를뻔한', 체제의 취약함을 드러내는 사례가 되었을지도 쉽게 단정할 수 없다. 여전히 우리는 12·3 비상계엄에 대해 더 많이 분석할 필요가 있다.

2차 내란과 서부지법 폭동

이번 사태를 단지 윤석열 개인의 망상으로 정리할 것이 아니라 보수 세력 전반이 놓인 구조적 위기의 발현으로 접근해야 한다는 주장에 힘이 실리는 이유는 비상계엄 자체보다 그 이후 일어난 일련의 사건 때문이다. 108명의 국민의힘 의원 중 겨우 18명만이 계엄 해제 의결에 참여했고, 결국 2017년과 달리 당 전체가 내란의 편에 섰다. 게다가 2025년 1월 19일 서부지법 폭동 사태는 한국 사회가 극우 파시즘과 유사한 형태로 나아갈 수 있다는 징후를 드러냈다. 서부지법 폭동은 "극우의 폭력화"(김동춘)를 보여준 사례이자, "기존 질서를 거부하는 행동"(이철희)이었으며, "다른 사람을 적으로 간주하여 무조건 죽여도 된다고 본 십자군 전쟁"(김귀옥) 같은 광기였다.

그러나 한국의 극우는 비상계엄과 함께 갑자기 등장한 것이 아니다. 그

뿌리는 일제강점기까지 거슬러 올라가는데, 민주화 이후 '시민사회의 한 목소리'로서의 극우 세력은 2003년부터 본격적으로 양성되기 시작했다. 역사상 최초로 수평적 정권 교체를 이룬 김대중 정부에 뒤이은 노무현 정부의 등장으로 두 차례 연속 정권 획득에 실패한 보수는 그 원인을 온라인과 시민사회에서의 세력화 실패에서 찾는다. 제도적 권력이 강할 때는 비제도적 방식, 즉 온라인과 시민사회의 조직화에 대한 필요성이 크지 않지만 제도적 권력이 약화하면 정치세력일지라도 운동 방식의 세력화로 자신의 영향력을 보충해야 한다. 그것이 두 차례의 잇따른 대선 패배가 이 나라 보수에 일러준 교훈이다.

  2002년 대선에서 패배한 당시 한나라당이 우선 초점을 맞췄던 것은 온라인 보수의 양성이었다. 온라인이 의제의 형성과 전파, 여론 조성에 효과적인 공간이라는 것을 알게 된 보수 정당은 대선 패배 이후인 2003년 7월 'i-한나라 추진기획단'을 꾸린 데 이어, 2004년 8월에는 충성도 높은 네티즌 10만 명을 확보한다는 '5107 프로젝트(2007년 대선에서 51% 득표로 집권한다는 계획)'을 발표했다. 온라인 극우의 양성은 국가정보원까지 불법적으로 동원된 사이버 여론전으로 확대되고, 자생적인 온라인 극우 커뮤니티와 연결되면서 영향력을 확장해 나갔다. 이런 과정을 통해 성장한 '청년넷우익'은 2014년 세월호 유가족 단식 투쟁을 모욕하기 위한 '폭식 투쟁' 형태로 거리로 나서기 시작했고, 이번 비상계엄 이후에는 보수 정당의 지원을 등에 업고 전면에 등장했다.

  시민사회의 조직화는 두 축으로 나타났다. 한 축은 보수의 새로운 정체성을 확립한다는 기치를 들며 시작된 뉴라이트 운동이다. 2004년 11월 24일 이른바 '전향 386'이 주축이 된 '자유주의연대'를 시작으로 뉴라이트 운동이 촉발되고 2005년에는 북한민주화네트워크, 의료와사회포럼,

자유주의연대, 교과서포럼, 뉴라이트씽크넷, 자유주의교육운동연합, 자유네티즌협의회폴리젠, 한국기독교개혁운동 등이 소속된 뉴라이트 네트워크가 조직됐다. 뒤이어 이들보다 올드라이트에 가까운 뉴라이트청년연합, 뉴라이트교사연합, 뉴라이트문화체육연합, 기독교뉴라이트 등이 소속된 뉴라이트 전국연합이 창립된다.

다른 한 축은 보수 개신교를 중심으로 한 반공 보수의 시민사회 운동화다. 전통 반공 세력이 주축이 된 '반핵반김국민운동본부'는 2003년 삼일절을 맞아 국민대회를 열었고, 이후 주요 국경일마다 보수 개신교를 중심으로 한 세력 과시를 정례화했다. 물론 이런 흐름은 시민사회에 보수적 운동이 새롭게 출현했다기보다, 다양한 형식으로 우리 사회 곳곳에 이미 존재하던 보수·극우 네트워크가 시민사회의 한 목소리로 새롭게 부상한 것이라고 보는 편이 더 적절하다.

오늘날 행동주의적 극우를 대변하는 극우 개신교 세력은 이 시기에 비약적으로 성장했다. 20여 년간 축적된 이런 흐름이 윤석열의 비상계엄과 적극적으로 조응하고, 이전에는 보수·극우 집회에 개별적으로만 결합했던 보수 정당 정치인들이 전면 결합하면서 민간 폭력을 주저하지 않는 파시즘적 징후를 드러낸 것이다. 즉, 행동하는 극우는 갑자기 '탄생'한 것이 아니라 우리 사회의 한 귀퉁이에 이미 존재하고 있었다. 다만 이번에는 집권 여당이 이들에게 온전히 힘을 실어주면서 순식간에 한국 보수를 대변하는 주류 세력으로 성장해 버린 것이다.

이런 점에서 극우의 전면화·주류화로 요약되는 2차 내란은 윤석열이 파면되었다고 해서 종결될 리 없다. 따라서 비상계엄에 대한 해석과 정의만큼이나 중요한 것은 보수의 중심에 섰다는 자신감을 갖게 된 '극우'의 부상을 어떻게 이해하고, 어떤 해결책을 모색할 것이냐는 점이다.

김동춘은 한국의 극우 세력을 크게 네 가지 그룹으로 구분한다. 첫째는 고연령층 극우, 둘째는 영남 보수, 셋째는 2030 세대 남성, 넷째는 보수 기독교 그룹이다. 그중 이번 사태에서 특별히 주목받은 것은 2030 세대 남성 극우다. 다른 세 그룹이 모두 고연령층이라는 공통점을 가지고 있다면 김귀옥의 주장처럼 이들은 2030 세대와 광장을 매개로 결합하면서 파시즘적 토양을 만들어 극우의 재생산을 꾀하고 있다.

그러나 대부분의 세대론이 그렇듯 이러한 평가도 착시를 만든다. 2030 세대 남성이 모두, 심지어는 다수가 극우나 보수적 성향을 보이는 것은 아니기 때문이다. 헌법재판소의 탄핵 판결 직전인 2025년 3월 진행된 한국갤럽의 통합 여론조사 결과에 따르면, 20대 남성의 52%와 30대 남성의 53%는 윤석열 대통령 탄핵에 찬성하고 있고 반대한 비율은 각각 36%에 머물렀다. 이 비율은 전체 윤석열 탄핵 반대 여론인 35%보다 단 1%가 높은 수치다. 주관적 정치 성향 역시 20대 남성과 30대 남성의 36%는 보수로, 20대 남성의 36%와 30대 남성의 37%는 중도로, 20대 남성의 16%와 30대 남성의 18%는 진보로 답했다. 2030 세대 남성 내부로 좁혀 보면 세대의 특성으로 극우는커녕 보수라는 딱지도 붙이기 어렵다.

물론 2030 세대 남성은 같은 세대 여성에 비하면 윤석열 탄핵 반대 비율과 보수 성향 응답 비율이 높은 것이 맞다. '빛의 혁명', '응원봉 혁명'으로 찬사를 받은 이번 시민 저항에는 2030 세대 여성이 상대적으로 많이 참여한 것도 사실이다. 여러 빅데이터 조사에 따르면 2017년 박근혜 탄핵 촛불시위는 40대 남성이 주력 참여 세대였지만, 이번 윤석열 파면 시위에는 2030 세대 여성의 참여 비율이 높게 나타났다. 또한 단순한 시위 참여만이 아니라 남태령 대첩과 키세스 시위단, 말벌 시위대의 사례에서 보듯 '연대'를 핵심으로 한 실천주의적 활동들이 수없이 파생되었다. 나아가 민주노총과 전농, 성소수자 등 2017년에는 거리를 두었던 주체들에 대한 반감도 크게 줄었을 뿐만 아니라 이들과의 적극적 연대가 이루어지기도 했다. 2000년대 이후 2030 세대 남성은 2030 세대 여성보다 다양한 이슈에서 일관되게 '상대적' 보수 성향을 보이는 것도 분명한 사실이다. 그러나 이런 상대적 차이를 절대화해 2030 세대 남성을 모두 보수, 또는 극우로 규정하는 것은 청년 남성 극우를 과잉 대표하는 결과로 이어진다. 2030 세대 남성과 2030 세대 남성 극우는 결코 동일한 범주가 아니다.

그렇다면 2030 세대 남성 극우는 어떻게 탄생했을까? 이들을 관통하는 키워드는 반북, 반중국, 여성혐오다. 김동춘은 청년 극우의 여성혐오 현상이 "압축성장의 후과"이자, "신자유주의 이후 우리 사회 불안의 후과"라고 진단한다. 여성의 학력이 매우 빠른 수준으로 증가한 반면, 대졸자를 모두 소화할 수 없는 산업구조가 버티고 있는 상황에서 일부 남성이 여성을 경쟁자로 느끼고 상대적 박탈감을 느끼고 있다는 것이다. 물론 "위로 가면 간부층은 죄다 남자"(김동춘)이기 때문에 "40대 이상만 되어도 여성들이 불쌍하다고 느끼"(김귀옥)는 것이 현실이지만, 아직 이 시기에 이르지 못한 젊은 남성의 패배감과 상실감은 극우 감수성과 친화력을 가진다. 여기에 "군가산점, 가부장제, 지하철 임산부 배려석, 여성 전용 주차장과 같은 것들에 대한 불만을 확증시키는 유튜브와 같은 매체의 효과"(김귀옥)도 무시할 수 없다. 이런 맥락에서 최고 통치자가 자신들의 언어로 계엄을 선포하고, 자신들의 주장으로 선거 부정과 반국가 세력 척결을 선포했으며, 집권 여당까지 극우 집회에 동참한 것은 "묻지마식 폭력에 이데올로기적 정당성을 부여한 것"(김귀옥)이다.

윤석열의 비상계엄은 청년 극우의 생각이 보수 주류의 생각을 대변하고 있으며 대단히 넓은 사회적 지지를 얻고 있다고 믿도록 만들었다. 이는 청년 극우에게 자신감을 부여함으로써 서부지법 폭동과 같은 극단적 행동주의로 나아갈 수 있도록 허용했을 뿐만 아니라, 전통적인 반공 극우의 정체성을 재생산할 기회도 열어주었다. 이런 상황에서 헌법재판소의 윤석열 파면 판결이 극우의 행동을 중단시킬 리 만무하다. 윤석열의 비상계엄과 서부지법 폭동으로 정치활동의 규범적 경계를 넘어선 상황에서, 한국 사회는 항상 내전의 가능성을 내포하게 되었다. 이런 상황은 백승헌의 지적처럼 서로 단절되고 퇴행적인 사고가 커지는 "경쟁하는 광장"의 일상화로 이어질 수 있다.

이 문제를 어떻게 해결할 것인가? 이번 사태가 다시는 반복되지 않을 윤석열 한 명의 문제라면 해결은 쉽다. 그러나 이것이 구조적 문제이며 언제라도 다시 반복될 수 있는 문제라면, 퇴행을 막을 방법을 찾아야 한다.

퇴행을 막으려면?

내란이 여전히 종결되지 않은 채 또 다른 단계로 진행 중이라면, 이제 무엇을 해야 하는가? 백승헌은 이번 사태를 하루빨리 역사로 만들어 현재진행형에서 과거형으로 이동시켜야 한다고 제안한다. 이를 위해서는 헌법적, 형법적, 정치적 책임을 물어야 한다. 2025년 5월 초를 기준으로 헌법적 책임 묻기는 아직 미완이다. 대통령은 파면되었지만, 이에 동참했던 각료나 지지 세력은 아직 건재하기 때문이다. 둘째는 형법적 책임 묻기다. 아직 내란 재판은 진행 중이며 계엄의 진상 역시 형사적으로 규명되거나 확정되지 못했다. 계엄 직후에 구속영장이 발부된 사람의 공소장과 윤석열의 공소장에 차이가 거의 없다는 것은 사건 초기에 규명된 것 외에 추가적인 진도를 나가지 못하고 있음을 의미한다. 마지막은 정치적 책임 묻기다. 만일 정치적 책임 묻기가 미진한 채로 윤석열과 극우의 정치적 영향력이 지속된다면 2차 내란이 종결되기란 쉽지 않을 것이다. 게다가 적대적인 진영 논리에서 빠져나오지 못하는 상황은 민주당에도 좋지만은 않다. 따라서 이 사건에 대한 정치적 책임을 분명히 물어 적대적 대립에서 벗어나 새로운 구조를 만들고 미래지향적인 방향으로 나아갈 필요가 있다.

충격적인 내란에 대해 헌법적, 형법적, 정치적 책임을 물어야 한다는 것에 이견을 달 수는 없다. 다만 이 과정에서 한국 보수를 어떻게 대해야 할까? 비슷하면서도 강조점이 조금 다른 두 가지 방향이 있다. 하나는 주류가 된 극우에서 '합리적 보수'를 구출해 내고, 이들이 홀로 설 수 있는 기반을 조성하는 방향이다. 또 다른 방향은 내란에 동조한 보수만이 아니라 양당 체제 자체에 대항할 힘을 키워 새판을 짜는 것이다.

첫 번째 시각을 대표하는 이철희는 '극우와 손절하는 보수 정당의 구출'을 대안으로 제시한다. 어느 사회에나 극우적 요소는 존재한다. 이것이 그냥 소수의 목소리로 남느냐 크게 확장하느냐는 정치세력의 영향력에 달렸다. 따라서 "보수가 극우 정당과 손절하고 다시 보수 정체성을 회복해 극우에 대한 방화벽을 쌓는 선택을 한다면"(이철희) 지금처럼 극우의 목소리가 보수의 주류가 되는 상황은 피할 수 있고 우리 민주주의도 더 강해질 수 있다. 문제는 국민의힘이 극우에게 힘을 실어주거나 적극 동조함으로써 보수다운 보수, 중도를 포용하려는 사람들이 튕겨 나가고 있다는 점이다.

국민의힘 내부의 성찰과 혁신도 중요하지만, 우리에게도 '보수'를 어떻게 대할지를 결정해야 하는 과제가 있다. 보수 전체를 내란 세력으로 비판하면서 제도적 공간에서 밀어낼 것인가, 아니면 합리적 보수의 자리를 만들어 줄 것인가? 이철희는 "자칫 잘못하면 소탐대실한다."라고 단언한다. 국민의힘에서도 계엄 해제에 18명의 의원이 동참했고, 탄핵안이 가결되는 데에도 12명의 의원이 힘을 합쳤다. 만약 '탄핵 연대' 같은 것으로 이들이 움직일 공간을 열어줬다면 탄핵 찬성파가 더 늘었을 테지만 그런 일은 일어나지 않았고, 이는 탄핵 찬성파가 국민의힘 내에서 위축되어 버리는 결과로 나타났다. 물론 아직 늦지 않았다. 이철희는 다음 정부가 연정이든 연합 정치든 통합 정부의 형태로 갈 것을 주문한다. 이를 통해 우리 사회가 가야 할 길에 대한 합의를 이뤄내고 실천하는 모습을 보여준다면 더 유능한 민주주의, 강한 민주주의로 진화할 수 있다고 전망한다.

백승헌은 이철희의 제안처럼 합리적 보수의 독립이 필요하지만, 이를 위해서는 배려가 아닌 선거제도의 문제를 해결하는 것이 더 중요하다고 주장한다. 보수와 극우가 분리되지 못하게 하는 선거제도의 구조적 문제가 존재하기 때문이다. 영남권 안에서 왜소화된 국민의힘의 현재 상황으로는 오히려 극우가 계속 보수의 주류로 남게 될 가능성이 크다. 이때 이철희의 제안처럼 협치의 공간을 만드는 것은, 보수의 입장에서는 자칫 "당근을 받고 변절하라고 공격하는 방식"이 될 수 있다. 따라서 "보수 안에서도 (합리적 보수가) 독립적으로 평가받을 수 있도록" 선거제도를 바꾸는 것이 더 효과적이다. 현재의 선거제도에선 민주당이 더 큰 힘을 받게 되고, 양당제는 더 강화되며, 국민의힘 내 합리적 보수가 국민으로부터 독립적인 평가를 받는 것이 어려울 수밖에 없다. 그래서 백승헌은 개헌보다 선거법을 바꾸는 문제를 우선순위로 두고 있다.

김동춘도 선거제도의 문제를 중요하게 거론한다. "단순 다수제, 소선거구제, 지역구 중심의 의원 선출 제도가 유지되거나 지금처럼 높은 관문의 정당법이 유지되는 한" 양당 독점, 영·호남 지역주의를 흔들 수 없다는 것이다. 지금과 같은 제도하에서는 영남에 존재하는 2~30%의 개혁 세력을 계속 버리는 결과로 이어지며, "민주당은 호남에 의존하고 국민의힘은 영남에 의존하는 공존 체제"(김동춘)의 변화는 기대조차 할 수 없다.

김귀옥은 좀 더 적극적인 대책을 주문한다. 국민의힘 아니면 민주당인 양당 구조를 극복하기 위해서는 새로운 대안 정당, 진보 정당의 역할이 필요하다는 것이다. "민주당도 큰 틀에서 보면 중도 우파고, 역사적으로는 친일파가 주도하는 정당으로 출발"(김귀옥)했다. 다만 민주당은 극우 정당에 저항하면서 진보 세력과 결합해 왔기 때문에 복잡성이 생겼다. 게다가 양당 체제에 균열을 내야 할 한국 진보 정당은 대단히 취약한 상황이다. "노동자, 여성, 청년, 장애인, 외국인 노동자, 사회적 소수자들을 제대로 대변할 수 있는 원내 정당이 부재한 현실"을 넘어서기 위해서는 진보 정당과 시민사회의 역할이 중요하다. 김귀옥은 우리 사회에서 극우의 목소리를 더 밀어내기 위해서는 "시민사회의 연대에 기초한 연합정치 등을 통해 진보의 정당들과 시민사회가 제 역할"을 하는 것이 꼭 필요하다고 강조한다.

그러나 현실은 간단치 않다. 극우의 목소리를 밀어내는 데 주력하면 민주당에 힘이 몰릴 수밖에 없고, 이는 양당 체제가 더 강화되는 결과를 낳는다. 민주당의 보수성을 비판하면서 진보적 어젠다를 강력하게 제기하면 극우에 대항할 힘이 분산된다는 현실에 직면한다. 이것은 1987년 민주화 이후 굳어진 정치적 역학 구조이며, 진보 정치, 대안정치를 추구해 온 세력에게 항상 연대·연합의 딜레마를 안겨준 문제이기도 하다. 87년 체제는 종말을 향해 가고 있지만, 87년 체제의 산물인 세력 간 관계 구조는 여전히 살아남아 우리에게 어려운 과제를 던지고 있다.

안병진은 미국과 한국의 정치 상황이 가지는 공통점을 거론하며 이런 딜레마가 여전히 남아있음을 지적한다. 미국에서도 젊은 여성들은 역사상 가장 진보적인 성격을 드러내고 있으며, 20대 남성은 상대적으로 보수 성향을 보인다. 이런 조건에서 파시즘적 성향을 드러내는 트럼프에 맞서기 위해 어떤 선택을 해야 할까? 미국에서 '정체성 정치'의 상징과도 같은 민주당 하원의원인 코르테즈(Alexandria Ocasio-Cortez)는 트럼프에 맞서기 위해 정체성 정치를 잠시 내려놓고 경제 포퓰리즘을 꺼내 들며 전국을 순회하고 있다. 반(反)트럼프 전선을 확대하기 위해 외연을 축소할 수 있는 급진적 어젠다 대신 보편적으로 어필할 수 있는 어젠다를 내세운 것이다. 이런 전략은 미국 좌파 블록에서도 논쟁거리가 되고 있다.

우리는 어떤가? 안병진은 "문재인 정부가 페미니즘을 내세운 적도 없고 차별금지법을 적극적으로 추진한 적조차 없음에도, 민주당을 엄청난 페미니즘 정당처럼 규정하고 있는 것이 현실"이라고 자조한다. 그렇다면 우리도 미국 좌파들처럼 내란 세력을 막기 위해 페미니즘이나 차별금지법 등 민감한 이야기는 접어두고 경제 포퓰리즘으로 가는 게 맞을까? 아니면 힘의 분산을 각오하고 갈등적이지만 꼭 필요한 어젠다를 제기하는 것이 옳을까? 이 둘을 조화롭게 결합할 방법은 정말 없을까? 적대적 진영 정치가 던지는 아주 오래된 질문이다.

어떤 선택이 옳을까? 국민의힘을 내란 동조 세력으로 명확하게 규정하고 해산을 밀어붙이는 게 우선인가? 아니면 '숨죽이고 있는 합리적 보수의 공간'을 열어주는 것이 우선인가? 양당 체제를 넘어서기 위해서는 새로운 대안정치가 필요하다. 하지만 지금의 구도에서 더 선명한 진보적 어젠다를 올곧게 내세우고 주장하는 것이 중요할까? 아니면 극우의 고립을 위해 힘을 합치는 것이 우선일까? 정치적 소수 세력도 의회에 진출할 수 있도록 선거법을 개정해 문턱을 낮출 필요가 있지만, 이것이 극우의 의회 진출까지 허용하게 되더라도 괜찮을까?

　이런 질문에 답하는 것은 물론 불가능하지 않다. 더구나 민주화 이후의 정치 구도에서 낯선 질문들도 아니기에 답은 이미 다양하게 존재한다. 문제는 비상계엄 이후의 한국 사회처럼 격렬한 대립이 시작된 순간에는 여러 입장 간의 소통이 중요하며, 나아가 공동의 해답이 필요한 때가 있다는 점이다. 물론 그것이 그냥 만들어질 리는 없다.

이성의 비관, 의지의 낙관

치열했던 4개월을 뒤로 하고 조기 대선은 현실이 되었다. 내란의 주범은 파면되었고, 형사 심판은 진행 중이다. 그러나 대법원의 파기환송에서 보듯 이 국면이 또 어떤 반전을 겪게 될지는 알 수 없다. 과연 한국 사회는 어디로, 어떻게 나아갈 것인가? 우리의 미래는 낙관일까, 비관일까?

　이후 전망을 가장 낙관적으로 예측하는 사람은 이철희다. "정치 때문에 나라가 망하게 생겼지만, 반대로 이야기하면 정치만 조금 정돈되고 바뀌면 해볼 만한"(이철희) 상황이기 때문이다. 특히 한국의 사회적 에너지나 열정은 어느 나라에 견줘도 손색이 없다. 다만 검찰 개혁이나 언론 개혁 등 문재인 정부가 강조했던 개혁보다 더 중요한 것이 '재정 개혁'이라고 강조한다. 진보가 잘 모르는 "재정 권력을 어떻게 민주화해서 돈을 어디에 쓸 거냐는 질문에 답하지 못한다면 아무것도 바꿀 수 없다." 650조가 넘는 막대한 예산을 어디에 어떻게 쓰느냐는 정권의 성패를 가르는 문제다. 이철희에 따르면, 이것만 해결하면 미래는 밝다.

　반면 안병진은 가장 비관적이다. 객관적 조건, 즉 "장기적인 저성장 국면과 글로벌 조건"이 미래를 낙관하지 못하게 만든다. 안병진이 낙관하는 것은 오직 '시민들의 위대함' 뿐이다. 그는 젊고 새로운 세력이 힘을 가질 때까지, 최소한 2040년까지는 우리 사회가 매우 암울할 것으로 예측한다. 물론 이러한 비관적인 국내외적 흐름을 정확하게 이해하면서 새로운 가치와 치열함을 갖추어야 한다는 주문을 빼놓지 않는다.

김귀옥과 김동춘은 이성으로 보면 비관적이지만 낙관적인 의지를 가져야 한다는 그람시의 언명에 빗대서 이후를 전망한다. "세계 경제나 기후 위기, RE100 꼴찌 수준, 그리고 파시즘적 토양을 근본적으로 바꾸지 않으면 (비상사태가) 다시 도래할 가능성이 높은 정치적 상황, 우리가 어떻게 하기 어려운 극우 개신교", "우리가 꿈꾸었던 사회국가나 복지국가 수준에는 현저히 못 미치는 현실, 대다수 한국인의 높은 스트레스와 불행지수, 불평등"(김동춘) 등 지금 우리가 처해 있는 객관적 상황을 보면 비관적일 수밖에 없다.

그러나 이런 "객관적인 상황을 넘어설 시민의 힘"(김귀옥)과 "냉전 분단 질서에 기득권을 누려온 수구 세력이 위기의식을 가질 만큼 성장한 범 진보 세력의 힘"(김동춘)은 낙관적 미래를 그려볼 수 있는 단초다. 두 사람이 공통으로 지적하는 변수는 남북 관계다. "남북 관계가 순항할 수 있는 조건을 만든다면 새로운 기회"(김귀옥)가 올 것이기 때문에 "두 국가 체제를 적극적으로 받아들이면서 종전을 끌어내는"(김동춘) 전략이 필요하다. 다만 한반도 종전 선언 후 미국과 중국의 방해를 받지 않고 동남아시아와 브릭스 국가들과 더 가까이 가서 '21세기 국가 모델'을 만들 수 있더라도 "불평등이나 심각한 내적 문제는 치유하기가 쉽지 않을 것"(김동춘)이라는 비관적 한계가 있다.

백승헌은 갈등 수준을 넘어 사회적인 '단절'의 지경에 이르면서 "정치가 무엇도 결정하지 못하게 서로 발목을 잡은" 상황을 해소할 수 있는 전환점의 필요성을 강조한다. 물론 차기 정권에서도 행정 권력과 의회 권력이 한쪽으로 쏠리거나 형사 처벌권을 일방적으로 행사할 수 있는 여러 한계적인 조건이 존재한다. 그럼에도 장기적인 관점에서 '대화의 문화' 같은 것이 자리 잡아 그 부분을 바꿔 나갈 수 있다면 희망이 있다고 본다. 이런 정치 문화를 바꾸는 것이 현실적으로 가능할까? 백승헌은 확답이 어려운 '열려있는 문제'라고만 답한다.

'유토피아' 대 '레트로토피아'

12·3 비상계엄 이후 우리 사회에 벌어진 일들은 현실에 존재하는 모순을 압축적으로 드러냈다. 다시 말해 없던 일들이 새롭게 터진 것이 아니라 이미 존재하고 있던 응축된 모순이 가장 극단적이고 퇴행적인 형태로 폭발한 것이다. 인터뷰 참여자들은 모두 이 사태가 '보수의 위기'에서 비롯되었다는 것에 동의한다. 정상적인 정치과정이나 권력관계를 통해서는 더 이상 문제를 해결하거나 위기를 극복하지 못한다고 판단한 윤석열은 물리력을 동원한 강제적인 방법에 의존했고, 보수 역시 이 행동에 동조하고 나섰다. 결국 불법적인 비상계엄이라는 물리력의 동원은 보수의 권력 과시가 아니라 취약해진 그들의 현실이 반영된 결과다.

그러나 위기에 처한 것이 정말 윤석열과 보수뿐일까? 이번 사건은 보수의 위기를 넘어 1987년 민주화 이후 우리를 규정해 왔던 제도와 규범, 삶의 양식이 실효를 다했음을 보여주는 체제 전반의 위기로도 접근할 수 있다. 분단 체제라는 한국적 특수성과 신자유주의적 세계화라는 보편성, 양당 체제를 주축으로 한 대의의 결핍이 결합해 만들어진 소위 '87년 체제'는 일찍부터 다양한 측면에서 위기의 징후를 드러내고 있었다.

우리만이 아니다. 세계 곳곳에서도 기존의 체제가 불안정해지면서 극좌와 극우가 번갈아 힘을 얻고, 정치적 지평의 좌우 양극을 크게 흔드는 사례가 자주 발견된다. 이런 경향의 공통점은 현실을 주도하고 있는 기득권 엘리트에 대한 불만을 토대로 점진적이고 안정적인 개선보다는 근본적이고 급진적이며 빠른 변화에 대한 열망을 담고 있다는 점이다. 한국 청년 극우 역시 전통적인 반공 극우의 정체성에 포획된 것만이 아니라 이 시스템을 만들었고 지탱하고 있는 기득권, 특히 민주당 권력층에 대한 분노를 배경으로 삼는다.

사회학자 바우만(Zygmunt Bauman)은 이런 현상을 유토피아(utopia)와 레트로토피아(retrotopia)의 대결로 묘사한 바 있다. 우리 현실의 삶은 불안과 불만에서 벗어나지 못하고 있으며, 벗어날 수 있는 가능성도 점점 더 희박해지고 있다. 그러면서 한 번도 경험하지 않은 희망적 미래로 가려는 유토피아와, 분명 과거에 경험했지만 실재한 사실보다는 향수(nostalgia)에 의해 재구성된 어떤 지점으로 회귀하려는 레트로토피아가 끊임없이 각축하는 시대에 살고 있다는 것이다. 그런 점에서 본다면 윤석열의 비상계엄, 그리고 뒤이은 2차 내란은 한국판 레트로토피아를 가장 극단적이고 퇴행적인 형태로 구현하려는 시도였다. 실효를 다한 87년 체제의 불안정한 지형은 무슨 일이든 일어날 수 있다는 가능성을 만든다. 5월 1일 유례없는 속도로 밀어붙인 대법원의 유력 대선후보에 대한 파기환송은 잇따른 내란형 갈등이 다양한 영역에서, 예상치 못한 형식으로 계속될 수 있음을 보여준다.

이번 사태에서 드러난 보수의 몰락이 새로운 대안적 사회, 즉 우리가 한 번도 경험해 보지 못한 유토피아로 나아가는 길목이 될 수 있을까? 서로 간의 '적대'를 기본 축으로 전개되어 온 한국 정치의 현실에서, 하나의

적이 무너지면 축의 다른 편이 다시 공공의 적이 되어왔던 악순환은 이번에도 반복될 것인가?

아직은 알 수 없다. 낡은 것들은 여기저기서 이미 무너져 내리고 있지만, 우리는 아직 그다음을 모른다.

제3장 경제

민주주의 종말의
경제적 가능성들

이원재

경제평론가. LAB2050 이사장. ESG, 사회연대경제, 기본소득, GDP 대안지표 등 새로운 정책을 연구하고 알리는 일을 지속해 왔다. 지금은 인공지능 시대를 디스토피아 대신 유토피아로 만드는 방법을 연구하고 있다. 경제학과 경영학을 공부했으며, 사랑하는 가족들과 서울 동작구 대방동에 살고 있다.

인터뷰 참여자
강정수 (블루닷 AI연구센터장)
신현호 (경제평론가)
양승훈 (경남대학교 사회학과 교수)
윤홍식 (인하대학교 사회복지학과 교수)
임춘택 (광주과학기술원 교수)

윤석열의 쿠데타는 끝나지 않았다
—12·3 계엄의 경제적 기반

2024년 12월 3일, 한국 현대사에서 다시는 없을 것이라 믿었던 일이 벌어졌다. 대통령 윤석열은 계엄령을 선포하고, 군대를 동원해 국회와 중앙선거관리위원회를 제압하려 했다. 다행히 상황은 하룻밤 사이 종료됐다. 국회로 몰려온 시민들은 계엄군과 경찰을 몸으로 막았다. 국회의원들은 출석자 만장일치로 계엄 해제를 의결했다. 대통령은 "문을 부수고 총을 쏴서라도 (의원들을) 끌어내라."라고 소리쳤지만, 그 명령은 이행되지 않았다. 의결이 진행되는 동안 현장의 군인들은 사실상 태업하며 상황을 방치했다. 다음 날부터 시민들은 응원봉을 들고 국회 앞에 모여 대통령 탄핵을 외쳤다. 결국 계엄을 선포한 대통령은 파면되고 체포되었으며 내란 피의자가 되어 법정에 섰다.

    1934년 2월 6일, 프랑스에서도 의회 공격이 있었다. 하지만 양상은 달랐다. 시민들이 폭도가 되어 파리의 의사당을 덮쳤다. 당시 프랑스는 세계 대공황의 여파로 경제적 어려움을 겪고 있었고, 금융 스캔들로 정치권의 부패가 드러나 사회 전반에 불신이 팽배했다. 극우 성향의 참전용사 단체, 민병대 등 수만 명의 젊은 남성이 '부패한 의회 타도', '의원들을 교수형에 처하라'고 외치면서 돌멩이와 쇠막대기를 들고 의사당에 진입했다. 이들은 경찰과 충돌했고 그 과정에서 죽고 다치면서도 몇몇 의원들을 찾아내 강으로 던지겠다며 끌고 가기도 했다.

이날의 폭동 뒤 중도우파 총리가 실각하고 우파 총리가 새로 들어섰다. 좌파 정당들은 폭동을 비난했지만, 보수 정당인 공화연맹당은 침묵을 지키며 오히려 시위대 지도자들을 당 지도부로 끌어들였다. 그리고 의회 내에서 2월 6일 폭동 세력을 적극적으로 옹호했다. 보수 정당 의원들은 폭도들의 체포를 격렬하게 반대했다. 2월 6일의 폭동에 대한 조사에 착수한 의회 조사위원회는 우파 의원들의 방해로 '경찰 대응에 문제가 있었다'는 결론으로 치달았다.

6년 뒤, 프랑스 의회는 '비시(Vichy) 전권법'을 통과시키며 헌정질서를 폐기하고 사실상 자진 해산한다. 프랑스 현대사의 치욕인 권위주의 정권 시대가 열린 것이다. 실패한 의회 폭동이 극우파 결집의 출발점이 되어 결국 민주주의는 죽음에까지 이르렀다.

2021년 1월 6일 미국에서도 의회 공격이 있었다. 러스트벨트 제조업 붕괴와 경제적 양극화로 삶의 터전을 잃고 불안해진 중하위 소득층 백인 중심의 트럼프 지지자들이 미국 연방의회로 몰려갔다. 이들은 두 달 전 있었던 대선에서 도널드 트럼프 후보가 부정선거로 패배했다고 주장하며 국회의사당을 공격해 상·하원 합동회의를 중단시켰다. 경찰과 폭력적인 충돌이 벌어졌고, 5명이 사망했으며 민주주의 제도에 대한 신뢰는 큰 타격을 입었다.

트럼프를 포함한 공화당의 주요 정치인들은 이 사건을 적극적으로 옹호하거나 최소한 방조했다. 이후 극우 세력은 공화당 내 주류를 차지하고, 4년 뒤 트럼프는 다시 공화당 후보로 선출되어 미국 대통령이 된다.

1934년 프랑스와 2021년 미국에서의 의회 공격은 사회경제적 불안을 느끼는 소외계층의 깊은 분노와 정치적 불신이 배경이 되어 나타난 폭력적 사건이었다. 보수 정치인들은 이를 활용하거나 방조했다. 결과적으로 이때 결집한 극우파의 힘은 정권을 만들어내는 데까지 이어졌다.

그러나 2024년 한국의 윤석열 계엄 사건은 본질적으로 달랐다. 이는 민중 봉기나 사회경제적 기층의 저항이 아닌, 철저하게 초엘리트 집단이 주도한 '친위쿠데타'였다.

윤석열은 서울대 법대를 졸업하고 사법고시를 통과해 검찰총장까지 지낸, 한국 사회 지배계층의 중심에 있는 인물이다. 계엄 선포 당시 그의 옆을 지킨 한덕수 국무총리와 최상목 경제부총리 역시 한국을 오랫동안 지배해 온 관료 엘리트의 정점이었다. 이 초엘리트 집단은 자신들의 권력을 유지하기 위해 군대를 움직였다. 계엄이 선포된 직후 시민들은 즉각 국회를 지키기 위해 달려나왔고, 국회의원들이 계엄 해제 표결을 마칠 때까지 국회를 지켜냈다. 윤석열을 적극 지지하며 계엄을 유지하려 한 시민들은 매우 드물었고, 현장의 군 장교들 역시 상부의 명령을 적극적으로 이행하지 않았다. 일부 병사들은 시민들에게 머리를 숙이며 사과를 전하기까지 했다.

한국에서도 사회경제적 불만을 동원해 극우 세력을 결집시키려는 보수 정치권 일부의 시도는 분명 존재했다. 윤석열은 청년 세대를 계속 호명하며 지지를 요청했다. 집권 여당인 국민의힘은 윤석열의 탄핵 의결 반대를 당론으로 정했고, 국회의 탄핵소추가 헌법재판소에서 기각 또는 각하되어야 한다고 주장했다. 법조 엘리트와 관료 엘리트 내부에서는 계엄 이후 윤석열의 탄핵과 구속을 막기 위한 노력이 불쑥불쑥 튀어나왔다. 수사기관이 내란 혐의 수사를 위해 윤석열 체포에 나서자 경호처는 경찰을 막아섰고 최상목 대통령직 권한대행은 이를 용인했다. 관료 엘리트의 윤 대통령 방어 시도였다. 우여곡절 끝에 윤 대통령이 구속된 뒤, 재판부는 다른 피의자에게는 적용된 적 없는 규정을 대며 그의 구속을 취소했고 검찰은 이를 순순히 받아들였다. 법조 엘리트의 윤 대통령 방어 시도였다.

극우파 대중운동의 그림자도 나타났다. 윤석열의 주장에 동조한 계엄 지지자들은 서부지법 폭동 사태를 일으켰고 거리 시위를 통해 극단적 분노를 표출했다. 이들은 윤석열 대통령을 구속한 법원에 쇠 파이프를 들고 난입해 구속 결정을 내린 판사의 이름을 외치며 기물을 파손했다. 헌법재판소를 파괴하겠다고 공언하기도 했다. 하지만 1934년 프랑스나 2021년 미국에서와 달리 이들은 광범위하게 결집되지는 않았다. 사회경제적 불만에 기반한 폭넓은 운동으로까진 확산하지 못하고, 소수의 극단적 행동으로 마무리됐다.

다만 한국에 극우 정치의 씨앗이 아예 없다고 판단하기는 어렵다. 오히려 서구 사회와 같이 극우 정치 씨앗이 발견되지 않던 이곳에서 윤석열 계엄을 계기로 극우 정치의 씨앗이 발견되었다고 보는 것이 맞다.

이 씨앗은 한국 사회의 경제구조와 깊은 관련이 있다. 한국 경제는 수출 대기업 중심의 성장 전략을 통해 발전해 왔지만, 그 과정에서 중소기업과 비정규직 노동자들이 소외되고 이중노동시장이 심화되었다. 소상공인 자영업자들은 자본가의 특권도 노동자의 권리도 누리지 못한 채 한국 경제의 주변부로 밀려나 있다. 그들은 이제 빚만 늘어나 폐업조차 하기 어려운 상황에 놓여있다. 대기업 정규직 노동자들은 안정적인 임금과 복지를 보장받는 반면, 중소기업과 비정규직 노동자들은 열악한 고용조건과 불안정한 소득으로 어려움을 겪고 있다. 이렇게 형성된 경제적 불안과 소외감은 앞으로 극우 정치의 더 강력한 연료가 될 가능성을 내포하고 있다.

더욱이 현재 세계 경제의 변화는 제조업 중심의 한국 경제에 이러한 갈등 구조를 심화시키는 방향으로 흐르고 있다. 글로벌 공급망 재편, 인공지능과 자동화의 가속화는 이미 불안정한 노동시장을 더욱 흔들 것이고, 기존 수출 대기업 위주의 경제구조로는 이 위기에 효과적으로 대응하기 어려울 수 있다. 특히 한국 재정 수입의 상당 부분을 감당하던 수출 제조 대기업들의 사업 기반이 흔들리면 불안정 계층을 떠받치는 사회보장 시스템을 유지하기도 버거울 수 있다. 이렇게 되면 소외된 계층이 분노를 표출할 정치적 대표자를 찾는 과정에서 나타난 서구 극우 정치의 부상을 우리나라도 겪을 수 있다.

1934년 프랑스의 의회 폭동은 아래로부터의 극우 대중운동이 주도했다. 1929년 대공황 이후 대중이 겪어야 했던 경제적 고통이 그 연료가 됐다. 그러나 1940년 프랑스 의회의 자진 해산과 권위주의 비시 정부 출범은 초엘리트 계층이 주도했다. 당시 대중은 경제성장 정체와 독일과의 전쟁에서 패전한 충격으로 체념하며 동조했다.

2024~25년 한국 대중은 초엘리트층의 내란 시도를 적극적으로 막고 새로운 정권을 만들어냈다. 그러나 대중을 불안정하게 만드는 경제구조가 이어진다면, 5년 뒤에는 어떤 선택을 하게 될지 모른다. 한국 사회는 기로에 서있다. 어떤 경제구조를 만들어 가느냐에 따라, 한국형 극우 정치가 등장하고 비시 정부가 탄생할 수도 있다. 반대로 민주주의와 경제발전을 같이 이룬 한국 현대사의 빛나는 성과를 더 강력하게 이어갈 수도 있다.

그러므로 윤석열의 쿠데타는 끝나지 않았다. 이번에는 실패했지만, 다음에도 그럴 것이라고 단정할 수만은 없다.

아래는 AI 전문가인 강정수 블루닷 AI연구센터장, 경제전문가인 신현호 경제평론가, 제조업 현장을 관찰하며 연구해 온 양승훈 경남대학교 사회학과 교수, 사회보장 정책 전문가인 윤홍식 인하대학교 사회복지학과 교수, 에너지경제 전문가인 임춘택 광주과학기술원 교수(전 에너지경제연구원장)과 4시간 동안 윤석열 계엄의 경제적 의미에 대해 나눈 이야기를 종합한 결과다.

한덕수는 왜 실패했을까
―초엘리트 친위쿠데타의 한계

윤석열 계엄의 본질은 무엇인가? 2024년 12월 3일 계엄령 선포 직후 많은 사람이 처음 떠올린 단어는 '쿠데타'였다. 하지만 군부가 자발적으로 움직인 과거의 군사 반란과는 분명 달랐다. 윤석열이 군을 동원해 국회와 선관위를 장악하려 한 이 사건은 오히려 '친위쿠데타'에 가까웠다. 지배 엘리트가 자신들의 권력을 유지하기 위해 직접 국가기관을 동원했다는 점에서 이 사건의 본질은 매우 뚜렷하다.

"사실 윤석열 한 사람만의 문제가 아니라 한국 사회에 깊이 뿌리내린 초엘리트 집단의 문제였습니다. 계엄 과정에서 범죄자들이 보인 태도는 놀라웠어요. 한국 사회의 소위 초엘리트라는 사람들, 법조, 경제관료, 언론, 대학에 있는 많은 사람들이 윤석열과 사실상 다르지 않은 생각을 하고 있었다는 것이죠. 그 민낯이 계엄을 통해 드러났습니다."(신현호)

윤석열 정부의 집권 내내 권력의 중심에 있었던 것은 검찰 중심의 법조 엘리트들이었다. 여기에 한덕수를 정점으로 한 관료 엘리트 집단이 보조를 맞추며 사실상 한국 사회 전체를 지배했다. 이들은 계엄령 이후 더욱 명확하게 그 본성을 드러냈다. 신현호는 특히 헌법재판관 임명 문제에서 관료 엘리트의 충격적 행태가 드러났다고 지적했다.

"국회가 선출한 헌법재판관 3명을 한덕수 권한대행과 최상목 경제부총리가 고의적으로 임명하지 않았습니다. 특히 마은혁 재판관의 임명을 거부한 건 결정적이었죠. 헌재가 헌법 위반이라고 결정했음에도 이들은 끝까지 임명하지 않았어요. 단지 소극적인 눈치 보기나 책임 회피가 아니라 명백한 당파적 행위였습니다. 민주주의에 대한 초엘리트들의 무관심과 경멸이 명징하게 드러난 순간이었습니다." (신현호)

계엄 선포 당시 윤석열은 청년들을 끊임없이 호명했다. 하지만 정작 그가 기대했던 청년층은 그를 지키기 위한 행동에 나서지 않았다. 임춘택은 그 점을 예리하게 짚어냈다.

"윤석열은 끊임없이 2030 세대를 불렀지만, 실제 현장에 나타난 청년들은 오히려 계엄을 막기 위해 국회를 지켰습니다. 계엄군으로 투입된 병사들마저도 상부의 명령을 적극적으로 이행하지 않았고, 비폭력적인 태도로 시민들에게 사과하기까지 했습니다. 이후 탄핵 촉구 시위는 응원봉을 들고 나온 2030 세대가 주도했습니다. 초엘리트 집단이 의도한 계엄과 시민들의 현실적인 반응 사이의 괴리가 분명했던 거죠." (임춘택)

하지만 윤석열의 계엄이 극우 정치를 전혀 동원하지 않은 것은 아니다. 극우적 성향의 일부 청년들이 윤석열을 지지하며 서부지법 폭동 사태와 같은 극단적 행동을 벌였다. 양승훈은 이 부분에 대해 "계속 찜찜하다."라고 말했다.

"계엄 사태 이후 윤석열 지지 성향의 온라인 커뮤니티에서 결집한 청년들이 일부 있었습니다. 실제로 서부지법 폭동 사태를 일으키거나 거리에서 과격한 시위를 벌였죠. 하지만 이들은 극단적 소수였어요. 미국이나 유럽에서 나타난 폭넓은 극우 운동과는 다릅니다. 보수적 청년들, 끊임없이 호명된 20대 보수 남성들이라도 계엄령 지지로 결집했다고는 보기 어렵습니다. 다만 청년 남성들은 응원봉을 들고 거리로 나서지도 않았습니다. 민주당과 진보 정당이 내거는 의제들에 반발심이 크다는 점을 이번에도 보여준 것이죠. 그게 찜찜한 대목입니다." (양승훈)

강정수는 계엄 선포 전 윤석열 정부가 탈기득권 공격에 본격적으로 나섰던 데서 그 '찜찜함'의 단초를 찾는다.

"윤석열 정부는 초기에 '탈기득권'을 명분으로 내세워 노동·의료 개혁을 추진했습니다. 그동안 손대지 못했던 정규직 중심의 노동 질서나 의료계 엘리트 구조에 대해 문제를 제기하면서 청년 세대에 더 많은 기회를 주겠다는 구호를 내세웠습니다. 과거 박근혜 정부조차 86세대 엘리트나 정규직 구조를 정면으로 공격하진 않았다는 점에서, 미래 성장 기회가 박탈되었다는 청년층의 정서를 반영하려는 노력을 했다고 볼 수 있습니다. 하지만 이 개혁은 제대로 구현되지 못했고, 결국 정권 내부의 초엘리트들이 좌절감 속에서 권력을 지키기 위한 강압적 선택, 곧 계엄령이라는 최악의 수를 둔 거예요. 기득권 타파가 아니라 자기 보전을 위한 친위쿠데타로 귀결된 셈이죠. 저는 이 경로 이탈이 보수의 본류라고 보지는 않습니다. 실패한 권력의 탈선일 뿐입니다." (강정수)

어쨌든 윤석열 계엄이 사회경제적 불평등과 극우 정치의 본격적 결합에서 비롯된 사건은 아니었다는 데로 이야기는 모아졌다. 오히려 이 사건은 기득권을 지키려는 초엘리트 집단의 무리한 권력욕이 빚은 참사였다.
그런데 미국 트럼프 행정부의 경우, 일론 머스크(Elon Musk)의 참여가 상징적으로 보여주듯 실리콘밸리의 테크 엘리트와 러스트벨트 정서에 기반한 마가(MAGA, '미국을 다시 위대하게'라는 구호 아래 결집한 보수 대중운동) 세력이 손을 잡고 세운 정권이었다. 이에 비해 한국에서는 기업가나 투자자 같은 신흥 엘리트의 정치적 움직임은 거의 포착되지 않았다. 철저히 법조와 관료 출신의 구엘리트 집단만이 움직였다. 강정수는 이 점을 날카롭게 지적했다.

"미국이나 유럽에서는 테크 엘리트들이 단순히 자본만 가진 게 아니라 철학과 이데올로기를 함께 만들어가며 정치적 영향력을 행사하는 흐름이 분명히 있습니다. 대표적인 인물로는 기술, 철학, 정치를 결합한 피터 틸(Peter Thiel)이 있죠. 이들이 트럼프 당선의 뒷배가 되었습니다. 하지만 한국은 다릅니다. 재벌 출신이든 IT 창업자든 대부분 사회적 목소리를 내기보다 은둔하거나 정치와 거리를 두며 자신을 보호하는 데 집중했어요. 카카오의 김범수나 네이버의 이해진도 전통적인 기업 리더십 안에 머물렀을 뿐, 정치세력화나 이데올로기 구축으로는 나아가지 못했습니

다. 윤석열 계엄을 지지한 '신흥 엘리트'는 없었습니다. 오직 구엘리트만
이 움직인 사건이었죠." (강정수)

윤석열의 계엄은 분명 초엘리트의 권력 유지 욕망에서 비롯된 사건이
었다. 사회경제적 불만이 쿠데타 계획이나 진행 과정에 끼친 영향은 미
미했다. 테크 엘리트를 비롯한 신흥 엘리트층조차 포섭하지 못한 쿠데타
였으며, 권력욕에 이성을 잃은 대통령의 일탈이 가미된 사건이었다. 계엄
이후 벌어진 일들은 한국 사회 초엘리트가 대중의 사회경제적 불만을 동
원해 내란을 이어가려다 시민의 냉담한 반응 속에 실패한 사건으로 보인
다. 윤석열의 계엄은 서구의 강경 우파 정당이나 트럼프주의의 부상과는
달리 사회경제적 소외계층을 결집시키는 정치에 성공하지 못했고 그래
서 실패한 쿠데타가 됐다.

물론 이번에 실패로 끝났다고 해서 안심할 수 있는 것은 아니다. 민주
주의를 권위주의로 되돌리는 서구식 극우 정치의 사회경제적 기반이 우
리에게도 실존하기 때문이다. 게다가 윤석열 계엄은 실제로 내란이 일어
났을 때 관료나 법조 등 우리 사회의 초엘리트 집단이 손쉽게 동조할 수
있다는 사실을 확인시켜 주었다.

여전히 한국 사회는 불평등의 위협에서 자유롭지 못하다. 과거처럼 경
제성장으로 파이를 늘리며 대중에게 희망을 주입하는 해법도 더 이상 작
동하기 어렵다. 현존하는 체제에서는 변화가 불가능하다고 절망하는 이
들일수록 극단적이고 폭력적인 해법에 매력을 느끼기 쉽다. 우리는 12·3
계엄 이후 여러 장면에서 그들을 목격했다.

김문수와 전광훈은 어떻게 무대에 서게 되었나
―극우 정치의 글로벌 동조화

1930년대부터 1980년대까지 서구는 진보의 시대였다. 뉴딜과 복지국가와 사회민주주의를 채택했고, 경제성장과 분배 강화를 동시에 달성했다. 1980년대 레이거노믹스(Reaganomics)와 대처리즘(Thatcherism)을 만난 서구는 신자유주의 시대를 맞았고, 시장만능주의와 복지 축소의 길을 걸었다. 그리고 2016년, 서구는 도널드 트럼프 미국 대통령을 만났다. 윤홍식의 진단이다.

"1970년대까지만 해도 '우리는 모두 케인지언(Keynesian)이다'라는 말이 나올 정도로 정부가 재정지출을 늘려 복지를 강화하자는 진보적 주장이 주류였죠. 그러나 곧 신자유주의 흐름이 닥쳤고, 이제 더 오른쪽으로 가고 있어요. 지금의 우경화 흐름은 어느 한 나라만의 현상이 아닙니다. 유럽의 사민주의 정당들조차 이민 문제를 중심으로 보수화되고 있고, 진보 정치 자체가 후퇴하고 있어요. 걱정스럽게도 신자유주의가 끝난 자리에 더 진보적인 대안이 아니라 오히려 더 오른쪽으로 기울어지는 경향이 나타나고 있는 겁니다." (윤홍식)

하지만 신현호의 생각은 조금 달랐다. 그는 지금의 우경화를 단순히 '더 보수화된 시대'라고 보는 것을 경계한다.

"트럼프가 극우로 가거나 보수로 가는 건지, 혹은 진보가 위축되는 건지에 대한 의문이 있습니다. 현대경제사에서 1930년대부터 1980년대까지를 첫 번째 토막, 1980년부터 2016년까지를 두 번째 토막, 그 뒤를 세 번째 토막이라고 했을 때 두 번째 토막이 첫 번째 토막보다 더 보수화된 것일까요? 또 세 번째 토막이 두 번째 토막보다 더 보수화된 것일까요? 미국에서 1980년 로널드 레이건(Ronald Reagan) 이후 신자유주의를 주도한 것은 어떤 의미에서는 민주당이었단 말이죠. 유럽에서 토니 블레어(Tony Blair)의 영국 노동당도 마찬가지였고요. 심지어 독일 사회민주당도 영미 신자유주의에 동조했습니다. 즉 어떤 전반적인 세계적 흐름이 있고 그 흐름을 모두가 받아들인 뒤, 그 안에서 보수와 진보, 좌우가 대립하는 모양새였단 말이죠." (신현호)

2016년 이후 일어난 트럼프 현상에 대한 신현호의 진단이 이어졌다.

"트럼프가 워낙 돌출적이고 극단적이어서 그렇지, 어떤 의미에서 지금의 변화는 트럼프가 주도하는 것이 아닙니다. 소련과 동구권 붕괴 이후 세계가 평평해지고 글로벌화, 탈규제, 자본과 노동의 자유로운 이동이 모두를 행복하게 할 것이라는 믿음이 지배하던 시기가 끝나고 새로운 흐름이 시작된 것이지요. 제조업은 후진국에서 하고 선진국에서는 실리콘밸리처럼 첨단기업과 금융만 하면 모두가 좋아진다는 믿음, 그조차도 바뀌고 있는 거죠. 트럼프가 원하든 원하지 않든, 미국과 유럽에서 일자리를 잃어버린 블루칼라 노동자들과 다수 대중이 세계화에 대한 믿음을 버리고 있는 것이라면, 이건 보수화라기보다는 새로운 경제질서를 예고하는 시대적 흐름이라고 볼 수 있습니다." (신현호)

자유무역을 칭송하던 경제대국들이 관세전쟁을 벌이기 시작했다. 서구 전체가 이민자 수용을 놓고 홍역을 앓고 있다. 기술과 지식의 자유로운 이동에도 브레이크가 걸리고 있다. 국경에는 높은 벽이 세워지고 있다.

이 모두는 특정한 이념을 지닌 정치인이나 정치세력이 기획한 것이 아니라 오히려 사회경제적 불평등 확대에 따른 대중의 반응, 특히 서구 블루칼라 노동자들의 요구에 따라 형성된 흐름이라는 이야기다. 이러한 관점에서 보면 주목해야 할 것은 극우 정치가 아니라 확대된 불평등, 그리고 이에 따라 나온 보호주의적, 또는 어쩌면 그 이상의 의미를 지닌 새로운 세계질서다.

그렇다면 한국은 어떨까? 지금까지 한국 사회는 서구 정치의 흐름과 엇갈린 길을 걸었다. 서구가 진보화될 때 한국은 군부독재로 신음했고, 서구가 1980년대 신자유주의를 택할 때 한국은 민주화와 복지 확대의 길을 걸었다. 보수 정부조차도 경제민주화와 복지국가를 외칠 정도였다. 2016년 트럼프 당선이라는 거대한 사건 이후에도 한국에는 서구와 같은 극우 정치의 대규모 발흥을 경험하지 않았다. 그러나 최근 윤석열 계엄 이후의 정치 상황은 이제 한국 사회도 서구의 정치적 극우화 흐름과 더 이상 무관하지 않다는 점을 시사한다. 윤홍식은 이번 사태를 지켜보며 오랜 시간 품어왔던 의문을 다시 떠올렸다.

> "서구에서 나타난 우경화 현상이 과연 한국에서 어떤 형태로 나타날까를 계속 고민해 왔습니다. 이번 계엄 이후 나타난 일련의 사건들은 그 우려가 현실화된 것 아니었을까요? 잠복해 있던 우경화가 드디어 표면에 드러났다고 보입니다." (윤홍식)

실제로 2020년대 이후 서구 정치의 극우화는 명백했다. 프랑스, 독일, 이탈리아는 물론 미국까지 경제적 불안정과 불평등이 결합해 나타나는 정치적 극우주의의 발흥은 전 세계적으로 공통된 현상이었다. 그러나 한국은 그런 흐름에서 어느 정도 벗어나 1987년 민주화 이후 이어지던 진보적 경향을 유지하는 것처럼 보였다.

"최근 유럽 사회민주주의 정당들도 우경화되는 경향이 보이는 게 사실입니다. 우리나라는 이전에는 그런 흐름을 타지 않았어요. 그런데 최근 들어 세계적 흐름에 깊이 편입되고 있습니다. 탈동조화에서 동조화로 바뀌고 있는 것이지요." (윤홍식)

우리나라에서도 보수든 진보든 극우든 그 양상이 다를 뿐, 신자유주의 퇴조와 보호주의적 경향의 새로운 경제질서를 지향하게 될 것이라는 이야기다. 양승훈은 이러한 흐름의 단초를 대선 경제 공약에서 찾았다.

"한때 '우리는 모두 케인지언'이라는 시기가 있었다고 말씀해 주셨는데요. 2025년 6월 3일 제21대 대선 전 후보들이 낸 경제 공약을 보면 흥미롭게도 국민의힘, 민주당 모두 슘페터리언(Schumpeterian)이에요. 국가가 투자해 혁신을 주도하겠다는 이야기를 거침없이 했습니다. 국가가 주도해 AI에 100조를 투자하겠다는 공약을 1번으로 낸단 말이죠. 이건 신자유주의 시대의 공리를 깬 거거든요. 신자유주의 시대 서구 국가는 기초 과학에만 투자했어요. 그런데 보수, 진보 공히 박정희 시대의 발전국가를 상기시킬 정도로 기업에 직접 투자해 성장을 이끌겠다는 공약을 내걸었단 말이죠. '국가가 성장을 견인해야 한다'는 생각은 '세계는 평평하다'는 생각과 충돌하죠. 이전과는 다른 패러다임이 나온 겁니다. 우리나라가 아직 서구처럼 탈산업화하지 않은 것은 사실인지라 러스트벨트가 극우 정치의 토양이 된 미국 등 서구와는 기반이 다르다는 이야기도 많죠. 그럼에도 새로운 흐름이 생겨나고 있는 겁니다." (양승훈)

신현호도 맞장구를 쳤다.

"우리가 선진국에 가까워지면서 유럽과 미국의 자장에 동조화되는 거죠. 사실 1930년대 미국의 뉴딜 정책이나 1970년대 유럽의 복지국가가 나왔을 때 우리나라는 글로벌 사우스(Global South), 즉 개발도상국이었습니다. 그러니 따라갈 수도 없었고요. 그런데 김영삼, 김대중 대통령 시기에 금융자유화와 통신 규제 완화를 추진하면서 토니 블레어나 빌 클린턴(Bill Clinton) 대통령의 정책 방향을 따라가기 시작했다고 봐야 합니다. 그리고 지금처럼 서구가 기업을 직접 지원하는 산업정책을 펼치면서 세계화에 브레이크를 밟기 시작하면, 이전보다 더 빨리 동조화될 것이라고 봅니다." (신현호)

그렇다면 윤석열의 계엄도 이런 세계적 흐름 안에서 벌어진 사건이라고 해석할 수 있을까? 임춘택의 생각은 달랐다.

"논란은 있지만 트럼프가 극우적 성향인 건 맞죠. 인종차별 등 다른 사람에 대한 차별이나 혐오라는 인권 측면에서 그렇고요. 또 지나친 자국우선주의라는 경제적 측면에서도 그런 성향이 드러납니다. 이러한 문제가 생기는 데는 경제문제가 근간에 있죠. 경계해야 합니다. 다만 이번 윤석열의 계엄은 개인의 오판에서 비롯된 것으로 규정하는 것이 좋겠습니다." (임춘택)

물론 그렇다고 해서 한국 사회에 불평등과 그로 인한 불안정성 같은 극우 정치의 사회경제적 기반이 없다는 뜻은 아니다. 오히려 심각한 불평등과 분배 문제는 이미 구조적으로 잠재해 있었고, 극우 정치로 전이될 수 있는 조건도 충분히 존재하고 있다.

윤홍식은 이 점을 이렇게 짚었다.

"이전의 리버럴(민주당) 정부들이 집권하고 복지를 확대했지만, 분배 문제를 해결하지 못한 것은 분명합니다. 이번 계엄에는 이런 사회경제적 이슈가 정치와 결합하지는 않았습니다. 하지만 지금의 우경화 흐름이 분배의 격차와 성장의 지체라는 경제문제의 부상에 힘입어 강화되고 있지는 않은지 계속 지켜봐야 합니다. 서구의 상황처럼 경제적으로 소외된 계층이 이민자와 같은 특정 집단을 희생양으로 삼으면서 성장하는 극우 정치의 토대가 이번에 나타난 것인지도 모릅니다." (윤홍식)

분배 문제는 악화되고 있다. 2010년대 이후 복지정책이 강화되면서 그나마 좁혀지던 계층 간 소득 격차는 더 커지고 있다. 대기업과 중소기업, 정규직과 비정규직 사이의 구조적 불평등이 여전히 존재하는 상황에서 계엄 사태가 불러온 내수 침체까지 겹치며 주춤하던 불평등 확대 흐름에 다시 불이 붙었다. 통계청의 2025년 1분기 가계동향조사 결과를 보면, 하위 20%(1분위) 가구의 월평균 소득이 전년 동기 대비 1.5% 감소한 114만 원으로 나타났다. 이는 전체 가구 소득이 같은 기간 4.5% 증가한 것과 뚜렷이 대비된다. 특히 1분위 가구의 사업소득과 재산소득의 감소 폭이 두드러져, 내수 침체로 인한 자영업 몰락의 징후가 드러났다.

트럼프발 관세전쟁과 세계 경제질서의 변화는 수출 국가인 우리 경제에 더욱 극심한 타격을 줄 가능성이 높다. 저성장의 늪에서 빠져나올 가능성이 낮아보이는 가운데 경제적 불평등 확대의 그림자는 더욱 짙게 드리우고 있다. 미국에서도 유럽에서도 극단주의 정치를 불러온 기반이 되었던, 바로 그 불평등이다.

이재명은 기본소득제를 밀고 갈 수 있을까
―수출 주도 경제구조와 복지 패러다임의 균열

사회경제적 불평등이 문제라면 그 해법은 복지정책이다. 한국 사회, 특히 진보적 사회운동과 정치인들은 2010년대 이후 보편적 복지를 꾸준히 지향했다. 국가의 재정지출을 늘려 모든 사람이 복지 수혜자가 되도록 대상자를 보편적으로 넓혀서, 누구나 소득과 자산에 대해 기꺼이 세금을 내고 그 재원으로 더 많은 사람이 복지 혜택을 누리도록 하는 선순환을 만들자는 논리였다. 실제 정책 현장에서 이들은 학교 무상급식, 아동수당, 기초연금과 같은 정책에서 더 많은 대상자에게 혜택이 가도록 만들어왔다.

윤홍식은 그들 중 일부였다. 보편적 복지의 열렬한 옹호자이며 이를 구체적으로 적용하도록 만드는 정책의 디자이너였다. 그런데 그가 10여 년이 지난 지금 갖게 된 근본적 질문을 털어놓는다.

"2010년대 초 무상급식이 사회적 의제로 등장했을 때만 해도 보편적 복지는 정치적, 경제적으로 가능하다고 믿었습니다. 하지만 이후 10년 동안 의문이 깊어졌어요. 과연 제조업과 수출 중심의 경제구조를 유지하면서도 보편주의 복지가 가능할까? 수출 제조업 국가는 복지에 필요한 재원을 수출기업으로부터 확보해야 합니다. 그런데 수출기업은 글로벌 경쟁의 압력 때문에 가격경쟁력을 확보해야 하죠. 보편주의 복지에는 사회적 비용이 많이 필요합니다. 이 비용을 치르다 보면 기업경쟁력에 문제가 생기는 거죠." (윤홍식)

그래서 그는 역사적 증거와 서구 사례들을 찾았다. 예상대로였다. 제조업 중심과 수출 중심으로 성장 방식이 구조화된 국가들은 복지 구조가 보편주의로 가기 어렵고 대부분 이중구조화되어 불평등이 상대적으로 크다. 대표적인 곳이 독일이다.

"독일이 1970년대에서 1990년대로 넘어가면서 수출 중심, 제조업 중심으로 성장 방식이 변화했어요. 그러면서 복지 구조와 노동시장이 이중구조화 됐어요. 제조업의 가격경쟁력을 유지하기 위해선 불가피한 상황이었던 것이죠. 독일 사례를 보면, 우리가 지금의 성장 체제를 그대로 두고 보편주의 복지를 할 수 있는지에 대해 강력한 회의가 듭니다." (윤홍식)

신현호는 복지 시스템이 아니라 '복지 규모' 자체를 생각할 때 상황은 더욱 심각하다고 분석했다. 가뜩이나 인구구조의 변화로 저성장 기조에 들어서는 마당에, 세계 무역 질서까지 보호주의적 색채가 짙어지면서 경제성장률 둔화가 예상되기 때문이다. 우리 경제구조상 수출 대기업의 성장이 정체되면 세수에 타격이 오는 것은 정해진 수순이다. 복지 재원 마련이 과거처럼 수월하지 않은 상황이 올 수 있다는 이야기다. 국가 재정이 어려우면 모두를 대상으로 지출해야 하는 보편적 복지는 구현하기 어렵다.

"메르켈(Angela Merkel)이 예전에 했던 말이 기억납니다. 유럽연합(EU)이 전 세계 GDP의 25%를 차지하면서 전 세계 사회복지 지출의 50%를 쓰고 있다는 겁니다. 그런데 이런 방식이 과연 얼마나 지속 가능할까요? 한국도 지금은 복지 지출이 OECD 평균보다 낮다고 하지만, 인구 고령화와 저성장이 겹치면 복지 지출은 빠르게 증가할 겁니다. 결국 복지 규모를 유지하기 어렵게 될 거예요." (신현호)

복지정책은 최근 세대 갈등의 이유로 떠오르기도 한다. 양승훈은 국민연금에 대한 청년 세대의 반발이 심각하다고 언급했다.

"국민연금에 대한 청년들의 반발이 큽니다. 이 문제는 특히 복지의 지속 가능성 문제와 직결됩니다. 저출산과 고령화가 심각해지면서 다음 세대가 짊어져야 할 복지 부담이 커지는 것은 분명한 사실 아닌가요? 이런 불만 때문에 복지정책 자체가 공격 대상이 됩니다. 우파나 극우적 정치 세력이 이용할 수 있는 조건이 충분히 마련된 겁니다." (양승훈)

게다가 강정수가 든 독일의 사례처럼, 예상하지 못했던 대규모 재정지출도 생길 수 있다.

"예를 들면 유럽 사회에서 탄생했던 사회복지 제도는 당시 문제에 대한 나름의 솔루션이었죠. 그런데 독일은 통일 이후 동독 사람들에게도 연금의 80%를 보장했어요. 그러다 보니 재정이 바닥난 것이죠. 그래서 재정을 과감하게 지출하기 어려워졌고요. 이런 우연한 역사적 변수들을 우리가 다 예측할 수는 없잖아요. 우리도 통일되고 북한 사람들한테 다

연금을 주면 그때 사회가 어떻게 될지는 또 모르는 거고요." (강정수)

그래서 임춘택처럼 복지제도의 변화를 주장하는 사람들도 나온다.

"저는 세대 분리 연금제도를 도입할 것을 제안합니다. 기본적으로 각 세대별로 자신이 낸 것을 자신이 받아가는 구조입니다. 그래야 인구가 감소한 젊은 층, 2030 세대가 부담을 갖지 않고 연금을 들 수 있게 됩니다. 국민연금의 세대 분리가 안 되면 2030 세대가 고령자에 대한 공적 부담의 공포감을 가질 만합니다. 세대 갈등이 발생할 수도 있습니다." (임춘택)

반면 윤홍식의 생각은 다르다. 복지제도의 세대 연대 기능은 분명히 필요하다. 세대 분리는 그런 원칙을 깨뜨리는 일이다.

"우리가 노인을 굶겨 죽이지 않는다고 전제하면, 누군가는 그들을 부양해야 하죠. 그럼 그 부양을 자식들이 할 거냐, 국가가 할 거냐, 사회가 할 거냐의 문제로 되돌아가게 되죠. 그 비용을 연금보험료로 낼 수도 있고 세금으로 낼 수도 있고 각자 자기 부모를 위해 개인적으로 낼 수도 있어요. 공적 연금이 노인들을 받아주지 않는다면 어떻게 부양할 수 있을까요? 이 질문에 답해야 합니다." (윤홍식)

하지만 복지 확대를 막는 재정압박과 정치적 압력이 점점 커지는 시기에, 이런 세대 연대를 어떻게 지속할 수 있을까? 신현호는 복지에서 일자리로 초점을 바꿀 필요가 있다는 입장이다.

"글로벌 금융위기 이후 복지에 관한 목소리를 제일 강하게 낸 게 주류 경제학이었어요. IMF와 세계은행 같은 곳들이죠. 세계화가 전체 경제를 효율화하기는 하지만, 불평등을 가져온다는 사실을 인정한 겁니다. 그래서 재분배로 해결하자고 주장한 것이지요. 조지프 스티글리츠(Joseph Stiglitz)나 폴 크루그먼(Paul Krugman) 같은 학자들이 이러한 주장을 펼쳤습니다. 그런데 절대로 이렇게 2차 분배, 즉 재분배가 일어나지 않아요. 세계화를 통해서 이익을 본 계층이 복지 확대를 위한 세금을 부담하는 데 동의하지 않았기 때문입니다. 그래서 1차 분배에서 뭔가를 해보려는 국가들이 생겼지만, 저는 그들이 '산업정책'이라는 이름으로 사실상 복지정책을 펼쳤다고 봅니다. 기후 대응 투자도 마찬가지입니다. 기후위기에 대한 생각도 있겠지만, 자국 노동자들을 세계화와 자동화로부터 보호하는 데 좋은 명분이 된 거죠. 미국도 결국 바이든 때든 트럼프 때든 정도의 차이는 있지만 자국 기업을 살려서 문제를 해결하고자 했습니다. 기업을 지원하고 일자리를 만들어서 복지 문제를 해결하게 된 거죠. 이러한 상황을 지켜보며 결국 시장은 그대로 두고 복지제도 개선으로 해결하자는 말은 실현되지 못할 거라는 생각이 강하게 들었습니다." (신현호)

윤홍식이 보완했다.

"어찌 보면 성장의 방식이 분배의 방식을 결정하게 될 거라고 봅니다. 생산방식을 바꾸지 않고 복지제도만으로 불평등과 이중구조를 해소하기는 어려워졌다고 볼 수 있습니다." (윤홍식)

복지는 자본주의 발전과 함께 그 얼굴을 여러 차례 바꿨다. 초기 자본주의 사회에서 복지는 기업이 노동자를 농촌으로부터 꾀어내는 데 도움을 주는 미끼였다. 독일의 철혈재상 비스마르크(Otto von Bismarck)가 노동자를 위한 사회보험을 처음 도입했던 이유다. 그러나 자본주의가 발전하면서 복지는 노동에 참여할 수 없는 무능력자들을 위한 자비로운 구휼로, 다음에는 모든 사람의 인간다운 삶을 보장하는 보편적 사회보장으로 그 얼굴을 바꿔갔다. 최근 플랫폼 노동이 확산되고 자동화의 진전과 인공지능의 등장으로 일의 형태가 근본적으로 바뀌면서, 복지는 노동과 관련 없이 인간적 삶의 기반을 제공하는 사회 그 자체로 전환되고 있다. 기본소득과 기본사회론이 담고 있는 정신이다. 그 사이 선진국 노동자들의 유급노동 시간이 삶에서 차지하는 비중은 급격하게 줄어갔다.

새로운 세계질서는 이러한 오랜 흐름을 뒤집고 있는 것일까? 복지를 늘리기 위한 증세가 정치적으로 불가능해지니 '가짜 노동' 또는 '가짜 기업'을 만들어내 생산하지 못하더라도 임금을 지급하는 방식으로 우리의 삶을 지켜야 하는 세상이 오고 있는 것일까? 우리는 복지가 축소되고 노동은 늘어나는 세계를 다시금 맞이하고 있는 것일까? 비스마르크 이래 선진자본주의 국가들이 내내 늘려온 사회보장을 국가가 산업정책을 통해 만들어낸 고용으로 대체하는 시대가 온 것인가? 이 끝에는 '모두에게 일자리를'이라는 옛 사회주의 구호와 같은 '일자리 보장제' 같은 정책대안까지 자리 잡고 있다. 논쟁할 대목은 여전히 여럿 남아있다.

그러나 분명한 점은 있다. 더 많은 고용이 답이든 더 많은 복지가 답이든, 그 고용과 복지를 만들어낼 만한 경제가 필요하다는 점이다. 경제가 무너지면 고용도 복지도 늘리기 어려워진다. 그렇다면, 다시 문제는 성장이다.

박정희를 다시 살려내야
—새로운 성장 전략의 밑그림

성장이냐 분배냐. 한국 사회는 이 하나의 질문을 놓고 끊이지 않는 대립과 토론을 거듭했다. 박정희 전 대통령의 권위주의 정부 시절은 성장 일변도의 시대였다. 민주화 이후 김대중 전 대통령이 국민기초생활보장법으로 복지정책의 첫걸음을 내디딘 뒤, 노무현 전 대통령은 경제적 양극화의 문제를 지적하면서 분배를 화두로 들고 나왔다.

'성장과 분배는 대립이 아니라 순환하는 것'이라는 담론이 자리 잡은 뒤에도 논쟁은 끝나지 않았다. 이번에는 성장에서 시작해서 분배할 것인지, 분배로 시작해서 성장시킬 것인지가 토론 주제였다. 이명박 전 대통령은 이른바 '747 공약'(경제성장률 7%, 국민소득 4만 달러, 세계 7대 경제 강국)을 내세우면서 성장 일변도 정책을 펼치다가 임기 후반이 되어서야 '공정한 사회'를 내세우며 대형마트 영업시간 제한 등을 통해 자영업자 살리기에 나섰다. 반대로 문재인 전 대통령은 '소득주도성장'을 내세우며 먼저 많은 사람의 소득이 높아지면 소비를 통해 성장 동력이 생길 것이라는 기조를 세웠다.

'성장이 먼저냐, 분배가 먼저냐'라는 질문에 대한 답은 정권에 따라 달라졌다. 보수는 성장이 먼저, 진보는 분배가 먼저였다. 그런데 앞으로도 그럴까? 상황은 많이 바뀐 것 같다. 오랫동안 '분배 먼저' 진영에서 정책가로 활동했던 신현호의 말을 들어봐도 그렇다.

"성장 없는 분배는 거의 불가능해요. 어떻게 동의를 끌어내겠어요? 물론 이제 성장을 한다고 해서 분배 자체를 보장하는 건 아니지만, 성장 없이 분배에 필요한 돈을 확보하는 건 굉장히 어렵죠. 만약 고성장하던 사회가 저성장 국면으로 빠지게 되면 분배의 악영향은 이루 말할 수 없이 클 겁니다. 우리나라가 지금 그런 상황이라고 할 수 있습니다. 그게 제일 걱정인 거예요." (신현호)

한편 윤홍식은 우리나라의 성장 둔화가 가져올 정치적 결과에 대해서도 우려했다.

"우리는 빈곤과 불평등 문제를 어떻게 해결했느냐. 우리는 재분배나 사회적 연대로 해결한 적이 없어요. 우리는 성장을 통해서 일자리를 만들고, 일자리를 통해서 그 문제를 극복해 나갔거든요. 그런데 지금 문제는 그 성장이 둔화하고 있는 거죠. 심각한 저성장에 대한 불만이 커지면 이게 분배에 대한 전면적 요구 대신 희생양을 찾는 방식으로 분출될 수도 있어요. 다른 나라를 보면 국가별로 파시즘이나 극우화 정치가 등장할 때 각각 다른 희생양을 찾습니다. 서구에서는 이민자를 공격하지만, 우리나라에서는 여성 등 다른 소수자를 희생양으로 삼는 극우 정치가 나타날 수도 있다는 거죠. 지금은 잠복기이지만, 머지않은 미래에 이게 핵심 쟁점이 될 수도 있습니다." (윤홍식)

그렇다면 어떻게 성장할 수 있을까? 우리나라 산업의 중심은 제조업이다. 제조업 능력이란 시간에 맞춰 무언가를 만들어낼 수 있는 역량이다. 하지만 한동안 우리는 이 능력의 중요성을 과소평가했다. 미국처럼 고부가가치 서비스산업으로 옮겨가야 한다는 점만 강조했다. 양승훈은 이제 이 문제를 재평가할 때가 됐다고 이야기했다.

"조선소를 소재로 쓴 첫 책 『중공업 가족의 유토피아』를 쓸 때까지만 해도, 우리나라가 유럽이나 미국처럼 될 것이라고 생각했어요. 하지만 두 번째 책 『울산 디스토피아, 제조업 강국의 불안한 미래』에는 '제조 역량이 중요하다'라고 썼습니다. 만드는 능력은 대체 불가능한 것이죠. 뭔가를 날짜에 맞춰 개수를 채워 만들어낼 수 있는 능력을 너무 낮게 평가했던 거죠." (양승훈)

신현호도 맞장구를 쳤다.

"영원무역의 사례를 자주 생각합니다. 이곳은 한국에 공장이 없고 방글라데시에 있죠. 그런데 한국에서 익힌 공장 운영 노하우로 거기서도 경쟁력을 유지합니다. 이것도 오래 쌓여서 생긴 제조 매니지먼트 능력이고요. 다른 나라가 쉽게 획득할 수 있는 자산은 아니죠. 제조 역량이란 이런 겁니다." (신현호)

이런 상황에 대응할 전략으로, 양승훈은 제조업과 AI 중심의 성장 전략을 언급했다.

"제조업의 AI 전환(AX)이 생산성을 높이는 측면에서 기여할 수 있습니다. 스마트팩토리 도입을 통해 공장의 작업 환경을 개선하고, 대졸자 비율이 높은 젊은 노동력 유입 문제를 어느 정도 해결할 수 있을 겁니다. 특히 조선업과 같이 전통적으로 노동집약적이고 위험한 산업 분야에서는 AI 기술을 통해 생산성을 높이면서도 안전성을 확보하는 효과를 얻을 수 있죠. 예컨대 우리나라 조선업과 팔란티어 같은 AI 기업이 손을 잡고

AI 전환을 한 사례를 보면, 과거 제조업에서는 상상하지 못했던 수준의 자동화를 통해 생산성을 높이기도 합니다. '효돌이' 같은 어르신 돌봄 로봇도 제조업과 AI가 만난 제품이죠. 이런 식으로 경쟁력을 다시 높여가는 게 필요하다고 생각합니다. 우리나라가 대졸자 사회라는 점을 감안하면 AI 전환으로 생긴 새로운 일자리로 노동력을 연결하는 것도 미국보다 용이할 테고요." (양승훈)

강정수는 AI 전략도 이와 유사한 관점에서 수립해야 한다고 언급했다. 거대한 규모의 투자가 필요한 기반 모델 개발 등에 매달릴 게 아니라, 실제로 시장화할 수 있는 제품이나 서비스를 만들어내는 데 집중해야 한다는 것이다.

"AI 기술이 매스 마켓으로 진입하면서 업무뿐 아니라 일상생활까지 깊숙이 침투하고 있습니다. AI 기술의 중요한 특성 중 하나는 다양한 하위 사이클을 만들어낸다는 점입니다. 자동차가 도로, 주유소, 응급실 등 전혀 새로운 인프라를 만들었던 것처럼, AI 역시 다양한 분야에 걸쳐 새로운 경제적 승수효과를 창출할 수 있습니다. 중요한 건 단순히 기술을 개발하거나 투자하는 게 아니라, 구체적으로 어떤 분야에서 어떻게 승수효과를 극대화할 것인지 논의하고 전략을 수립하는 것입니다." (강정수)

한편 임춘택은 제조업 중심 전략이 직면한 현실적인 어려움을 지적하며 특히 중국의 급속한 기술 성장과 글로벌 경쟁 환경의 변화가 한국 제조업의 지속 가능성을 위협한다고 진단한다. 따라서 제조업의 경험에 기반한 지식서비스산업으로 전환해서 중국 등 떠오르는 제조 강국과 손을 잡을 필요가 있다고 주장했다.

"제조업 중심 전략만으로는 더 이상 지속 가능성이 없습니다. 중국과의 경쟁이 심화되면서 한국 제조업의 한계가 뚜렷해지고 있죠. 이미 중간재 분야에서 중국의 경쟁력이 우리를 압도하기 시작했습니다. 이러한 상황에서 제조업만으로 성장을 지속하기는 매우 어렵습니다. 이제는 제조업에서 축적된 기술과 경험을 지식서비스산업으로 전환하여 새로운 고부가가치 창출 방안을 찾아야 합니다." (임춘택)

여기까지는 기존 우리 경제의 강점인 수출 제조업을 중심으로 다시 성장 전략을 수립하자는 의견이다. 그러나 윤홍식의 의견은 달랐다. 그는 한국의 제조업과 수출 중심 성장 전략이 지닌 근본적인 한계를 더욱 명확하게 지적한다.

"성장률 자체보다는 성장 방식이 더 중요합니다. 한국의 제조업 중심 성장 방식은 재벌 대기업이 수출을 주도하는 경제구조를 형성했습니다. 특히 자동화를 통해 인력을 적극적으로 대체하는 모델로 성장해 왔지요. 이는 결국 복지 확대와 양립할 수 없는 경제구조를 만들었습니다. 여기서 제조업 생산성이 좀 더 높아진다고 해서 이 문제가 해결될까요? 제조업에서는 괜찮은 일자리가 계속 나오기 어려운 구조라고 봐요." (윤홍식)

발상의 전환이 필요하다는 의견이다. 그는 수출 제조업 중심의 성장 전략에서 벗어나, 사회서비스와 내수 중심의 성장 모델로의 전환을 강력히 제안한다.

"이제는 사회서비스산업을 중심으로 내수경제를 활성화하고 양질의 일자리를 창출하는 구조로 전환할 필요가 있습니다. 제조업은 고부가가치 산업으로 전환해 가야죠." (윤홍식)

그는 스웨덴 모델을 예로 들었다.

"독일이 고품질 제조업에 집중하면서 이민자들을 많이 받아 서비스업 인력을 저임금 노동자로 채웠어요. 그러면서 이중구조가 생겼습니다. 그런데 스웨덴은 달랐어요. 이민을 받지 않고 사회서비스를 국내 여성 노동자들로 채웠는데요. 노조 조직률이 높은 스웨덴에서는 높은 급여와 고용보장을 해줘야 했습니다. 그러면서 취업자의 20%가 사회서비스에 종사하고 노조 조직률도 높은 상태가 됩니다. 이는 비용이 매우 높은 선택이었던 겁니다. 대신 스웨덴은 제조업을 '다이내믹 서비스'라는 개념으로 혁신합니다. 제조업의 서비스화라고 불리는 고부가가치화 작업이죠. 결과적으로 제조업 수출 중심의 경제가 제조업과 서비스업의 균형, 수출과 내수의 균형을 이룬 성장 체제로 바뀝니다. 그게 지금까지 복지 국가를 유지할 수 있었던 이유죠. 우리나라도 성장 체제를 전환해야 이중구조를 해소하면서도 성장을 이어갈 수 있다고 봐요." (윤홍식)

임춘택이 '혁신적 포용 국가' 개념을 들어 여기 필요한 요소를 제안했다.

"그런 성장의 동력이 되는 게 역량 국가입니다. 역량에는 크게 보면 혁신 역량과 포용 역량이 있습니다. 우리나라가 혁신 역량은 꽤 중요하게 강조하고 있죠. 창업과 벤처 육성도 강조하고 연구개발 비중도 높은 편인데 이게 다 혁신 역량을 강화하는 방법입니다. 그런데 포용 역량이 많이 부족합니다. 거창하게 말하자면 거버넌스를 잘 짜고 의사결정을 해 나가는 과정이고요. 작게는 팀워크 능력 같은 것이죠. 우리나라 노동 생산성이 다른 선진국의 절반 정도로 낮은 이유는 여기서 찾아야 합니다. 이 역량을 어떻게 키울 것인지 고민해야 합니다." (임춘택)

양승훈이 보기에 이런 길이 아름답기는 하나, 우리나라에서 실현이 가능할지는 의문이다.

"혁신을 연구하는 제 관점에서 보면, 우리나라 제조업 대기업들은 불신에 기초해서 성공했거든요. 포용과는 정반대 방식이었죠. 노조를 못 믿기 때문에 서둘러 로봇을 도입해서 자동화율을 세계 최대까지 올렸고요. AI 같은 신기술의 도입도 실은 팀워크나 거버넌스 방식의 작업이 어렵고 복잡하고 믿을 수 없다는 데서 시작된 것입니다. 기술혁신을 위해서도 조정(코디네이션) 역량 같은 것이 중요하다고 보지만, 이제 한국의 기업들은 팔란티어가 AI를 통해 이런 역량까지도 대체해 줄 거라고 생각한단 말이죠. 미국적 믿음도 그렇고 한국적 믿음이 다 그런 상황이죠. 협상을 통해서 공통의 목표를 정의하고, 그 주체와 상대를 믿을 수 있는 상태에서 일해본 경험이 우리 기업에는 없습니다. 이렇게 신뢰가 없이 성장해 온 환경에서 새로운 역량이나 팀워크를 가지고 또 다양한 갈등을 조정해 가면서 성장할 수 있을까요? 잘 모르겠습니다." (양승훈)

국가가 나서서 산업 전략을 짜고 위험을 감수하며 투자하는 '기업가형 국가'는 필연적이라는 데 모두의 의견이 모아졌다. 한국의 진보, 그리고 세계적으로는 신자유주의가 금기시하던 '국가 주도 발전 전략'이다. 다만 의문은 남는다. 국가가 어디에 먼저 투자해야 할까? 내수일까, 수출일까? 신뢰와 노동자 역량 강화일까, 불신과 자동화일까? 과거의 방식과 절연해야 할까 아니면 이어가면서 고쳐 써야 할까? 성장 방식을 둘러싼 논쟁은 이제 시작이다.

지금 김대중이 돌아온다면
—민주주의 확대의 경제적 가능성

경제적 위기로 인한 민주주의 종말의 위험성은 분명히 존재한다. 세계 어디서나 극단주의 정치와 민주주의 후퇴의 가능성이 부상하고 있다. 그 배경에는 예외 없이 성장 지체 및 사회경제적 불평등 확대와 이로 인한 극심한 갈등이 자리 잡고 있다. 수출 국가인 우리나라는 어느 나라보다 더 큰 위기를 맞고 있다. 게다가 우리는 대기업 위주 경제구조를 갖고 있다. 노동시장도 대기업과 중소기업, 정규직과 비정규직 사이의 넘을 수 없는 이중구조를 띠고 있다. 성장 지체로 재정압박에 시달리고, 이로 인해 국가의 역할이 축소되며 불평등이 확대되는 악순환의 문 앞에 서있는 것이다.

국가에 전략이 그리 필요하지 않은 시기가 있다. 불확실성이 작아 하던 일을 좀 더 잘하기만 해도 순탄하게 살아갈 수 있는 시기가 그렇다. 하지만 전환기는 다르다. 어떤 일을 어떻게 해야 하는지에 대해 고민해야 한다. 지금이 그런 경제 전략이 필요한 시기다.

김대중이 처음 집권했을 때도 그랬다. 김대중은 1997년 12월 18일 대한민국 제15대 대통령에 당선됐다. 정부와 IMF 사이에 가혹한 구조조정을 조건으로 한 구제금융안이 타결된 지 15일 뒤였다. 세계는 신자유주의의 절정을 향해 치닫고 있었다. 미국식 시장만능주의를 전 세계에 이식하자는 '워싱턴 컨센서스(Washington Consensus)'가 경제정책의 주류이던 시절이었다. 규제 철폐, 정부 지출 축소, 기간산업 민영화, 무역 자유화, 외국자본 차별 철폐, 관세 인하 등이 핵심 내용이었다. 미국이든 유럽이든 우파 정부든 좌파 정부든, 대부분의 선진국에서는 이런 정책 방향이 주류였다.

한때 사회민주주의적 정책을 지향하기도 했던 김대중은, 이런 어려운 환경에서 그야말로 안간힘을 쓰며 사회경제 정책 조합을 만들어낸다. 한편으로는 어쩔 수 없이 밀려오는 신자유주의의 파도를 받아들인다. 금융과 기업의 구조조정, 노동자 정리해고를 수용했고 파산과 해고의 고통을 받아들이는 대신 당시의 국제금융 질서에 적응할 수 있는 경제구조를 구축했다.

동시에 그는 복지제도를 도입해 실패를 용인하는 사회의 단초를 만들어내기도 했다. 선별적 복지의 다른 이름인 '생산적 복지'라는 개념을 내세워 서구의 복지 축소 경향을 받아들이는 것처럼 보였지만, 당시 우리나라에서는 획기적이었던 국민기초생활보장제도를 법제화해 복지 확대의 큰 걸음을 내디뎠다.

이런 토대 위에서 혁신적 산업을 일으키는 데도 힘을 쏟는다. 전국에 초고속인터넷망을 깔고 국민에게 인터넷 교육을 제공한다. 코스닥시장을 열고 혁신적 벤처기업들이 성장할 수 있도록 기반을 닦는다. 어떤 정책도 국제질서가 예정한 신자유주의적 틀을 벗어나지 않았지만, 그 질서 위에 그만의 색깔을 입힌 것이다.

민주화 이후 최초로 선거를 통해 교체된 김대중 정권은 이렇게 '시장경제와 생산적 복지'라는 경제 전략으로 난국을 헤쳐갔다. 당시 미국, 일본, 유럽이 성숙한 민주주의 선진국이었던 반면, 우리나라에서는 민주주의가 겨우 숨만 붙이고 있던 시절이었다. 그 경제 전략은 결국 민주주의가 더 강하게 호흡하고 성장하도록 만들었다. 그리고 오늘날에 이르렀다.

지금은 오히려 서구 선진국들이 극우 정치 준동으로 민주주의의 위기를 맞고 있다. 커져가는 사회경제적 불평등이 그 이면에 있다. 기존의 시장경제로는 불평등과 그로 인한 불만을 해결할 수 없는 상황이 되자 극단주의 정치가 대안으로 부상한 것이다. 그 불만을 반영하여, 또는 그 불만에 대응하는 대안으로, 국가가 혁신가와 기업가의 역할을 도맡는 슘페터주의적 산업정책이 전 세계에 확산되고 있다.

우리나라는 한동안 극단주의와 민주주의 퇴행에서 자유로운 것 같아 보였다. 하지만 좋은 시절은 이제 끝났다. 윤석열의 계엄으로 우리나라는 극단주의 정치의 싹을 확인했다. 사회경제적 불평등과 그에 따른 불만은 이런 싹이 민주주의 파괴로 이어지는 데 강력한 연료가 될 것이다. 민주주의를 지키기 위해서라도 새로운 경제 전략이 필요하다.

새로운 경제 전략의 목표는 당연히 사회경제적 불평등을 치유하는 것이어야 한다. 하지만 불평등 해소를 위해서라도 경제 성장이 전제되어야 하며, 특히 새로운 산업정책을 동반한 전략이 필요하다.

마리아나 마추카토(Mariana Mazzucato) 영국 서식스대학 경제학 교수는 『기업가형 국가(The Entrepreneurial State)』에서 지금의 우리 상황에 맞는 통찰을 전했다. 그는 우선 "왜 애플과 구글과 페이스북은 모두 미국의 실리콘밸리에서 나왔고, 유럽에서 나오지 않았는가?"라는 질문을 던진다. 답은 이렇다. '미국 실리콘밸리는 기업가정신과 혁신이 넘쳐난다. 그 배경에는 위험을 감수하며 투자하는 벤처캐피털과 창고에서 시작해 인생을 불태우는 젊은 기업가들이 있다.'

놀랍게도 마추카토의 연구 결과는 통념을 전면 부정한다. 이들 신산업을 구성하는 주요 기술은 대부분 미국 정부의 투자로 개발됐다. 예를 들어 아이폰의 주요 기술을 보자. 마이크로칩, 인터넷, 지피에스(GPS), 터치스크린은 미 국방부와 방위고등연구계획국과 중앙정보국의 작품이며, 미국 바이오산업의 신물질 신약 75%는 국립보건원 연구실에서 나왔다. 이 기술들은 개발 당시에는 미래가 불확실했다. 정부가 위험한 투자를 감행했다. 기업들은 이런 연구 성과를 잘 조합해 이용하고 포장했을 뿐이다.

어쩌면 박정희와 김대중의 경제 전략도 비슷한 산업정책이었다고 할 수 있다. 박정희는 공장 위치까지 지정하며 경제개발계획을 세우고 국가 주도로 자원을 몰아주며 조선·철강·자동차 등 중화학공업을 키웠다. 김대중은 보잘것없어 보이던 CDMA 기술에 투자하고 초고속인터넷망을 전국에 구축하면서 위험을 감수하는 국가의 모습을 보여줬다. 그 결과 우리나라는 통신과 IT 벤처기업을 성장시키며 한때 인터넷 강국이라는 평가를 받았다. 정부가 불확실성이 높으나 성장에 필수적인 기술과 인프라에 투자하며 기회의 창을 열었던 셈이다.

단, 산업정책을 부활시킨다고 해서 과거 박정희식의 산업화 모델을 그대로 답습할 수는 없다. 1970년대 박정희 정부의 중화학공업 육성은 개발독재 체제 아래서 국가가 선택한 소수 대기업에 자원을 집중하고 노동운동을 통제하며 값싼 노동력과 후발주자 이점을 활용했기 때문에 성공할 수 있었다. 민주주의 위기와 불평등, 기후위기에 직면한 2025년에는 결코 상상할 수 없는 전략이다. 김대중의 전략을 그대로 답습할 수도 없다. 그의 전략은 신자유주의 물결이 거세고 전 세계가 하나의 시장으로 통합될 것이라는 예측이 사실로 받아들여지던 시기에나 유효한 타협이었다.

박정희와 김대중이 채택한 경제정책은 전략적으로 유효하기도 했지만, 당시에 중요했던 우리 사회의 문제의 해결을 목적으로 두고 있었다는 점에서 중요한 의미를 갖는다. 박정희의 경제 전략은 빈곤으로부터 탈출하려면 노동집약적 산업의 자본 심화를 이루어 부가가치를 높여야 한다는 분명하고도 유효한 목표를 갖고 있었다. 김대중의 경제 전략에도 명확한 목표가 있었다. 경제위기를 극복하려면 모방과 가격경쟁력을 통해 양적으로 성장하던 우리 기업이 혁신적 기술을 도입해 질적으로 성장해야 하며, 동시에 국가가 나서서 절대빈곤을 퇴치해야 한다는 것이었다. 우리가 지닌 그 시절의 문제를 해결하는 전략이었다.

지금 우리 사회가 해결해야 할 문제로는 어떤 것이 있을까. 우리는 인터뷰를 통해 세 가지 중요한 경제문제와 각각에 대응한 산업정책의 핵심 방향을 도출했다.

첫째는 불평등이다. 재분배 정책은 불평등을 사후적으로 해소할 수 있지만 근본적 해법은 아니다. 불평등을 근본적으로 해소할 수 있는 방법은 1차 분배를 균등하게 만드는 것이다. 이를 위해서는 개인 역량을 강화해 기회의 민주화를 이루어야 한다. 이런 역량 균등화에 활용할 수 있는 중요한 도구가 바로 인공지능이다. AI를 활용해 차원이 다른 자동화와 자율화를 이루도록 개인의 역량을 최대한 끌어올리는 투자에 국가가 나서야 한다.

더 구체적으로는 기존 제조업 기반을 활용한 인공지능 전환(AX) 전략이 필요하다. '제조업 전환으로 경제적 효율성을 높이는 전략'이다. 전국 중견·중소기업에 쌓여있는 노동자들의 제조 노하우를 데이터화해 자율화 공장으로 전환하는 대형 프로젝트에 국가가 투자할 필요가 있다. 국민의 AI 활용 역량을 높여 이렇게 로봇화된 공장에서 일할 수 있는 능력을 기를 수 있게 해야 한다. 제조 강국의 유명세를 제조 AI 강국으로 전환해야 한다.

둘째로는 고령화다. 점점 더 늘어나는 고령자를 돌보는 방법을 찾아내지 않으면 세계에서 가장 빨리 고령화되고 있는 우리 사회는 머지않아 돌봄 지옥이 되고 말 것이다. 국가가 돌봄산업을 전략산업으로 여기고 투자해야 한다.

돌봄은 복지로만 해결할 문제가 아니다. 새로운 서비스산업으로 보고 투자해야 한다. 간병보조로봇, 돌봄 AI, 원격의료, 헬스케어 기기 등은 모두 성장 잠재력이 큰 신산업이다. 고령층의 삶의 질을 높이고 젊은 층의 부담을 덜어줄 뿐 아니라, 국내 수요와 일자리 창출로 이어지는 새로운 서비스 경제 영역이다.

과거 스웨덴은 돌봄 노동자를 적극적으로 고용하고 돌봄서비스를 강화하면서 동시에 일자리를 창출해 복지국가 체제를 완성해 갔다. 돌봄에 대해 국가가 투자한다는 관점을 스웨덴과 같이 명확하게 하되, 세부적으로는 우리에게 맞는 돌봄산업 정책 전략을 개발해야 한다.

셋째, 기후위기이다. 이미 기후위기의 영향은 나타나기 시작했다. 탄소중립은 전 세계 누구에게나 피할 수 없는 과제다. 탄소중립 경제를 만들지 못하면 일자리도 복지도 타격을 입을 수밖에 없다. 기후에너지산업 역시 중요한 산업정책의 대상이 되어야 한다.

2010년대 중후반 이후 유럽이 가속화하고 최근 중국까지 가세한 기후위기 대응 드라이브는 사실상 산업정책에 가깝다. 기후위기 대응도 강화되고 있지만, 이와 관련된 일자리와 부가가치가 엄청나게 커지고 있다.

우리나라도 시각을 바꿔야 한다. 에너지 시스템과 제조 인프라의 탈탄소화를 산업정책의 중심에 놓아야 한다. 구체적으로는 재생에너지 설비 투자 확대, 전력망과 저장기술 혁신, 철강·화학 등 탄소 다배출 업종의 공정 전환 지원, 수소경제 인프라 구축 등 다양한 투자가 필요하다. 환경규제가 아니라 시장 선점을 위한 투자라는 관점을 명확하게 해야 한다. 새로운 그린 뉴딜 전략이 필요하다.

최초의 질문으로 되돌아가 보자. 지금 우리나라에서 민주주의의 퇴행을 막는 경제 전략은 어떤 것이 되어야 할까?

보편적 복지국가 비전은 우리의 사회복지 인식을 한 단계 높이는 데 크게 기여했다. 유럽 복지국가에 비하면 보잘것없을지 몰라도, 우리나라의 사회보장제도는 과거와 견주면 큰 폭으로 강화되었다. 다만 이런 복지를 강화하는 움직임이 지속되는 데는 상당한 도전이 예상된다. 성장 둔화와 재정압박이 그 도전의 핵심이다.

이런 재정압박은 때로 민주주의를 지키려는 정치세력의 정책적 유턴을 가져온다. 1990년대 미국과 유럽의 진보적, 자유주의적 정당들이 신자유주의를 적극적으로 받아들였던 사례가 있다. 지금도 유사한 흐름이 보인다. 저성장과 재정압박이 맞물리면서 증세를 거부하는 여론이 강화되고 있다. 복지국가론에 공감하던 자유주의 정치세력이 감세와 규제완화를 중심으로 한 신자유주의 경제 전략에 유혹을 느끼는 것도 사실이다.

하지만 신자유주의 경제 전략도 과거의 해법이다. '기업가형 국가'가 나서야 하는 시점이다. 우리나라에서 성공했던 경제 전략의 핵심은 늘 그 시대에 직면한 중요한 문제를 해결하는 성장 전략을 짜는 것이었다. 혁신을 통해 우리가 당면한 문제를 해결하는 데 초점을 맞추면 된다. 불평등과 고령화와 기후위기라는, 세 가지 문제를 해결하는 데 국가가 위험을 감수하며 투자하는 전략, 그것이 우리나라 민주주의의 퇴행 가능성을 완화하는 새로운 경제 기반이 될 것이다. 김대중이 다시 살아 돌아온다면, '인공지능 기반의 혁신경제로 민주주의 퇴행을 막아내자'고 외치지 않을까? 그가 강조했던 '서생의 문제의식과 상인의 현실감각'을 바탕으로.

제4장 외교

내란 사태와 남북·국제관계, 그리고 군에 대한 민주적 통제

정욱식

평화 연구자, 활동가. '아이들에게 줄 수 있는 최고의 선물은 평화'라는 믿음으로 1999년 평화네트워크를 설립해 핵과 전쟁 없는 세상, 모두가 공평하게 누리는 평화를 상상하고 궁리해 왔다. 2021년부터 한겨레평화연구소 소장을 겸임하고 있다. 20여 년간 한반도와 동아시아의 군축·반핵·평화체제에 천착해 온 공로를 인정받아 제8회 리영희상(2020년)을 수상했다.

인터뷰 참여자　　**권혁철** (《한겨레》 기자)
　　　　　　　　　김성경 (북한대학원대학교 남북마음통합연구센터 부센터장)
　　　　　　　　　여석주 (전 국방부 정책실장)
　　　　　　　　　이제영 (리영희재단 사무국장)
　　　　　　　　　하남석 (서울시립대학교 중국어문화학과 교수)

들어가며

12·3 비상계엄 사태는 남북 문제를 비롯한 대외 관계와 한국군의 차원에서도 들여다볼 필요가 있다. 윤석열 정권은 2024년 총선 패배와 대통령 부부의 여러 의혹으로 인해 조성된 수세적 국면을 전환하고, 계엄의 빌미를 찾기 위해 집권 이후 누적되어 있던 남북 관계의 적대성을 십분 활용하려고 했다. 또 국군 통수권자라는 지위를 악용해 대한민국 군대를 '국가안보'가 아닌 '사적 안보'의 도구로 삼았다. 이 과정에서 일부 군 수뇌부가 위헌·위법적인 계엄 선포에 동조했지만, 명령을 받은 하급자 대다수는 소극적인 태도를 보였다. 윤석열 정부는 한미동맹을 '가치동맹'으로 격상시킨 것을 대표적인 외교 브랜드로 내세웠지만, '친위쿠데타'를 자행해 한미동맹이 공유해 온 자유민주주의의 가장 기본적인 가치를 훼손했다. '가짜 뉴스'에 기반해 혐중 감정을 조장하기도 했다.

꼬리가 몸통을 흔들자 결국 몸통이 꼬리를 잡았다. 시민의 힘으로 민주주의의 회복력을 보여준 것이다. 윤석열의 파면과 조기 대선 이후 대한민국 앞에는 다방면에 걸친 거센 도전이 기다리고 있다. 대외적인 상황 역시 마찬가지이다. 문재인 정부 후반기에 '돌아올 수 없는 다리'를 건넌 남북 관계는 윤석열 정부 시기에 들어 아예 다리마저 무너졌다. 이 사이에 북한*은 핵과 미사일을 고도화하며 남북 관계를 '적대적 두 국가'로 규정해 버렸다. "대한민국 안보의 근간"이라던 한미동맹은 도널드 트럼프 행정부의 일방주의로 뿌리부터 흔들릴 조짐을 보이고 있다. 미중 전략경쟁의 파고가 더욱 높아지고 있는 것도 걱정거리다. 이렇듯 한국이 처한 지정학적 상황은 민주주의·민생·경제·기후변화 등 여러 위기와 고도로 연결되어 있다. 또 이번 내란 사태를 거치면서 도마 위에 오른 민군 관계와 군에 대한 민주적 통제도 근본부터 성찰하고 개선해야 하는 등 많은 과제가 우리 앞에 놓여있다.

이러한 문제의식을 가지고 4명의 전문가와 심층적인 대담을 진행했다. 해군 장교 출신으로 문재인 정부의 국방부 정책실장을 지낸 여석주, 서울시립대학교 중국어문화학과 교수로 재직하면서 한국의 반중·혐중 감정을 심층적으로 연구해 온 하남석,《한겨레》기자로 국방부·통일부·외교부를 오랫동안 취재해 온 권혁철, 북한대학원대학교 남북마음통합연구센터 부센터장으로 사회학적 관점에서 남북 관계를 오랫동안 관찰한 김성경과

---

* 이 글의 저자인 정욱식 평화네트워크 대표는 2024년 4월부터 '북한'을 조선민주주의인민공화국(조선)이라고 표기해 왔다. 저자에 따르면, 이것이 그들의 공식 국호이기 때문이다. 조선은 2023년부터 "남조선"이라는 표현을 접고 대한민국이나 한국이라고 부르면서 자신도 공식 국호로 불러달라고 요구하고 있다. 저자는 '제 이름 불러주기', 정명(正名)의 실천이 파국을 맞은 남북 관계의 새로운 돌파구를 찾는 데 작지만 의미 있는 도움이 되리라 생각한다. 다만 이번 원고에서는 다른 공저자들과의 용어 통일을 위해 저자에게 양해를 구한 뒤 조선을 북한이라고 수정 표기한 점을 밝혀둔다. ― 편집자 주

대면 및 서면으로 얘기를 나누었다. (리영희재단 사무국장 이제영은 인터뷰에서 직접 발언을 하진 않았지만, 우리가 함께 나눈 이야기를 더욱 심층적으로 정리해 주었다.) 본 글은 이들 네 전문가의 의견을 소개하면서 필자의 견해를 덧붙인 것이다.

군의 태도와 입장에 대한 평가

흔히 '국가는 유일하게 폭력을 합법적으로 행사한다'고 한다. 엄청난 무기와 장비, 그리고 고도의 훈련을 통해 살상 능력을 갖춘 군대는 이를 대표하는 조직이다. 그런데 이번 내란 사태를 거치면서 군을 향한 분노와 찬사가 교차하고 있다. 군 수뇌부 일부가 내란 사태에 동조하고 공범이 되었다는 것은 분노의 원인으로, 명령을 하달받은 현장 병력의 소극적 태도가 유혈 사태를 방지하고 국회의 신속한 계엄 해제 결의에 기여한 점은 찬사의 근거로 작용한 것이다.

실제로 계엄 사태의 수명과 항명의 경계는 흐릿했다. 군형법에는 "정당한 이유 없이" 명령을 거부할 경우 처벌한다고 규정되어 있다. 이는 거꾸로 정당한 이유가 있다면 명령을 거부할 수 있고 처벌을 면할 수 있다는 해석을 가능케 한다. 하지만 이 역시 경계는 모호하다. 명령의 정당성을 판단할 기준 자체가 확립되어 있지 않을뿐더러 명령을 내리는 지휘관과 명령을 받는 하급자의 내면에 이것이 제대로 정립되어 있지도 않기 때문이다. 계엄 상태에서도 국회의 입법 활동은 보장된다는 것이 헌법과 법률의 취지이다. 그런데 합법적인 선거로 선출된 대통령과 그 대통령에게 군령권을 위임받은 국방부 장관까지 이를 철저히 무시하면서 내란을 일으킨 것이 바로 12·3 비상계엄 사태다. 윤석열 정권은 계엄을 원활하게 실행하고자 계엄과가 있는 합동참모본부의 의장을 배제하고 육군참모총장을 계엄사령관으로 임명했다.

또 이번 사태는 민군 관계의 현주소를 근본적으로 성찰하게 한다. 이 나라에서 제일 강한 무력과 일사불란한 지휘 체계를 갖고 있는 군대야말로 민주적 통제와 법치주의가 확립되어야 할 가장 중요한 영역이다. "대통령은 헌법과 법률이 정하는 바에 의하여 국군을 통수한다."라고 헌법에 규정하면서 대통령에게 국군통수권을 부여한 것도 이러한 맥락에서 나온 것이다. 하지만 이번 내란 사태는 '인적 지배'에 의해 '법적 지배'가 송두리째 흔들릴 수 있다는 것을 여실히 보여주었다. 또한 합법적인 절차로 선출된 정치권력이 결코 완전무결할 수 없다는 점도 드러냈다. 군 통수권의 행사는 법률과 문서에 의해 이루어지도록 함으로써 대통령의 독단으로 군사력이 운영되지 않도록 규정되어 있다. 통수권 행사에 절차성과 책임성을 부여해 자의적인 권력 행사를 금지하고 있는 것이다. 그런데 윤석열이 주요 지휘관들에게 전화로 명령을 하달한 사실이 여러 관계자의 증언으로 확인되었다. 계엄 선포에서부터 통수권 행사에 이르기까지 위헌·위법으로 점철된 것이다.

이와 관련해 여석주는 "대한민국이 많은 국방 예산을 들여서 최고의 전사로 양성한 인원들이 엄청나게 어벙한 행동을 했다."라고 말했다. 그리고 "현장에서 목표를 부여받은 후 그 임무를 전혀 수행하지 않고 해태했는데 그걸로 나라를 구하지 않았나."라며 쓴웃음을 지었다. 그는 특히 2016년에 제정된 '군인의 지위 및 복무에 관한 기본법(약칭 군인복무기본법)'이 크게 작용했다고 봤다. 이 법에 대해서는 "'제복 입은 시민'을 법에 반영한 것이라고 봐야 한다."라며 "이 법률이 조금씩 정착되면서 계엄 당시 출동한 병력들이 자신이 하달받은 명령에 대해 적법하지 않다고 스스로 판단했기 때문에 소극적으로 행동할 수 있었다."라고 강조했다. 이에 반해 "쿠데타에 적극 가담했던 일부 장성들은 그 법의 영향력 바깥, 즉 옛날의 군인복무규율에 머물러 있었다."라고 꼬집었다.

권혁철은 개인적인 경험과 함께 안도감과 부끄러움을 토로했다. "작년 가을 계엄이 정쟁화됐을 때 너무 말이 안 되는 얘기를 정략적으로 하고 있다고 생각해 기사를 쓸까 말까 한참 고민하다가 결국 쓰지 않았다."라며 "안도했다."라고 소회를 밝혔다. 그러면서 "이번에 내가 판단을 잘못했구나, 생각했다. 부끄러웠다."라고도 했다. "이런 일이 일어나지 않을 거라고 생각한 건 1987년 민주화 이후 30년이 넘는 시간이 지나면서 군에 대한 문민통제가 한국 사회에 제도적으로 확립됐다고 봤기 때문"이라며 아래와 같이 말했다.

"그런데 12·3 내란 사태로 그게 아니란 게 현실로 드러났고, 이건 매우 위험한 신호이자 경험이라고 생각합니다. 지금 군의 주축인 영관급이나 장성급이 4~50대인데, 앞으로도 군인들이 마음만 먹으면 쿠데타를 일으킬 수 있고 실행 가능하다는 것은 상당히 위험한 거죠. 안보 전문가로서 국가와 국민을 수호하는 집단이라는 군의 정체성이 실제로 작동하지 않을 수 있다는 두려움이 있는 겁니다. 따라서 이번 사건이 앞으로 군에게 어떻게 인식될 것이며 어떤 행동으로 나타날지는 심각하게 고민해야 할 필요가 있습니다. 나아가 민군 관계에 대한 근본적인 성찰과 검토가 필요하다고 보고요." (권혁철)

그렇다면 상상조차 할 수 없었던 이 사태가 도대체 어떻게 벌어진 것일까? 여석주는 쿠데타 경험이 역설로 작용한 점을 주목했다. 쿠데타로 집권한 박정희 정권은 쿠데타의 재발을 막기 위해 "각 군에 흩어져 있던 방첩 담당 조직들을 다 모아서 보안사령부를 만들었는데, 보안사령관인 전두환이 12·12 쿠데타를" 일으켰고, "수도권의 군사 반란을 막겠다고 수도경비사령부를 더 강화한 조직이 수도방위사령부였는데 이번 12·3 사태에선 그들이 방첩사 및 특전사와 함께 앞장섰다."라며 혀를 찼다. 또 12·12 당시에 정병주 특전사령관이 자기 예하의 특전여단에 의해서 체포된 사례를 환기하면서, 이를 방지하기 위해 "특전사령관이 자신의 친위대로 707부대를 만들었는데, 이번에는 그들이 군사 반란에 가담했다"는 점도 지적했다.

그는 이어 '군사쿠데타'와 '친위쿠데타'를 나눠 봐야 한다고 강조했다. 박정희와 전두환의 군사쿠데타를 겪으면서 "우리는 지난 수십 년간 군사쿠데타를 방지하기 위한 권한 행사를 선출된 권력에 몰아주는 식의 시스템을 만들어왔"으며, 이런 방식만으로는 '친위쿠데타'를 막기가 어려울 수 있다는 것이다. 일단 헌법상 국군통수권을 대통령에게 부여하고, 이 권한이 국방부 장관을 경유해서 군정·군령권으로 구분되어 실행되는 구조에서는 군사쿠데타가 발생할 가능성이 거의 없다. 여석주는 이에 반해 "선출된 권력이 민의에 반해서 군인을 동원하겠다고 하면" 친위쿠데타가 언제든지 일어날 수 있다고 지적했다. "이를 막는 유일한 방법은 대통령을 잘 뽑는 것"이며, "이번 사태는 전적으로 우리가 대통령을 잘못 뽑아서 발생한 문제"라는 것이다.

권혁철은 계엄 사태 이후 군이 보여준 태도의 문제점을 지적했다. "실제 현장에서 군인들을 만나보면 해군이나 공군은 그건 육군 일이지 자기들 일이 아니라며 강 건너 불구경하듯 하고, 육군도 이번 계엄 사태는 김용현 당시 국방부 장관과 몇몇 사령관들이 벌인 일이라고 하고, 특히 합동참모본부에서는 자기들은 관여한 바도 없이 잠깐 우왕좌왕하다가 끝난 거라 크게 책임질 일이 없다는 입장"이라는 것이다. 그러면서 "이 사안의 심각성이나 국민이 느끼는 불안감, 황당함에 대해 군의 책임 있는 태도는 찾아보기 어렵다."라고 비판했다. "방관하다가 자신이 연루되거나 피해를 볼 것 같으니까 '나는 무관하다'는 일종의 면피"로 일관한 것이 아니냐는 지적이다. 이에 대해 여석주는 "충분히 동의한다."라면서도 "워낙 처벌 형량이 높기 때문에 이 사태로부터 빠져나가기 위해 온 힘으로 몸부림치는 과정에서 군이 이런 태도를 보인다는 점도 조금은 감안해야 될 것 같다."라고 부연했다. 그러면서 "매우 잘못된 행동을 했다고 깊이 반성하는 군인들도 있다."고 덧붙였다.

김성경은 진급 문제가 내란 사태에 개입된 점을 지적했다. "계엄 세력들이 군 장교들을 동원하기 위해 진급에서 밀려날 위기에 있는 이들을 타깃으로 삼았다."라며, "직업 군인에게 진급은 단순히 역할이나 명예뿐만 아니라 생존의 문제이기에 내란 세력이 그 약한 고리를 파고들었다고 생각한다."고 말했다. 인맥과 군의 폐쇄적인 문화에 따라 진급이 좌우되는 관행을 개선하고 군 조직의 합리적이고 안정적 운영에 대한 향후 논의가 필요하다는 취지이다.

남북 관계 측면에서 본 내란 사태

윤석열은 야당의 정부 관료 탄핵소추와 감액 예산안 추진만으로는 부족하다고 여겼는지, "북한 공산 세력의 위협으로부터 자유대한민국을 수호"한다는 명분도 계엄 선포의 사유로 들었다. 이러한 계엄 선포는 남북 간의 긴장을 극도로 고조시키고 "북한의 무력 도발"을 유도해 국면을 전환하려던 의도가 잘 먹혀들지 않자 윤석열이 성급하고도 무모하게 꺼내든 것으로 해석할 수 있다. 이러한 맥락에서 2024년 4월 총선 패배 이후부터 12·3 비상계엄 사태 이전까지 있었던 윤석열 정권의 위기와 대북 강경책 사이의 상관관계를 복기해 볼 필요가 있다.

2024년 6월에 들어서면서 '채상병 사망 사건'에 대해 대통령실이나 국방부 차원을 넘어 대통령이 직접 개입한 정황과 김건희 여사의 연루설까지 속속 나왔다. 압도적인 다수가 된 야당에선 특검도 본격 추진했다. 바로 이 시기에 정부는 '9·19 남북 군사합의'의 전체 효력을 정지하는 결정을 내렸다. 북한의 오물 살포가 주된 이유였지만, 정작 북한은 한국의 대북 전단 살포 중단을 조건으로 오물 살포를 잠정 중단하겠다고 선언한 상황이었다. 그런데도 정부는 군사합의를 파기했을 뿐만 아니라 "표현의 자유"를 앞세워 대북 민간단체의 대북 전단 살포를 조장했다. 판을 키우기로 작심한 것이다.

그리고 실제로 판이 커졌다. 대북 민간단체가 전단 살포를 재개하자 북한도 오물 풍선을 다시 날려 보내기 시작했다. 이에 대한 보복 수단으로 정부는 대북 확성기 방송을 전면 재개했다. 이와 더불어 6월 26일에는 7년여 만에, 그리고 "9·19 군사합의 효력이 전부 정지"된 이후 처음으로 "서북도서 해상 사격 훈련"을 실시했다. '한반도의 화약고'로 불리며 서해 북방한계선(NLL) 인근에 있는 예민한 지역에서, 북한이 노동당 전원회의를 앞둔 민감한 시기에 군사훈련이 이뤄진 것이다. 우연의 일치인지는 알 수 없으나 이 훈련 역시 채상병 사건과 시기가 맞물린다. 이 훈련을 주관한 김계환 해병대 사령관은 서북도서방위사령부 사령관도 겸직하고 있었는데, 그는 '대통령 격노설'의 복판에 있는 인물이다.

'명태균 스캔들'이 본격화된 10월에도 석연치 않은 일이 발생했다. 북한 외무성이 10월 11일 "한국은 지난 3일과 9일에 이어 10일에도" 평양에 무인기를 침투시켜 대북 전단을 살포하는 "천인공노할 만행"을 저질 렀다는 주장을 내놓은 것이다. 이에 대해 김용현 당시 국방부 장관은 국정감사장에서 "그런 적이 없다."라며 부인했다. 하지만 1시간 뒤 국방부와 합동참모본부가 낸 공식 입장은 "확인해 줄 수 없다."로 바뀌어 있었다. 특히 합참은 "최근 일련의 사태에 대한 모든 책임은 비열하고 저급하며 국제적으로 망신스러운 오물 및 쓰레기 풍선 부양 등 도발을 자행하는 북한에 있다."라고 주장했다. 이에 앞서 합참은 북한의 오물 풍선에 "군사적 조치"를 경고한 바 있다. 그 이후 북한은 자체 조사를 거쳐 한국군이 백령도에서 무인기를 보낸 것이라고 주장했다. 이에 대해 윤 정부는 "확인해 줄 수 없다."라는 입장을 고수했지만, 한국군이 무인기를 침투시켰다는 정황과 증거가 확인된 실정이다.

한국군에 의해서든, 민간단체에 의해서든 무인기의 대북 침투는 정전협정과 유엔사 규정을 위반하는 행동이다. 유엔사에서 조사할 사항이라는 뜻이다. 그런데 유엔사의 조사 결과가 나오기도 전에 국가정보원은 10월 18일 깜짝 놀랄 만한 발표를 했다. 윤석열이 주재한 국가안전보장회의(NSC)가 개최된 직후 '북한군 러시아-우크라이나 전쟁 참전 확인'이라는 보도 자료가 나왔다. 공교롭게도 이날은 검찰이 도이치모터스 주가 조작 사건과 관련해 김건희를 불기소 처분하기로 한 다음 날이었다. 이를 통해 윤석열 정권은 두 가지 효과를 봤다. 하나는 무인기 소동에 관한 유엔사의 조사가 흐지부지되었다는 것이고, 또 하나는 상당수 언론과 국민의 관심이 북한의 참전설로 이동했다는 것이다.

대북 전단 살포 방조, 대북 확성기 방송 재개, NLL 인근에서의 군사 훈련, 평양 무인기 침투 등은 "북한의 무력 도발"을 초래할 위험이 있었다. 이전에 북한은 한국의 전단 살포나 확성기 방송에 "조준 사격"으로 위협하거나 실제로 감행한 적이 있었다. 또 2024년 초에는 서해 북방한계선의 "불법성"을 부각하며 해상 국경선을 포함한 영토 조항을 신설하겠다고 밝혔다. 만약 북한이 이런 조치를 취했다면 서해는 일촉즉발의 상태에 놓였을 것이다. 그리고 남북 간에 무력 충돌이 발생하고 확전 위험에 처했다면, 윤석열은 "전시·사변 또는 이에 준하는 국가비상사태에 있어서 병력으로써 군사상의 필요에 응하거나 공공의 안녕질서를 유지할 필요가 있을 때"라고 주장하면서 계엄을 선포하려고 했을 것이다.

하지만 북한은 대북 전단과 확성기 방송에 총포를 동원해 무력 대응하지 않고 오물 풍선과 괴음 방송으로 응수했다. 헌법을 개정했다고 하면서도 서해 해상 국경선을 포함한 영토 조항의 신설 여부는 밝히지 않았다. 한국이 평양에 무인기를 침투시켰다고 비난하면서도 맞대응을 자제했다. 왜 그랬을까? 그 단초는 2024년 7월 8일에 나온 김여정 노동당 부부장의 담화에서 발견할 수 있다. "최악의 집권 위기에 몰려온 윤석열과 그 패당은 정세 격화의 공간에서 '비상탈출'을 시도하고 있다."라며, "끊임없이 안보 불안을 조성하고 전쟁 분위기를 고취"하는 이유가 여기에 있다고 본 것이다. 한마디로 '웃픈 현실'이 아닐 수 없다. 윤석열 정부가 대한민국의 "주적"이라고 부른 북한이 무력 도발을 자제하면서 '꼬리가 몸통을 흔드는 현실'을 제어한 셈이기 때문이다.

또 "북한 리스크"나 "북한 급변 사태"가 한국 민주주의·경제·안보의 최대 위협 요소인 것처럼 소비되어 왔지만, 정작 최대 리스크는 '윤석열'이었고 급변 사태는 북한이 아니라 한국에서 발생했다. 한국을 망하게 할 뻔한 존재가 합법적인 절차로 선출된 대통령과 그 일당이었다는 사실이 주는 교훈은 자명하다. 남북 관계의 안정과 한반도 평화의 증진, 그리고 툭하면 '북풍'을 유도하려는 나쁜 관습을 타파하는 것이 복합적이고 다중적인 문제에 처한 한국의 현실을 바꾸는 데에 중대한 과제라는 것이다.

전문가들의 의견도 다르지 않았다. 하남석은 윤석열이 북한과 종북·반국가 세력을 계엄의 빌미로 삼은 것은 "말도 안 되는 얘기이고 핑계"라고 일갈했다. "계엄 선포는 집권 중반기를 넘어가면서 총선 패배와 명태균 게이트에 이어 그동안의 잘못된 정치와 비리들이 터져 나올 것 같으니 그 위기를 모면하기 위한 것이었다고 볼 수밖에 없다."는 것이다. 김성경은 윤석열이 집권 이후 종북·반국가 세력 척결을 틈만 나면 강조했다는 점을 상기하면서 "단순히 정치적 위기를 모면하기 위해서 '종북 세력 척결'이라는 논리를 활용한 것"을 넘어 "윤석열이 확신범이라고 생각한다."라고 주장했다. "주변의 다양한 의견을 듣지 않은 채 종북 세력을 탓하는 유튜브 방송만 보다가 그걸 강하게 믿게 된 것 같다."는 것이다.

또한 김성경은 "12·3 계엄 당시 시민 중 상당수는 계엄 소식을 듣고 혹시 북한과의 교전이나 전쟁이 발발한 것이 아닌가" 했다며, "지속적으로 남북 관계를 관찰하고 있었던 저로서는 계엄 발표가 나왔을 때 전쟁 가능성에 대해 전혀 고려하지 않았다."라고 말했다. "러시아-우크라이나 전쟁에 파병까지 한 북한이 군사적 충돌을 극도로 조심하고 있다고 생각했기" 때문이다. 그러면서 "계엄 선포라는 것이 너무나 비현실적으로 느껴졌다."라며, "계엄을 선포한 대통령이나 그것이 가능하도록 계획하고 실행했던 국방부 장관, 그리고 몇몇 군 최고위 장성들의 현실 인식이 얼마나 후진적인지 며칠이고 곱씹었던 기억이 난다."라고 회고했다.

권혁철은 윤석열이 과거 독재 정권과도 다른 양상을 보였다고 강조했다. 박정희·전두환 때에는 "북한의 위협으로부터 우리를 지켜야 된다며 안보가 중요하다고 얘기했었는데, 윤석열은 북한보다도 종북·반국가 세력의 위협을 더 강조했다."는 것이다. 또 "1980~90년대까지는 국내 사회

운동 세력에서 주사파 영향이 꽤 있었고 그런 세력이 어쨌든 실재했다고 할 수 있지만, 2000년 이후에 사회 운동권이나 현실 정치에서의 종북 세력이란 게 솔직히 무슨 유의미한 힘이나 위협이 되는가."라고 반문했다. 그는 아울러 "북한의 쓰레기 풍선을 둘러싼 상황"과 이에 대한 "김용현의 원점 타격 지시 논란"이 매우 위험한 순간이었다고 평가했다. 이와 관련해 김성경은 "윤석열 정부는 북한이 대북 전단에 대한 대응으로 오물 풍선을 보내자 이를 두고 북한 내부에 심각한 위기가 초래되고 있다는 희망 회로를 돌리기 시작했다."라며, "군사적 충돌까지 발생할 수 있는 사안에 대하여 근거 없는 믿음으로 너무 안일하게 대응했다."라고 비판했다.

'평양 무인기 사건'에 대해서도 흥미로운 분석이 나왔다. 권혁철은 10월 11일 밤에 발표된 중대 성명의 주체가 '외무성'이라는 점에 주목했다. "북한이 (2023년 말부터) 남한과의 관계를 적대적 두 국가 관계로 규정한 이후, 이런 사안을 예전처럼 남북 대치 구도에서 발생하는 군사적 문제로 보기보다는 외국과의 관계에서 벌어지는 일종의 외교 사안으로 본다는 느낌을 받았다."라는 것이다. 김성경은 김정은이 10월 7일 윤석열을 향해 "국가와 인민의 안전을 놓고 무모한 객기를 부릴 것이 아니라 핵 국가와는 대결과 대립보다는 군사적 충돌이 일어나지 않게 상황 관리 쪽으로 더 힘을 넣고 고민"하라고 주문했던 것을 상기하면서 "북한은 불필요한 분쟁에 휘말리지 않으려고 안간힘을 썼던 것"으로 해석했다. 한편 여석주는 "북한은 무인기 사건 때는 대응할 시점이 아니라고 판단했겠지만, 분명히 그들은 이 사건을 기억하고 그에 상응하는 행동을 할 것"이라고 우려했다.

내란 사태와 혐중 문제

내란 사태를 일으키는 과정에서 윤석열과 국민의힘 일부 의원, 그리고 극우 세력이 혐중 감정을 조장하고 이용하려고 했던 점도 주목할 만하다. 2016년 이후 사드(THAAD) 사태와 코로나19 사태를 거치면서 국내에서 반중 감정이 높아진 것은 사실이지만, 이번처럼 가짜 뉴스를 통해 혐중 감정이 부각된 것은 선뜻 이해하기 힘든 것이었다.

이와 관련해 하남석은 다음과 같이 말했다. "계엄이 실패한 이후 며칠 뒤 윤석열이 성명 발표를 한다길래 처음에는 하야를 하나 생각했다. 그런데 갑자기 뜬금없이 중국 간첩이 활동했다는 등 중국 얘기와 가짜 뉴스들을 계속 쏟아냈던 것으로 기억한다." 또한 "윤석열 정권이 임기도 다 못 채우게 생겼고 총선도 완패하면서 더 이상 동력이 없었다. 그렇게 레임덕으로 들어가던 상황에서 살아남고자 친위쿠데타를 일으켰고, 어떻게든 모든 팽계들을 다 동원하는 중에 북한으로도 안 먹히니 중국을 가지고 온 게 아닌가란 생각이 든다."라고도 덧붙였다.

김성경은 "혐오는 사회경제적으로 각 사회의 가장 취약한 고리에서 나타나는 정치적, 문화적 증상"이라며, "즉 누가 혐오의 대상으로 호명되는지를 추적하면 그 사회가 가지고 있는 심연의 공포심과 위협감의 면면을 확인할 수 있다."라고 말했다. 그러면서 "지금까지 한국 사회의 가장 긴박한 문제가 '북한'을 중심으로 호명되어 왔다면 이제는 북한이 아닌 '중국'이 소환된다는 것이 중요하다."라고 강조했다. 그는 "한국 사회가 그만큼 분화되었다는 것을 의미하는 것이기도 하고, 분단 문제가 시민들 사이에서 '현실적'인 문제로 감각되지 않고 있음을 뜻한다."라며 "혐중 혹은 반중 정서의 확산에는 반북, 혐북이라는 정동이 한국 사회에서 소구력을 잃은 것이 크게 작동했다."고 봤다. 아울러 "전통적으로 '혐북' 정서를 지닌 집단에는 미국을 추종하는 '숭미' 문화도 강하게 작동하는 경우가 있는데, 미중 전략경쟁이 심화되는 상황에서 이들은 미국의 '적'으로 호명되는 중국에 대한 부정적인 감정이 강했다."라는 말도 덧붙였다.

하남석은 반중과 혐중을 구분해서 봐야 한다는 점도 강조했다. 반중 감정이 사드 사태와 이에 대한 보복인 중국의 한한령, 코로나19, 시진핑 정권의 권위주의적이고 공세적인 외교 등을 거치면서 만들어진 흐름이라면 혐중 감정은 가짜 뉴스에 의해 증폭된 것이라는 뜻이다. "중국이 내정 간섭을 했다, 부정선거에 개입했다, 헌법재판소에 중국인들이 있다, 한국 사람들이 제일 민감해하는 입시와 관련해 의대에 화교 특별 전형이 있다 등의 얘기가 난무했는데, 사실 그런 건 없다."라며, "지금의 혐중은 한국 극우 세력의 필요에 따라 가짜 뉴스를 통해 만들어진 것"이라고 말했다. 이로 인해 "기존에 반중 정서를 가지고 있던 사람들조차 '우린 너희들과 달라. 이건 좀 아니잖아.'라며 선을 긋기도 한다."고 덧붙였다. 하남석은 아울러 "영향력 있는 유명 유튜버들은 여러 음모론을 늘어놓고 지지 세력을 부추기는데, 사실이 아니라고 밝혀져도 해명이나 사과조차 하지 않는다."라며 진보진영 일각의 행태도 비판했다. "좌우 가리지 않고 양쪽 모두 이런 행태를 보이는 것이 하나의 토양이 되어 폐해가 너무 심각하다."면서 "극우의 행태를 보면서 지금 진보가 반성하지 않으면 저렇게까지 갈 수도 있겠다는 생각이 든다."라는 것이다.

권혁철은 "한국이 중국과 수교한 게 1992년 9월 노태우 정권 말이었다. 그 이후 김영삼, 이명박, 박근혜 정부 등 역대 보수 정부 아래에서 한중 관계가 계속 발전해 왔는데, 보수 정부를 자처한 윤석열 정부는 어째서 역대 보수 정권들의 행보를 다 갈아엎고 본인의 기반을 스스로 허무는 짓을 하는지 이해가 가지 않았다."라고 말했다. 여석주는 한국의 혐중과 일본의 혐한을 비교하면서 이렇게 주장했다.

"한국의 혐중은 일본의 혐한보다 시기적으로 15년 정도 뒤에 발생했는데, 일본과 굉장히 비슷한 패턴을 그리며 수그러들 거라고 봅니다. 일본 사람들의 한국에 대한 인식은 1965년 한일 수교 이후 본격적으로 형성됐는데, 1980년대 이후 한국이 너무 빠른 속도로 발전하면서 혐한 정서가 생겨났다고 볼 수 있죠. 어떤 변화에 대한 거부감이랄까요. 한국 사람들이 중국에 대해서 갖는 감정들은 대부분 1990년대 초반에 형성되었는데, 최근 들어 중국이 우리가 발전한 것보다 더 빠른 속도로 발전하는 데서 오는 거부감이 존재합니다. 한편 일본의 혐한 감정은 요즘 많이 수그러들고 (일본 국민이) 이성을 되찾아가는 모습들이 보입니다. 혐중 감정 또한 시간이 지나가면서 비슷하게 갈 거라고 봅니다." (여석주)

한미 관계, 같이 갈 수 있을까?

한미동맹의 구호는 "같이 갑시다"이다. 그런데 미국인들은 한국의 내란 사태를 보면서 '같이 갈 수 있을까'라는 의문을 품었다. 브래드 셔먼(Brad Sherman) 하원의원의 말처럼 미국 측은 한미동맹이 "민주주의에 대한 공동의 약속을 기반으로 한다."라고 믿고 있었는데, 한미 가치동맹을 그토록 강조했던 윤석열 정부가 그 가치를 송두리째 무시한 만행을 저질렀다는 것은 심상치 않은 파장을 일으켰다. 또 미국은 윤 정부가 계엄 선포를 미국에 사전 알리지 않은 점도 불쾌해했다. 12월 23일 자 미국 의회조사국(CRS) 보고서에서도 이 점을 지적했다. "윤석열 정부가 주한미군 사령부에 알리지 않고 한국 군대를 계엄군으로 배치한 것이 동맹의 공조 상태에 대한 우려를 불러일으킬지 미국의 정책 결정자들과 의회가 주시하고 있다."라고 밝힌 것이다.

　더 큰 문제는 미국을 원치 않는 분쟁에 휘말리게 하는 '인계철선(tripwire)'을 건드리는 존재가 바로 한국 정부가 될 수 있음을 보여주었다는 데에 있다. 인계철선은 주한미군의 동의어로 간주되어 왔다. 한미상호방위조약에는 유사시 자동 개입 조항이 없기 때문에 한반도 전쟁이 발발하더라도 미국은 자동으로 개입하지 않는다. 헌법적 절차, 즉 미국 의회의 동의가 필요하다. 하지만 전쟁이 터지면 주한미군도 피해를 볼 가능성이 높다. 미군 사상자가 발생하면 미국도 가만히 있을 수는 없을 터이다. 그래서 주한미군은 미국의 개입을 보장하는 존재인 인계철선으로 여겨져 왔다. 미국 내에선 이를 모욕적이라고 여기는 목소리도 있지만, 이것이 오랫동안 묵인되어 온 한미동맹의 현실이다.

　그런데 내란 기획자들의 의도대로 한국군이 북한의 오물 풍선 살포에 원점 타격을 가했거나, 한국군의 NLL 인근 사격 훈련에 북한이 무력 도발로 응수했다면 어떤 일이 벌어졌을까? 남북 간의 적대성과 군사적 준비 태세, 그리고 판을 키우기로 작심했던 윤석열 정부의 태도를 종합해 보면 확전이 불가피했을 것이다. 북한의 핵 독트린을 고려한다면 핵전쟁의 위험도 커질 수 있었다. 이렇게 국지적인 충돌이 발생해 확전의 위험이 커지면 대북 방어 태세인 '데프콘'도 정전 상태를 의미하는 4단계에서 3단계로 격상되는 상황에 놓일 수 있다. 데프콘 3단계는 전쟁 위험이 매우 커졌다고 판단될 때 내려지는 조치로, 이렇게 되면 한미연합사령부의 전시작전통제권은 연합사령관을 겸하는 주한미군 사령관이 행사하게 된다. 하지만 미국으로서도 이는 엄청난 부담이 따르는 일이다. 미군도 상당한 피해를 입을 수밖에 없는 전쟁을 결심하는 것과 흡사한 의미이기 때문이다. 그래서 미국은 1976년 '판문점 도끼 만행 사건' 때를 제외하곤 1953년 정전협정 체결 이후 가급적 데프콘을 3단계로 발령하지 않으려고 했다.

이와 관련해 권혁철은 "군사 동맹일 때는 불확실한 상황에서 같이 대처방안을 모색해야 하는데, 특히 미군 입장에서는 당장 한국에 있는 2만 8천 500여 명 주한미군들의 생사가 걸린 문제일 수 있다."라며 "우리는 좀 가볍게 느끼는 것 같은데, 이번에 미국 입장에서는 꽤 회의감이 들었을 거고 한국에 대한 불신이 생겼을 것"이라고 분석했다. 여석주는 "미국을 가장 놀라게 했던 건 1953년 6월 이승만의 지시로 이뤄진 반공포로석방 사건이었다."라며, "미국이 이번에도 그 정도로 놀랐을 것 같다."라고 말했다.

'같이 갑시다'라는 구호의 전제는 신뢰에 있다. 신뢰는 북한의 위협으로부터 한국의 안보를 한미가 함께 보호한다는 믿음을 공유한다는 것을 뜻한다. 하지만 윤석열은 이러한 신뢰를 뿌리부터 뒤흔들었다. 이제 한국이 2025년부터 4년 동안 마주할 상대는 '주한미군 회의론'을 품고 있는 트럼프 행정부이다. 미국의 회의론은 '왜 부자 나라인 한국을 미국이 지켜줘야 하느냐'는 거래주의적 시각부터 '다른 나라에서 미군이 피를 흘리는 일은 없어져야 한다'는 고립주의적 시각까지를 포괄한다. 그래서 트럼프와 그의 일부 참모들은 '미군을 철수시키거나 한국이 돈을 많이 줘야 한다'고 주장한다. 그렇다면 한미동맹은 같이 갈 수 있을까? 여석주는 가수 임재범의 노래 〈너를 위해〉에 담긴 가사가 한미동맹이 처한 현실을 잘 보여준다고 지적했다.

"'내 거친 생각과 불안한 눈빛과 그걸 지켜보는 너.' 미국이 한국을 바라

볼 때, 생각이 너무 거칠고 눈빛이 불안하다고 느꼈을 거예요. 그걸 지켜보는 미국 입장에서는 한국과 정책을 논의하고 협의하기가 어렵다고 느낄 거란 뜻입니다. 근데 사실 그건 우리도 마찬가지죠. 트럼프 행정부의 거친 생각, 트럼프가 보여주는 불안한 눈빛을 지켜보는 우리도 마찬가지 입장입니다. 그래서 노래의 후렴구처럼 결국은 '전쟁 같은 사랑'이 벌어질 것 같아요. '난 위험하니까, 사랑하니까 너에게서 떠나줄 거야'라는 얘기를 미국 정부에서 반복적으로 할 가능성이 있다는 겁니다. 그때마다 우리는 미국을 잡아야 하고, 매우 불리한 위치에서 협상을 이끌어가야 하는 어려움을 겪을 수 있다는 게 걱정입니다." (여석주)

'끝의 시작'을 위하여

내란 사태의 재발을 방지하기 위해서는 다방면의 혁신이 필요하다. 먼저 국방 관련 법부터 대대적으로 손봐야 한다. 군의 정치적 중립성을 강화하고, 위헌적이고 위법적인 명령은 거부해야 한다는 점을 군인의 '권리'이자 '의무'로 명시해야 한다. 또 이러한 권리와 의무를 준수할 시 일체의 불이익이나 피해가 없도록 해야 할 것이다. 아울러 모든 군인이 민주시민의 일원이라는 점을 내면화할 수 있도록 교육체계도 대폭 바꾸어야 한다. 무엇보다도 군이 복종해야 할 대상은 주권의 담지자인 국민과 국민의 일반의지로 구성된 국가이지, 단순히 현직 대통령이나 상급자가 아니라는 점을 분명히 해야 한다.

이와 관련해 권혁철은 "변화를 만들기 위해서는 사람을 바꾸는 게 실질적인 방법이 될 수 있다."라며 "국방부 장관 등을 민간인 출신 전문가로 발탁해 국방부가 군의 이익을 대표하는 역할이 아니라 본연의 역할,

즉 시민을 대표해 군을 통제하도록 해야 한다."라고 강조했다. 여석주는 "흔히 '국방부의 문민화'라는 표현을 많이들 쓰는데, '문민화'는 너무 약하다"라며 민간인이든 군인이든 "군사 사무 전문가가 주축을 이루는 국방부의 '전문화'로 가야 한다."라고 말했다.

헌법은 어떨까? 제77조에는 '대통령은 전시·사변 또는 이에 준하는 국가비상사태에 있어서 병력으로써 군사상의 필요에 응하거나 공공의 안녕질서를 유지할 필요가 있을 때에는 법률이 정하는 바에 의하여 계엄을 선포할 수 있다'라고 명시돼 있다. 여기서 제기될 수 있는 문제가 '전시, 사변 또는 이에 준하는 국가비상사태'에 대해서 선출된 권력인 대통령의 자의적인 판단 가능성이다. 이와 관련해 여석주는 "계엄 문구를 수정하기보다는 계엄 선포 시 국회의 사전 동의를 받는 것으로 법을 개정해야 한다."라고 주장했다. 특히 계급에 상관없이 모든 군인을 상대로 헌법 교육을 대폭 강화해 "설령 친위쿠데타가 일어나서 군대 동원 지시가 내려졌을 때 군 지휘관들이 이 상황이 헌법에 위배되는 것인지 판단할 수 있어야 한다."라고 강조했다. 권혁철은 헌법상의 계엄은 필요하지만 그 요건을 '전시'로만 국한해 이론의 여지가 없게 해야 한다."라고 주문했다. 김성경은 법적인 문제와 더불어 계엄에 대한 역사적·문화적 트라우마도 짚어볼 필요가 있다며 아래와 같이 말했다.

"계엄 직후 한강 작가의 노벨문학상 시상식이 열렸다는 것도 역사의 아이러니가 아닐 수 없어요. 한강 작가의 소설 중에서 광주 민중항쟁을 직접적으로 다룬 『소년이 온다』와 제주 4·3의 현재성을 다룬 『작별하지 않는다』 등이 직간접적으로 계엄 상황의 트라우마를 건드렸기 때문입니다. 수상 소식이 10월 10일에 발표되었으니 계엄 전후 한국 사회는 한창

그녀의 작품에 빠져들어 있을 시기였어요. 특히 계엄을 직접 경험하지 않았던 세대에게는 소설을 통해 고통스럽게 접했던 일이 현실로 갑작스레 닥쳐온 거예요. 모두의 역사적 트라우마를 건드릴 수밖에 없었기에 시민들이 더욱 격렬하게 저항할 수 있었다고 생각합니다. 그런 측면에서 한국 사회의 민주화 과정이 문화예술 등의 영역에서 충분히 '서사'로 쓰였다는 점도 평가할 만해요. 소설, 영화, 연극, 음악, 미술 전반에서 과거의 잘못과 권력자들의 폭력을 꾸준히 다뤄온 힘이 이번 계엄을 저지한 문화적 저변이라고 생각합니다. 저는 개인적으로 한국 사회가 이번 내란 사태를 무사히 넘어갈 수 있다면 적어도 '계엄'이라는 것이 일부 정치인이나 권력자에 의해서 결코 다시 시도되지 못할 것이라고 생각해요. 이미 계엄은 부정의한 정치이자 민중을 억압하는 시도로 활용될 수 있다는 것을 모두가 뼛속 깊이 인지하고 있기 때문입니다." (김성경)

내란 사태를 거치면서 남북 관계에 대한 우리의 인식과 태도를 근본적으로 성찰해야 할 필요도 더욱 커졌다. 한국과 북한을 '하나'라는 허상에 가둬둘수록 '꼬리가 몸통을 흔드는 현상'은 실재 공간에서 끊이지 않을 것이다. 이는 한국과 북한이 별개의 존재라는 인식이 뿌리내릴수록 북한이라는 국가를 국내 정치적으로 악용하려는 시도가 줄어든다는 것을 의미한다.

김성경은 "북한이 변했고, 그리고 무엇보다 남한 사회의 인식이 전환되었다."라며 "지금은 한국 사회 내부의 갈등, 배제, 혐오를 극복하고 민주적이며 윤리적인 문화를 안착시키는 데에 집중하는 것이 최우선시되어야 한다."라고 역설했다. '북한'을 호칭하는 문제와 관련해선 "'북한'이라는 용어는 우리 기준에서 만든 것이기 때문에, 남북이 적대 관계에서 벗어나 호혜성을 강화하기 위해서라도 상대방이 원하는 방식으로 불러줘야 한다고 생각한다."라고 말했다. 여석주는 "매우 예민한 문제"라면서도 "남북이 다시 대화 테이블에 앉게 된다면, 최소한 그 자리에서라도 쌍방이 서로가 원하는 호칭으로 불러줘야 하며 아울러 사전에 이 사실을 국민에게 충분히 알려줘야 한다."라고 말했다.

여석주의 발언 가운데 가장 주목을 끈 부분은 한미동맹의 전쟁 목표를 수정하는 것이다. "지금까지의 전시 목표는 북한이 남침하면 일단 막은 뒤 북한 지역을 점령해서 통일을 지원한다고 명시돼 있다. 그런데 북한은 이미 손에 핵무기를 들고 있기 때문에 기존의 목표를 추구하게 되면 양쪽이 다 죽는 상황이 온다. 군대는 싸우려고 만든 조직이지만, 싸우는 목적은 이기는 것이 아니라 지키는 것이다. 이기려고 싸우다 보면 지킬 수 없다."라고 말했다. 그러면서 "전쟁 목표를 수정하는 건 굉장히 비난받을 일이기에 큰 용기가 필요하지만, 한반도에서 남북이 계속 살아가기 위해서는 꼭 해야 하는 일이라고 본다."라고 강조했다.

기실 이 주장은 나도 일관되게 해온 것이다. 전시나 "북한 급변 사태 발생 시" 무력으로 북한을 점령·통일한다는 것은 타당성과 현실성 면에서도 심각한 문제가 있다. 또 평소에도 무력 흡수 통일 역량을 갖추고 대비하기 위해 엄청난 인적·물적 자원이 투입되고 있다. 이는 한미동맹이 유사시 무력 통일론을 내려놓으면 한국 내부의 문제를 해결하고 한반도의 평화 공존을 도모하는 데에 크게 기여할 수 있음을 의미한다.*

전환기를 맞이한 한중 관계의 과제도 짚어봤다. 하남석은 "트럼프 취임 이후 중국은 위기와 기회를 동시에 맞이하고 있다."라며 "트럼프가 기

---

* 이에 대한 자세한 내용은 『달라진 김정은, 돌아온 트럼프』(정욱식, 갈마바람, 2025년)를 참조하라.

존 동맹국들에게도 방위 비용이나 관세 등을 과도하게 청구하면서 균열이 생긴 것을 중국이 잘 이용해 보려고 하는 움직임이 있다."라고 언급했다. "중국에선 한국과도 그런 면에서 기존의 경색된 관계들을 개선해 보려는 움직임이 있고 인적 교류나 문화적 교류 등을 확대하려는 경향이 있다."라며, "중국에도 비판할 문제가 있다면 분명하게 비판적 입장을 표명하는 동시에 실용적 측면에서 개선해야 할 부분은 개선해야 한다."라고 말했다. 특히 "한국에서 중국에 대한 접근은 크게 '가치 외교'와 '실용 외교' 두 가지로 포장되지만, 실제 그 내용은 '반공주의'와 '시장주의'라고 할 수 있다."라며, "이번 기회에 전자도 넘어서야 하지만 후자 역시 넘어설 필요가 있다."라고 강조했다. "한국의 국력이 성장한 만큼, 미국이냐 중국이냐는 이분법을 넘어서 다른 국가들과의 연대를 통해 평화와 실용을 추구하고 강대국들의 패권 추구를 비판할 필요성이 있다."는 것이다.

한미 관계의 변화상도 직시할 필요가 있다. 관세 등의 경제문제부터 주한미군 주둔 비용과 역할 변경 등 군사동맹에 이르기까지 차기 정부의 최대 난제는 한미 관계가 될 것이기 때문이다. 이와 관련해 김성경은 윤석열의 부재가 다행이었다는 의견을 밝혔다. "트럼프 대통령이 취임하자마자 전방위적으로 그리고 빠른 속도로 전 세계 경제를 쑥대밭으로 만들어 놓는 상황에서", "트럼프가 쏟아놓는 여러 정책에 정신없이 휘말리기보다는 차라리 대통령이 탄핵된 상황에서 시간을 가지고 지켜본다면 나중에 대미 협상을 할 때 오히려 기회를 만들어낼 수 있다."라는 뜻이다.

많은 이가 한국의 미래를 불안과 기대의 시선으로 바라본다. 하남석은 "광장에서 분출된 다양한 목소리를 충분히 반영해 중장기적인 정책의 토대와 방향을 잡지 못하면 회복이 불가능할 수 있다."라며 우려를 표했다. 김성경은 "한국 사회가 이번 계엄과 탄핵 상황을 슬기롭게 극복했는데, 이는 전 세계적으로도 유래를 찾아보기 힘든 일이다."라고 의미를 부여했다. 동시에 "지금 필요한 것은 시민들의 힘을 믿고, 사회의 주요 의제를 하나씩 해결하기 위해 모든 역량을 집중하는 것"이라고 강조했다. 여석주는 "미래를 낙관적으로 전망하는 것이 아니라 낙관적이기를 희망한다."라며 "이번 사태를 통해 원래 모습을 적나라하게 드러낸 국가 기반 시스템의 적폐를 조기에 걷어내는 좋은 기회가 되기를 희망한다."라고 밝혔다.

계엄 선포로 시작된 윤석열의 내란 사태는 시민의 역량과 국회의 신속한 대처에 힘입어 파면으로 끝났다. 전화위복의 계기가 만들어진 것이다. 많은 이들은 내란 사태가 있기 전까진 윤석열의 퇴진·탄핵·임기 단축이 전부 어려울 것이니 "견디자"는 말들을 많이 했었다. 그런데 국면이 바뀌었다. 한반도 문제를 놓고 보면 이번 사태는 박근혜 탄핵과 트럼프의 등장, 그리고 김정은의 폭주가 맞물린 2017년을 떠올리게 한다. 8년이 지난 현재 김정은은 달라졌고, 강해졌다. 트럼프 역시 예측하기 어려우며 더욱 오만방자한 모습으로 돌아왔다. 이들을 상대할 한국의 정부를 제대로 세우는 것이 너무나도 중요해졌다.

이제는 민주 평화 진영을 단단히 채비하는 일이 시급하다. 민주주의의 회복력을 발판 삼아 한반도 평화를 향한 거보(巨步)를 내디딜 준비를 해야 한다. 전쟁 위기의 악순환을 끊고 민주주의의 발전과 평화 정착의 선순환을 만들어내야 한다. 훗날 12월 3일 '서울의 밤'이 한국에 민주주의와 평화와 민생을 다시 꽃피운 '대한민국의 봄'으로 기록될 수 있도록 말이다.

제5장 윤석열

문제적 인물, 윤석열

손우정

인터뷰 참여자　**김현수** (명지병원 정신건강의학과 교수)
　　　　　　　　오병두 (홍익대학교 법학부 교수)
　　　　　　　　이승원 (서울대학교 아시아연구소 박사)
　　　　　　　　임선응 (《뉴스타파》 기자)
　　　　　　　　정은주 (《한겨레》 기자)
　　　　　　　　조희연 (공존의뜰 이사장)

12·3 비상계엄은 통치권자 윤석열의 위기와 보수 전반의 위기에서 발현된 합리적 선택이었을까? 아니면 윤석열 개인의 망상과 충동의 결과였을까? 한국 사회를 뒤흔들어 놓은 비상계엄과 뒤이은 사건들은 두 가지 성격을 모두 포함하고 있다. 윤석열이 비상계엄이라는 극단적 수단을 꺼내든 배경에는 통치자로서의 권력 상실이라는 구조적 위기가 존재했음이 명백하고, 비상계엄의 실패 이후 보수 전반이 소수였던 극우파에 동조하고 나선 것은 이 위기가 단지 정권, 혹은 윤석열 개인의 위기만이 아니라는 점도 드러낸다.

그럼에도 불구하고 냉전 시대의 언술로 가득 찬 계엄 포고문이나 노상원의 수첩에 담긴 끔찍한 구상, 그리고 무엇보다 불법적으로 국회를 봉쇄하며 비상계엄을 밀어붙인 선택의 배경에는 윤석열이라는 인물의 개인적 특성이 무시할 수 없을 정도로 크게 반영되었다. 결국 이 모든 일을 판단하고 저지른 사람은 윤석열이다.

그러나 이 사건을 좀 더 풍부하게 이해하길 원한다면 다른 질문도 던져볼 수 있다. 이를테면 '만일 보수 정권의 대통령이 윤석열이 아니었다면 비상계엄은 절대 일어나지 않았을까?', '윤석열과 같은 리더는 정말 다시 나오기 어려울까?' 따위의 질문들이다. 물론 우리는 '윤석열은 도대체 왜?'라는 근원적 질문에도 아직 제대로 된 답을 얻지 못하고 있다.

이 시대의 가장 문제적 인물인 윤석열을 입체적으로 분석해 보기 위해서는 다양한 영역의 시선이 필요하다. 정은주《한겨레》기자의 사회로 진행된 포커스 그룹 인터뷰에는 이 인물에 관한 사회학적 시각을 제공해 줄 조희연 전 서울시 교육감이자 공존의뜰 이사장, 정치적 분석을 보낼 이승원 서울대학교 아시아연구소 박사, 정신분석을 진행해 줄 김현수 명지병원 정신건강의학과 교수, 윤석열을 오래 추적한 언론인의 시각을 이야기할 임선웅《뉴스타파》기자, 법률가의 시각에서 검사 윤석열을 분석할 오병두 홍익대학교 법학부 교수이자 참여연대 사법감시센터 전 소장이 참여해 인간 윤석열을 파헤쳤다.

비상계엄, 합리적 선택인가 개인적 성격 탓인가?

한 사람의 성격을 형성하는 데에는 매우 다양한 요인이 반영된다. 또한 어떤 정치적 결단의 이유를 온전히 개인의 성격 탓으로만 돌릴 수도 없다. 그러나 12·3 비상계엄은 보통의 상식으로는 잘 이해되지 않는 특수성이 반영되어 있다. 심지어 내란의 핵심인 김용현 전 국방부 장관마저도 지금 시대에 계엄을 떠올리는 것은 보통의 상식에 어긋난다고 말하지 않았던가? 그렇다면 윤석열의 캐릭터는, 충격적인 비상계엄을 결단한 윤석열의 멘털리티는 어떻게 형성되었을까? 우리는 그를 어떻게 이해해야 할까?

조희연은 윤석열이 비상계엄이라는 극단적 수단을 선택한 이유를 세 가지 차원으로 분석한다. 첫째는 윤석열이라는 개인의 성격, 둘째는 오랜 검찰 생활에서 체현된 직업적 시선, 셋째는 대통령이라는 자리가 부여한 통치자로서의 인식이다. 이 세 가지 차원이 종합한 결과가 비상계엄을 선택한 윤석열의 캐릭터를 구성한다.

우선 윤석열의 성장 과정에 대한 여러 언론 보도와 주위 사람의 증언을 종합해 보면, 그가 다른 사람의 말을 잘 듣지 않는 외골수적인 성격임이 드러난다. 이러한 성격과 친화력을 갖는 것이 검사라는 직업이 지니는 특유의 성질이다. 검사들은 인간을 두 집단, 즉 "하나는 범죄자, 다른 하나는 잠재적 범죄자"로 보거나 "발각된 범죄자와 발각되지 않은 범죄자"로 보는 양분법적 시선을 가지는 경향이 있다.

여기에 통치자로서의 윤석열이 가지고 있는 독특한 인식이 결합한다. 통상 통치자의 지위에 오르면 다양한 곳에서 다양한 정보를 얻기 때문에 종합적인 사고를 하게 된다. 그런데 윤석열은 특이하게도 "반대자를 반국가 세력으로 보는, 정치적 도그마에 가까운 양분법적 시각"(조희연)을 보였고, 여기에 음모론이 결합했다. 통치자가 된 이후에도 검사로서의 시선이 그대로 유지되고 있었다는 것이다. 이처럼 "개인적 성격과 직업적 특성, 특이한 통치자의 리더십이 결합"해 형성된 "복잡한 세상을 단순하게 보는 시각"이 결국 그로 하여금 비상계엄을 결단하게 만들었다. 더구나 그의 극단적 견해는 극우 유튜브를 통해 반복적으로 수용되고 학습되었다. 물론 자신의 주장에 부합하는 매체만 거듭 취사선택함으로써 자신의 신념을 더욱 강화하는 경향은 극우만이 아니라 보수나 진보도 비슷하게 나타나는 현상이다.

조희연은 비상계엄의 배경엔 단순히 윤석열의 특성만이 아니라 구조적인 문제가 있었고, 이것이 나름의 합리적 선택일 수도 있었다는 점을 놓치지 않는다. 윤석열은 민주당과 행정부의 갈등을 국가적 위기로 과잉 해석한 측면이 있지만, 여러 차례 정치적 반전을 노렸던 그의 시도는 모두 실패로 돌아갔다. 비상계엄 직전에 치러진 보궐선거는 그가 정치적인 방식으로 다시 주도권을 잡아보려는 마지막 시도였을지도 모른다. 그러나 이마저도 실패로 돌아가면서 국정 운영의 위기에 몰린 윤석열은 1990년의 3당 합당과 같은 정치적 돌파구도 찾을 수 없었다. 결국 그는 정치적 돌파 전략이 모두 실패한 상태에서 마지막으로 남은 군사적 돌파구를 선택한 셈이다.

조희연이 윤석열을 둘러싼 정치적 상황과 조건에서 비상계엄 선택의 합리성을 유추하며 그를 이해해 보려 했다면, 오랫동안 윤석열을 취재해온 임선웅은 이런 시도가 "의미 없다"고 잘라 말한다. 대선 경선 과정에서 손에 '왕(王)'자를 그려 넣거나 대통령실을 용산으로 이전한 배경, '바이든 날리면' 사건, 화물연대 파업과 의료계 파업 대응 등 일련의 사건들을 쭉 살펴보면, 윤석열의 "의사결정 과정을 이성이나 합리성으로 이해하거나 해석하는 게 무의미"(임선웅)하다는 것이다. 차라리 이성이나 합리성을 떠나서 어린 시절 일화 등을 통해 윤석열이 어떤 인간인지를 들여다보는 것이 그의 의사결정이 파국으로 치달은 이유를 더 잘 이해할 수 있게 해준다.

"초등학교 때 (윤석열의) 죽마고우 이철우가 윤석열의 초등학교 시절 얘기를 한 적이 있어요. 같이 야구를 하면 자기가 감독인 것처럼 막 소리 지르고, 친구한테 '정신상태가 어떻다'는 식의 이야기를 했다더라고요. (…) 윤석열이 사법시험에 9수를 해서 합격했는데, 사법연수원은 23기예요.

한동훈과 10살 차이가 나는데 기수로는 4기 차이밖에 안 나는 거죠. 검찰에 가보니까 자기 후배들이 다 위에 있는 거예요. 그래서 중간에 옷 벗고 법무법인 태평양에 가요. 석동현 변호사가 말한 내용을 보면, 밤에는 잘 노는데 낮에는 자기 후배인 부장이 자기에게 지시하는 걸 못 견뎌 하더래요. 자기랑 맞먹는 걸 견디지 못하는 거죠. 결국 태평양에 1년 있다가 검사로 돌아왔어요. 차라리 부장검사 밑이 낫지, 변호사는 의뢰인에게 비위도 맞추고 서비스도 해야 하니까. 세상의 직업 중에는 검사가 그나마 낫다고 본 거죠." (임선웅)

윤석열은 평소에도 '검찰 수사라는 것이 어느 정도 사태를 파악할 때까지는 사냥하듯 해야 한다'고 했고, 화물연대 파업에 '내일부터 너희들 잡으러 다닐 거야'라는 식으로 대응했다. 채 상병 사건 때도 '내가 봐주라는데 감히 대령 따위가?'라는 식의 반응을 보였다. 이런 측면을 고려하면, 비상계엄 역시 자신의 객관적 위기 상황을 돌파하기 위해 다양한 경우의 수를 계산하고 군사적 방법을 합리적으로 선택했다고 보기는 어렵다. 대신 "'감히 야당 따위가? 감히 이재명이? 서울대도 안 나온 놈이?'라는 식으로"(임선웅) 극단적인 선택을 했다고 해석하는 편이 오히려 합리적이다.

윤석열의 사고방식이 얼마나 독특한지에 대해서는 명태균 사건에서도 확인할 수 있다. 윤석열과 관련한 명태균 사건의 핵심 의혹은 윤석열이 명태균으로부터 공짜 여론조사를 받고, 명태균에게 청탁받은 사람을 공천해 주었다는 것이다. 그러나 정치권을 오래 취재해 온 임선웅은 이런 식의 공짜 여론조사가 사실 드문 일이 아니라고 말한다. 그래서 공짜 여론조사 결과를 받아 보더라도 들키지 않을 방법, 이를테면 여론조사 결과를 직접 받지 않는 등의 편법도 어느 정도 공유되어 있다. 그런데 윤석열은 다 직접 받았다. 임선응은 이것을 윤석열이 가지고 있는 자신감 때문이라고 해석한다. "무슨 짓을 해도 처벌받지 않을 것이라는 자신감", "내가 법 위에 있다는 자신감"이 그것이다. 증거가 명확하고 음성 파일도 있지만 서슴없이 부인해 버리는 행동은 자신은 법을 활용할 뿐, 법에 적용받지 않는다는 태도로 읽을 수 있다.

윤석열의 이런 태도는 포고령에서도 엿볼 수 있다. 윤석열이 직접 검토했다는 포고령은 현행법상 불법적인 요소가 다분한데, 그걸 몰랐기 때문이 아니라 '그냥 밀어붙이면 된다'는 생각이 있었기 때문에 그대로 발표했을 가능성이 매우 높다. 이 해석이 맞다면, 윤석열의 태도와 인식에 대한 임선응의 해석과 상당한 일관성을 지닌다. 임선응은 이처럼 윤석열은 스스로 법 위에 선 존재라는 인식과 자신감이 있었기 때문에 12·3 비상계엄을 결정한 것이라고 주장한다.

법학자인 오병두 역시 비상계엄을 선포하기로 결정한 것에 윤석열 개인의 특성이 크게 작용했다는 점에 대해서는 이견이 없다. 다만 그가 더 주목하는 것은 어린 시절의 성격이 교정되지 않았던 이유다. 대부분의 사람은 어린 시절의 성격이 성인이 된 후의 성격을 전적으로 규정하지는 않는다. 인간은 성장하면서, 또 여러 사회생활을 경험하면서 성격과 태도가 바뀌기 마련이다. 그러나 윤석열의 경우 "개인적 특성이 고쳐지지 않고 그대로 유지되거나 오히려 심화한 것은 그가 속했던 검찰의 조직문화와 관련"(오병두)이 있다. 검찰이라는 직업적 특성이 그의 외골수적 성격을 교정하기보다 더 강화했다는 것이다.

예를 들면, 검사들에게는 자신이 남들은 모르는 '사건의 진짜 진실', 즉 '실체적 진실'을 알고 있다고 믿는 신화가 있다. 자신이 무엇을 모르거나 잘못 알고 있을 수도 있다는 것을 인정하지 않는다는 것이다. '실체적 진실'을 믿는 검사는 다소 절차를 위반하거나 과잉 수사가 있더라도, 사돈의 팔촌까지 조사해서 원하는 방향으로 결론을 내리려 한다. 그것이 자신이 생각하는 진실이기 때문이다. 이런 검사의 특성은 검사가 되기 전에 형성된 윤석열의 개인적 특성을 더 강화했으면 했지 교정하지는 못했다.

> "(검사들은) 판단이 서면 무리수를 두기도 해요. 사건이 안 되는 것이거나 법리 구성이 힘들더라도 일단 착수한 수사 사건에서는 뒷배경이나 주변 자료를 많이 수집하고, 별건으로 쫙 풀어놓고 사건을 몰아가거나 수사 대상자를 압박해서 원하는 방향으로 자백을 유도하기도 하죠. 예전 박근혜 정부에서 민정수석이었던 우병우는 검사 시절 '사돈에 팔촌까지 조사해서 딱 제시하니까 수사 대상자가 꼼짝 못 하더라'면서 그걸 수사 능력이 뛰어난 거라고 해요. (피의자가) 검찰이 제시한 죄를 인정하든가, 혹은 부담을 떠안는 방식으로 몰아넣는 거죠. 이러면서도 도덕적으로 과하다거나 부당하다고는 못 느끼는 게, 어찌 되었든 자신은 실체적 진실을 장악하고 있기 때문에 절차 위반이나 과잉 수사가 다소 있더라도 처벌하는 것이 정당하니까 문제가 없다고 믿는 경향이 있어요." (오병두)

검사 시절의 경험은 윤석열의 군과 경찰에 대한 태도에서도 나타난다. 그가 12·3 비상계엄의 전 과정에서 군이나 경찰이 스스로 적법 여부를 판단할 수 있다고 미처 생각하지 못한 것 역시 그의 검찰 시절 경험으로 설명할 수 있다는 것이다. 이는 2020년 이전, 즉 검찰에 수사지휘권이 있던 시절처럼 윤석열이 "경찰을 검사의 수하쯤으로 생각하는 발상"(오병두)과 관계가 깊다. 오랜 기간 검사로 수사를 진행하며 축적된 지휘의 경험이 대통령이 되어서까지 유지되면서, 자신이 명령만 하면 군과 경찰은 일사불란하게 따를 것으로 믿었다는 것이다. 결국 비상계엄을 선택할 당시 그의 머릿속에는 군과 경찰 중 일부가 소극적으로 저항해 작전을 지연시킬 수 있다는 생각 자체가 들어갈 여지가 없었다.

오병두의 해석이 정확하다면, 윤석열의 개인적 특성은 비상계엄이라는 극단적 선택을 하게 만든 이유이기도 하지만 결국 비상계엄을 실패로 돌아가게 만든 이유도 된다. 그의 개인적 성격, 그리고 검사로서의 제한된 경험이 계엄 상황에서 벌어질 모든 경우의 수를 계산하지 못하게 만들었고, 결과적으로 군과 경찰의 소극적 저항이라는 예측하지 못한 상황에 대응할 수 없었다고 볼 수 있기 때문이다.

윤석열의 어릴 적 성격이 대통령이 된 후에도 전혀 교정되지 못한 것을 검찰이라는 직업의 특수성에서 찾을 수 있다면, 윤석열이 검사로 활약한 시절 대한민국 검찰의 특성에 대해서도 살펴볼 필요가 있다. 정치학자 이승원은 민주화 이후 검찰 권력의 변화에 주목한다. 윤석열과 한동훈은 권위주의 시절처럼 박정희나 전두환 같은 독재 권력의 명령을 받아서 칼잡이 노릇을 했던 것이 아니라, 한국 사회의 민주화 이후 '자기 스스로 권력을 휘두른' 경험만 있는 검찰이라는 것이다.

민주화가 진행되면서 권력 구조가 변화한 양상은 이승원의 해석과 부합한다. 군과 정보기관으로 집중되어 있던 권력은 1987년 이후 다양한 견제를 받았다. 특히 군에는 김영삼 정부 집권 초기, 전광석화 같은 하나회 척결로 정치군인의 뿌리를 뽑는 수준의 조치가 취해졌다. 정보기관 역시 국가안보를 핑계로 온갖 인권유린을 자행했던 곳으로 민주적 통제의 대상이었다. 군과 정보기관의 자의적 권력 행사가 문민정부의 견제를 받기 시작한 빈틈을 비집고 스스로 권력의 주체로 선 것이 바로 검찰이다. 어찌 보면 검찰은 민주화의 축복을 가장 많이 받은 조직일지도 모른다.

이런 검찰 권력의 강화를 더욱 부채질한 것은 정치행태의 변화로, 이른바 '정치의 사법화' 경향 때문이라고 할 수 있다. 정치적인 영역에서 토론과 합의로 해결해야 할 여러 문제를 거의 모두 사법의 영역으로 끌고 들어가면서 검찰에게 정치적 권력관계를 좌지우지할 칼자루까지 쥐여줬다. 이 '정치의 사법화'는 정치적 의도에 따라 판결을 달리하는 '사법의 정치화'와 맞물리면서 검찰과 법원에 무소불위의 힘을 부여했다.

윤석열과 한동훈이 검사로서 한창 활약할 시기는 이처럼 검찰의 권력화와 정치의 사법화가 동시에 일어나면서 검찰이 무소불위의 권력기관으로 성큼 등장한 시기와 겹친다. 이승원은 이런 상황이 어릴 적부터 형성된 윤석열의 성격을 더 극단적으로 강화해 나갔다고 보는데, 이는 조희연과 임선웅, 오병두의 해석과 일치한다.

또한 이승원은 최고 권력이 된 검찰이라는 경험에 윤석열의 자기방어, 자기 정당화 심리가 결합해 있다고 덧붙인다. 이런 맥락에서 보면 윤석열이 무속이나 극우 유튜브에 집착한 것도 다른 해석이 가능하다. 그는 무속 혹은 유튜브에 휘둘리거나 영향받은 것이 아니라 그저 자기방어 기제와 검찰 권력의 결합으로 형성된 자신의 자아에 맞춰줄 수 있는 것들, 즉 비논리적이고 비상식적인 채널과 의견을 적극적으로 수용했을 뿐이라는 것이다. 결국 '무속이냐 아니냐, 유튜브냐 공중파냐'가 중요한 것이 아니다. "자신의 방어기제에 합당했기 때문에 유튜브를 믿는 것"(이승원)이라 보는 게 더 타당하다. 그에게는 심지어 국가관이나 대통령직이라는 것도 자기방어보다 중요하지 않았다.

"트럼프만 해도 자기 부를 축적하는 데 국가를 사용해요. 이건 국가를 어떻게 활용할지에 대한 나름의 상이 있는 거예요. 이번 트럼프의 관세

전쟁에서도 돈을 번 사람은 어마어마하게 벌었어요. (트럼프는) 국가를 어떻게 이용해야 하는지를 아는 사람이죠. 그런데 윤석열은 국가를 어떻게 사용해야 할지, 아무 생각이 없어요. 그냥 자기가 하고 싶은 걸 하는 거고, 그걸 국가가 못 하게 하면 국가가 의미 없어지는 거죠. (대통령을) 3년 하건 5년 하건 상관없다는 게 그래서 나온 말이에요. 윤석열은 국가에 집착할 이유가 없어요. 자기 마음대로 할 수 있는 직에 있다고 생각한 거지, 대통령으로 그 자리에 있는 게 아니었어요." (이승원)

이런 윤석열을 단순하게 '어리석거나 김건희에게 조종받는 존재'로만 보게 되면 많은 것을 놓친다. 오히려 윤석열에게는 "정체성이나 이념이 있지는 않지만, 자신에게 맞는 것에 집중하고 그것을 발현해 내는 힘"(이승원)이 있다. 김건희가 '우리는 원래 민주당이었다'라고 말한 것에서도 알 수 있듯이, 이들은 국민의힘이냐 민주당이냐 하는 것보다 "자신의 자존감을 지킬 조건만 충족되면 그냥 이용하는" 일관된 패턴을 보인다. 자신을 지키기 위해, 자신을 정당화하기 위해 쓸 수 있는 모든 것을 이용한 윤석열은 결국 대통령의 비상계엄 선포권조차 자의적으로 행사했다.

윤석열의 내면에 조금 더 접근해 보자. 정신보건 전문가인 김현수는 아직 그에 대해 제대로 분석할 수 있는 자료가 충분하지 않다는 것을 전제로 "진짜로 왕이 되고 싶은 열망"이 그의 내면에 자리 잡고 있는 것은 아닌지 의심한다. 선거 과정에서 손바닥에 '왕'자를 쓰고 나온 것이 한갓 에피소드일 수도 있지만, 당선 이후에 다른 정치세력과 타협이나 조정을 전혀 하지 않았던 모습에서도 그런 열망이 읽힌다는 것이다.

윤석열은 "현대사회의 대통령이라는 자리가 '여러 세력을 조정하면서 헤쳐나가는 직(職)'이라고 생각하지 않고, 자기가 왕으로서, 최고 권력의 자리에서 통치한다고 생각"(김현수)하는 것처럼 보인다. 윤석열이 무속이나 극우 유튜버와 가까워진 이유도 이승원과 유사하게 해석한다. "집권 이후 정치를 펼칠수록 지지 기반이 축소되고, 여러 비리로 인해 (통치권의) 위험성이 높아지니까 무속을 포함한 극우 유튜버들 쪽으로 더 나아가게 된 것"인데, 결국 "자신에게 듣기 좋은 이야기를 해주는 집단과만 소통한 것"이다.

김현수는 윤석열에게 자기 정당화 이외의 철학이나 이념이 없다는 평가에도 동의한다. 우파라면 우파에 맞는 철학과 지지 집단이 있어야 하는데 윤석열에게는 그것이 보이지 않는다는 것이다. 윤석열의 언술은 한때는 자유주의에 경도되었다가, 어느 순간 권위주의적 화법을 구사한다. 비상계엄 선포 당시에는 철저한 반공 이데올로기에 포획된 것으로 보이지만 그조차 일관성이 없다. 일관되게 남아있는 것은 '친구 집단', 즉 고등학교 동창뿐이다. 비상계엄도 고교 동창들과만 준비해서 감행했는데, 이건 "세상일을 도모하는 방식 중 가장 퇴행적인 길"(김현수)이다. 이런 경향이 지속되면 관계망이 계속해서 축소될 수밖에 없다. 한동훈과의 결별 역시 이런 경향의 귀결일 수 있다.

김현수 역시 윤석열의 행보를 합리적이거나 논리적으로는 이해하기 어렵다고 본다는 점에서 임선응 기자의 분석과 맥락을 같이 한다. 이는 미국의 트럼프 대통령에 대한 미국 정신보건 전문가들의 분석과도 통하는 부분이 있다. 이들은 트럼프가 다크 트리아드(Dark Triad), 즉 어둠의 성격 3요소를 갖추고 있다고 진단했다. 어둠의 성격 3요소는 병적인 자기애에 빠져있는 나르시시즘(Narcissism), 조작과 거짓말에 능숙한 마키아벨리즘(Machiavellism), 양심과 책임감 없이 포퓰리즘을 동원해 자신이나 자기 집단의 이익만을 추구하는 반사회적 경향인 사이코패스(Psychopath)를 말한다. 김현수는 윤석열 역시 어둠의 성격 3요소를 가지고 있는데, 이 외에도 사디즘(sadism)과 샤머니즘(shamanism)까지 결합해 있다고 진단한다.

"(윤석열은) 어딜 가도 명령해야 하고, 자신은 그 누구에게도 순응하지 못하면서 꼭 자기가 이끌어야 하고, 자기 패거리를 몰고 다니고, 옳고 그름보다 네 편 내 편을 중요하게 받아들이면서 사람들을 착취하거나 도구화했어요. 그리고 상황이나 맥락이 자기중심으로 돌아가지 않으면 못 견뎌 했죠. 이런 것이 바로 나르시시스트의 특징이에요." (김현수)

나르시시스트는 주변 사람을 패거리로 만들면서 어떻게 해서든 자기에게 신세를 지게 만드는 '공범화'를 진행한다. 이 과정에서 "사람들을 자신에게 복무하게 만들고, 자기에게 의존하도록"(김현수) 만드는 것이다. 여기에는 권력만이 아니라 술과 선물 등도 활용된다. 임선응은 문재인 정부 당시 추미애 법무부 장관과 윤석열 검찰총장의 갈등이 극심할 때 윤석열이 특활비를 많이 썼다고 덧붙인다. 나르시시스트로서의 윤석열은 이승원의 설명처럼 자신을 중심으로 만들어줄 수 있는 무속과 극우 유튜브도 도구적으로 활용했다.

나르시시스트는 어떻게 대통령이 되었나?

인터뷰 참가자들은 공통으로 12·3 비상계엄에 윤석열이 가지는 독특한 성격과 직업적 배경이 무시 못 할 영향을 미쳤다고 보고 있다. 조희연의 분석처럼 그의 선택에 구조적 위기라는 맥락이 있었더라도, 비상계엄이라는 해결책을 고른 것은 그의 특유한 성격에서 나왔다는 것이다.

이 해석이 맞다면 한 가지 의문이 남는다. 윤석열은 쿠데타나 불법적인 방식으로 정권을 잡은 대통령이 아니라, (막상 본인은 의문을 품었지만) 민주적이고 공정한 선거로 국민의 선택을 받은 자다. 사이코패스에 사디즘을 가진, 친구 집단 외에는 관계망이 넓지도 못한 자가 어떻게 대한민국의 대통령이 될 수 있었나? 나르시시스트는 어떻게 대통령으로 선출되었나?

이승원은 윤석열의 출현을 보나파르티즘(Bonapartism)으로 설명한다. 나폴레옹의 조카인 루이 보나파르트가 프랑스 양대 세력이 교착상태에 빠져 어느 하나가 우위를 점하지 못한 상황을 비집고 대통령이 될 수 있었던 것처럼, 윤석열도 교착상태에 빠진 양당 체제의 빈틈을 비집고 들어간 것이라는 분석이다. 문재인 정부가 부동산 정책 실패의 영향으로 급격하게 지지율이 떨어지고, 국민의힘은 좋은 후보가 없었던 상황에서 선택된 것이 윤석열이었다.

이념은 중요하지 않은 윤석열이 왜 자신을 검찰총장으로 임명했던 민주당이 아니라 국민의힘을 선택했는지에 대해서도 그의 나르시시즘적 성격으로 설명이 가능하다. 이승원은 윤석열이 국민의힘을 선택한 이유가 "민주당은 자신이 맞춰줘야 하는 정당이었고, 국민의힘은 자신에게 맞춰줄 수 있는 정당"이었기 때문이라고 분석한다. 이 분석이 옳다면, 윤석열은 결국 자기애를 충족시켜 줄 수단으로 국민의힘과 대통령직을 택한 셈이다.

윤석열이 국민의힘을 선택한 것은 그렇게 이해할 수 있더라도, 국민이 윤석열을 뽑은 이유를 두 정당의 교착상태만으로 설명할 수 있을까? 여기에는 좀 더 구조적인 설명이 필요하다. 이는 한국만이 아니라 세계적으로 극우가 부상할 수 있는 토양이 만들어진 맥락과 관련이 깊다. 세계의 주요 국가에선 기성 정치세력이 제대로 된 대안을 제시하지 못하며 정치

혐오와 탈정치 현상이 만연하고, 불안과 위기, 공멸의 분위기가 팽배하고 있다. 이승원은 이런 상황에서 나타나는 통치 형태를 '신관료적 권위주의'라는 개념으로 설명한다. 신관료적 권위주의는 정치권력과 기술관료, 자본의 3자 동맹에 기초해 권력을 유지했던 과거와 달리, 보수 양당이 공유하는 공통의 사회경제적 기반 위에서 개인 간 경쟁, 성과, 능력주의 등 신자유주의적 자기계발과 소비문화에 기초한 문화적·윤리적 자기 통치 방식이 전면화되는 것을 말한다. 이런 견지에서 보면, 우리 정치구조 또한 겉으로는 양당 체제로 보이지만 각 정당을 포함해 사회의 중심부를 차지한 엘리트 사이에는 강력하고 유기적인 카르텔이 형성되어 있음을 알 수 있다.

이승원은 이처럼 두 거대 정당 역시 일종의 과두 지배층을 형성해 끊임없이 자기 재생산과 자기 이해를 확장하면서 양극화를 심화시켰다고 보고 있다. 결국 대중에게는 "민주당이든 국민의힘이든 누구도 우리를 보호해 주지 않는다는 인식"이 싹트게 되고, 이 지점에서 극우의 담론이 치고 나온다. 결국 윤석열의 대통령 당선은 "실질적인 위기를 겪고 있지만 누구도 답을 주지 않는" 사회 엘리트 사이의 카르텔이 견고하게 버티고 있는 상황에서 "자신의 불안함에 대한 임시방편적 대안"이었던 것이다.

김현수는 심리적 차원에서 이를 해석한다. 이전 정권(문재인 정권)에서 만들어진 국민의 심리적 상처가 컸던 것이 윤석열 정권 탄생의 배경이라는 것이다. 특히 교육과 부동산 정책에서의 무능, 청년 정책의 실패는 결정적이었다. "강력한 누군가가 이런 상황을 정리해 줄 수 있지 않을까 하는 기대"가 검찰총장 출신으로 힘이 있어 보이는 윤석열을 선택하는 것으로 이어졌다는 것이다.

임선응은 강조점이 조금 다르다. 윤석열의 대통령 당선은 극우가 출현한 시대적 토양 같은 것보단 검찰총장 출신이라는 직업적 배경이 더 결정적이었다고 주장한다. 또 검찰총장으로서 조국 수사 등을 진두지휘하며 '공정이라는 구호'를 손에 쥘 수 있었던 것을 그의 대통령 당선에 가장 중요했던 요인으로 꼽는다. 물론 김건희에 대한 수사에서는 전혀 일관성 있는 모습을 보이지 않았다는 점에서 윤석열의 공정이 '선택적 공정'이고 '선택적 수사'였다는 것은 분명하다. 임선응은 윤석열의 등장은 '세계적인 극우화 추세'와 같은 보편성으로는 결코 이해할 수 없고 한국적 특수성이 더 크게 작동한 것이라고 강조한다. "대한민국의 아주 독특한 기반인 검찰의 힘이 있고, 윤석열은 그곳의 수장 출신"(임선응)이었다는 점이 가장 결정적이었다는 것이다.

양극화된 사회, 지배 엘리트들의 카르텔, 검찰총장의 힘 등 윤석열의 당선 배경으로 거론된 것들은 모두 하나의 공통점이 있다. 국민은 현실의 안정적인 관리나 유지보다 무언가를 단숨에 바꿔낼 수 있을 것으로 보이는, 지금의 현실에서 (어떤 방향으로든) 벗어나게 해줄 힘이 있는 리더를 선택했다는 점이다. 물론 '윤석열'이라는 한국적 특수성이 있지만, 극우와 극좌의 부상, 포퓰리즘적 리더의 부상이라는 세계적 추세에는 좀 더 근본적이고 급진적인 변화에 대한 열망이 다양한 형태로 반영되어 있다. 그런 점에서 나르시시즘과 마키아벨리즘, 심지어 사이코패스적인 성향은 그것이 사기이든 진실이든, 수단과 방법을 가리지 않고 목적한 바를 향한 변화를 만들어낼 수 있을 것이라는 대중적 기대감을 불러일으킨 요소일 수 있다. 이런 해석이 타당하다면 대통령으로서의 윤석열, 나르시시스트 대통령은 임선응의 단언처럼 아주 특수하고 예외적인 사례가 아니라 언제든 다시 등장할 수 있는 지도자 캐릭터일 수도 있다.

물론 이런 현상이 바람직한 것은 아니다. 무엇보다 윤석열의 등장은 정당정치의 실패를 반영한다. 윤석열은 보수 정당 내에서 성장한 정치인이 아니라 외부에서 영입한 인물이기 때문이다. 조희연은 윤석열이 등장하게 된 원인을 제공했다는 점에서 민주·진보 진영의 반성이 필요하지만, 보수의 입장에서도 민주화 시대의 정치에 조응하는 새로운 정치적 리더십을 만들지 못한 점을 성찰해야 한다고 제안한다. 그동안 한국 보수는 나름대로 시대에 부합하는 리더십을 세우기 위해 노력해 왔던 것이 사실이다. 이승만 정부는 독립운동이라는 리더십을, 박정희 시대에는 군인의 리더십을, 민주화 이후에는 민주 인사인 김영삼이라는 '양자(養子)'를 받아들여 정권 재창출과 새로운 리더십 구축에 성공했다. IMF 이후에는 이명박을 통해 유능한 기업인 리더십을 구축하려 했다. 그러나 군인, 기업인, 검찰은 모두 반(反)정치적이고 권위주의적인 리더십을 상징하며 민주화 시대와는 맞지 않은 측면이 있다.

"보수도 보수의 여러 얼굴이 있어요. (…) 어떻게 보면 보수가 박근혜 탄핵 이후에 정권을 문재인에게 넘겨주고 또 양자로 영입한 것이 바로 윤석열이예요. 윤석열은 문재인 정부의 이탈파이자 검찰 고위직이죠. 군인, 기업인, 검찰이 보수 정권을 유지하는 주요 축들인데, 쓸 수 있는 모든 카드를 다 쓰고 있는 겁니다. 검찰은 과거의 군대와 동일하게 권위주의적 통치에서 아주 중요한 국가 기구입니다. 그러니까 검찰 출신이 등장한다는 것은 시대에 뒤떨어진 측면이 있어요. (보수가) 다급하니까 일정하게 중도층에 소구력이 있는 윤석열을 끌어다 썼지만, 민주화 이후에는 안 맞는 직업 리더십인 거죠." (조희연)

검찰의 권위주의적인 성격이 민주화 시대의 규범과 어울리지 않는 리

더 깊인 것은 분명하다. 그러나 그 민주적인 규범이 흔들리고 정치적 장이 불안정해진 시점에서는 다르게 해석할 수도 있지 않을까? 대중이 무소불위의 권력을 휘두르는 검찰 출신, 나르시시즘에 빠진 리더를 대통령으로 선택한 것은 그만큼 현실의 불만을 한꺼번에 해결해 줄 강력한 리더십을 원했기 때문은 아닐까? 윤석열이라는 캐릭터가 정말 독특하고 예외적인 사례일까? 그렇지 않다면 제2, 제3의 윤석열은 다시 등장할 수도 있지 않을까? 그 불안한 징후는 한국 사회의 2차 내란, 즉 극우의 주류화 현상에서 발견되고 있다.

극우의 주류화, 어떻게 막을 것인가?

비상계엄만큼이나 충격적이었던 것은 계엄 이후에 벌어진 상황이다. 비상계엄의 실패 이후, 대통령 탄핵과 파면을 통해 신속한 정상화가 이뤄질 것이라는 기대는 여지없이 무너졌다. 특히 1월 19일 서부지법 폭동 사건은 우리 사회의 파시즘적 징후로 읽힌다.

조희연은 12·3 비상계엄 이전에 보였던 윤석열의 자기 정당화와 계엄 실패 이후의 자기 정당화가 조금은 다르다고 분석한다. 비상계엄 이전에는 입법부와 행정부의 갈등, 보궐선거 패배, 명태균 사건의 등장 등 통치자로서 위기를 돌파하려는 성격이 강했지만, 비상계엄이 실패한 이후의 자기 정당화는 "윤석열의 전광훈화"로 요약된다는 것이다. 통치자는 다양한 집단과 일정한 거리를 두면서 통치의 균형을 잡아야 하는데, 윤석열의 경우엔 계엄이 실패하면서 오히려 더 일체화했다.

비유하자면 전광훈과 같은 보수 시민사회의 극단적 사고는 일종의 '하수도'다. 어느 사회나 하수도와 같은 극단적 견해가 존재하기 마련이고,

이런 인식을 꼭 군사적으로 억압하지 않아도 사회질서를 유지할 수 있다. 그러나 비상계엄 실패 후의 윤석열은 자신의 생존을 위해 '하수도'를 '상수도'로 진입시키는 다리를 놓았다. "전광훈과 일체화하면서 극우가 우리 사회의 중심 공간에서 발언권을 얻는, 큰 목소리를 낼 수 있는 디딤돌"(조희연)이 만들어진 것이다. 이전의 극우가 단지 권력의 동원 대상이었다면, 이제는 자발적 대중으로 전환됐다. 이를 이승원이나 김현수의 분석과 결합해 본다면 윤석열은 자신의 위기를 극복하기 위해 극우를 활용했고, 극우는 주류로 성장하기 위해 윤석열을 활용한 셈이다.

그렇다면 윤석열이 헌법재판소의 전원일치 판결로 파면에 이른 지금, 행동주의적 극우는 잦아들 수 있을까? 그들이 스스로 자제하지 못한다면 어떤 방법이 필요할까? 오병두는 법치 체제의 보완을 강조하면서, 사회의 최저선을 지켜주는 법치가 제대로 작동하지 않았기 때문에 극우가 준동하는 사태가 벌어졌다고 분석한다. 그는 윤석열이 법을 자의적으로 해석하는 것을 보고 충격을 받았다고 고백하는데, 더 놀라운 건 여기에 동조하는 일부 법률가들의 행태였다. 그들은 법치를 능멸했다.

"법치가 제대로 작동하면 극우가 준동하는 사회적 조건 자체는 막을 수 없더라도 적어도 극우가 제대로 활동하기 힘들게, 뻑뻑하게 만드는 안전판을 만들 수는 있어요. 윤석열을 보면서 충격받은 게 '법을 저렇게 해석할 수도 있구나' 하는 것이었는데, 더 놀라운 건 이에 동조하는 법률가들이 있다는 것이었어요. 법률가들 내부에서도 이와 같은 편의적인 법 해석, 법 담론의 유포를 오랫동안 관습적으로 해왔던 거예요. 이런 편의적인 해석이 가능하도록 법률가들이 협업해서 만들어놓은 거죠. 법을 편의적으로 해석하고 이를 정치 논리에 따라 마음대로 주장한다는 건

법치에 대한 능멸에 가깝습니다."(오병두)

그는 법치가 제대로 자리 잡기 위해서는 형사사법기관이 제대로 기능할 필요가 있는데, "총장을 중심으로 전체 검찰을 일사불란하게 움직일 수 있는 나라는 우리나라와 일본뿐"이라고 지적한다. 따라서 검찰의 분권화가 검찰 개혁의 핵심이며, 이게 자리 잡혀야 법치도 가능하다고 보고 있다. 그러나 법치를 바로 잡는다는 것은 그리 간단한 문제가 아니다. 악마는 디테일에 있다고 했던가? 의도와 다른 결과가 나타나는 일은 부지기수다. 그래서 여론에 의존하기보다는 섬세함이 필요하다.

이를테면 우리 사회에선 헌재의 결정이 법의 권위를 겨우 살려냈다고 보는 이도 많았지만, 헌법재판소를 이대로 두어서는 안 된다는 목소리도 높았다. 이런 일이 벌어졌을 때 국민은 언제까지 사법 엘리트 9명의 입만 보고 있어야 하는가? 위헌법률심판을 집행하는 기관의 장을 상원의장으로 두거나 위원에 정치인을 포함하는 외국 사례를 들며 헌법재판소의 구성 인원을 다양화하자는 의견도 있지만, 오히려 8명 전원이 판사 출신이라 만장일치 탄핵이 가능했다는 평가도 있다. 법원 개혁도 마찬가지다. 법원의 엘리트화가 가속화되면서 법관의 다양성을 위해 판사 임용 자격이 법조 경력 10년에서 5년으로 줄어들었다. 그러다 보니 대형 로펌에서 5년 정도 경력을 관리한 변호사가 법관이 되는 일이 많아지면서 후관예우, 즉 나중에 법관이 될 만한 변호사를 미리 관리하는 사례가 나타났다. 이처럼 섬세하게 개혁하지 않으면 의도와는 전혀 다른 결과가 만들어질 수 있다.

김현수는 '정치에서의 도덕' 문제를 제기한다. 그는 이명박 시절부터 "정치가 사익화되고 반사회적으로 변하기 시작"했다면서 "정치에서 도덕이 상실되고, 이익이 최전면에 세워졌다."라고 한탄한다.

"이제 우리는 새로운 회복적 질문을 해야 할 때예요. '정치에서 도덕은 회복이 가능한가?'라는 질문이 필요한 거죠. 이성의 정치가 가능한가? 정의가 진영을 벗어날 때 지지할 수 있는가? 지금 우리는 이런 사회적이고 정신적인 과제에 직면하고 있어요. 극우가 등장하고 파시즘과 유사한 행위가 나타나면서 우리의 이성과 도덕이 어떻게 마비되고 있는지를 똑똑히 보고 있으니까요." (김현수)

이미 우리는 "극우 유튜버들의 방송을 보아왔고, 이미 보기 시작한 초등학생들이 등장하는 시대"에 와있다. 전체를 통제할 수는 없어도 자체적인 정화 노력이나 아동에 대한 보호 장치 정도는 필요하다. "최소한 초등학교 3~4학년 아이들이 극우 유튜버의 방송에 노출되어 '문죄앙', '이죄명'이라며 장난치는 모습은 줄어야 하지 않을까?" (김현수) 극우, 극좌가 활동하는 토대는 중산층 세습이 고착화되거나 그것이 부(富)건 가난이건 부모에게 물려받은 유산으로부터 쉽게 벗어날 수 없는 사회다. 김현수는 "사회적 카르텔을 계속 개선하고 사회가 균형을 갖는 힘"을 만드는 것이 우리 사회의 과제라고 지적한다.

이승원 역시 카르텔 혁파를 대안으로 제시한다. "검사였던 사람이 헌법재판관이 되고, 전관예우 받고 변호사하고 왔다 갔다"하는 법조 시스템을 분산해 사법계의 카르텔부터 깨야 한다는 것이다. 또한 국민주권의 실질적인 작동도 주문한다. "이번에는 헌재가 현명한 판단을 내렸지만, 교착상태에서 국민투표나 (대통령) 소환권이 있었다면" 또 다른 국면이 열렸을 것이라는 진단이다. 국민주권이 제대로 구현되지 못하는 상황은 과두제로 연결될 수밖에 없다. 그래서 그는 이제 우리가 '공화'의 가치를 다시 이야기해야 한다고 주장한다.

"대한민국은 민주공화국이라고 이야기하는데, 이제 '공화'에 대해 이야기할 때가 왔어요. 공화가 '우리의 것'이라면 '우리가 누구인지' 정의도 하고, '권력 분산이 뭔지'도 논의해야 해요. 공화라는 것에 대한 고민이 없고, 과두제 상황에서 모든 정치가 이루어지니까 무기력에 빠지는 거죠. 이런 조건에서는 좌·우파 윤석열은 언제든 나타날 수 있어요." (이승원)

조희연은 일관되게 '성찰적 관점'을 강조한다. "검찰 개혁과 같은 것은 이미 내용도 어느 정도 나와 있지만, 그건 최소 필요조건일 뿐"이다. 우리에겐 더 나아간 과제가 있다. 87년 체제는 무엇보다 세대 간, 세대 내의 사회경제적 불평등을 낳았다. 이렇게 양극화된 사회는 "좌익이건 우익이건, 보수건 진보건, 대중을 동원하기 아주 쉬운 비옥한 토양을 제공"한다. 이제 정치의 방식을 바꿔야 한다.

"앞을 보는 정치가 필요하지만, 앞만 보는 정치는 안 됩니다. 옆도 보는 정치여야 해요. 트럼프의 정치를 적대적 진영 정치라고 했는데, 이게 한국에 상륙하지 못하게 하고 K-민주주의의 길을 열어야 해요. 우리는 적에 대해서는 최고의 기준으로 공격하고, 동지에 대해서는 최소의 기준으로 옹호하는 경향이 있어요. 이런 갭이 커지고 위치가 바뀌는 게 바로 내로남불 공방인 거죠. 적에 대해서는 성악설적으로 공격하고, 동지에 대해서는 성선설적으로 옹호하잖아요? 이걸 과감하게 성찰적으로, 보수가 계엄을 진정으로 부끄럽게 여기게 할 수 있도록 진보가 먼저 '성찰적

주도성'을 만들어야 합니다." (조희연)

오랫동안 윤석열과 검찰을 취재해 온 임선웅의 해법은 성찰적 주도성보다는 민주주의를 파괴한 원흉, 권력화된 검찰과 윤석열을 막을 방법에 초점을 맞춘다. 언론인으로서 윤석열을 막지 못한 후회가 강력한 검찰 개혁의 강조로 이어진다.

"기자들은 표적 취재에 대한 거부감이 있어요. 그래서 최근에는 전수조사(특정 인물이 아닌 모두를 대상으로 취재하여 보도하는 것)라는 틀을 활용해서 공격하는 경향이 있죠. 그런데 돌아보면 그게 맞았을까 하는 생각이 들어요. 우리가 범죄자를 뽑았잖아요? 언론이 (그를) 걸러내지 못한 거죠. 언론인에 대한 실존적인 의문이 들어요. 윤석열을 공격하면 조국을 옹호하는 것처럼 여겨지던 때가 있었는데, 지금 생각하니 과연 그걸 피할 필요가 있었나 싶어요." (임선웅)

그가 보기에 검찰은 "갱생이 안 되는 조직"이다. "검찰을 대체할 수 있는 다른 조직이 가능한지는 별개의 문제겠지만, 지금과 같은 권력을 휘두를 수 있는 일고의 가능성"도 주면 안 된다. 어떤 방법이 가능할까? 그 방법은 오병두가 강조한 '섬세한 해법'이 될 수 있을까? 여전히 남아있는, 쉽지 않은 과제일 수밖에 없다.

윤석열은 정말 다시 나타나지 않을까?

여러 전문가의 지적처럼, 윤석열이 비상계엄이라는 극단적 방식을 선택한 데에는 그의 개인적 성격과 검찰이라는 직업적 특성, 여기에 다양한 보수와 진보의 역학관계, 통치권의 위기 등 여러 조건이 긴밀하게 결합해 있다. 다만 비상계엄이 통치의 위기와 보수 전반의 위기에서 나온 나름의 합리적 선택이라고 볼 수 있는지, 아니면 윤석열이라는 캐릭터의 특수성이 강하게 반영된 예외적 상황이었는지에 대해서는 의견이 갈린다.

그러나 정말 윤석열을 '흔히 볼 수 없는 독특한 캐릭터'로만 간주할 수 있을까? 세계 여러 나라에서도 윤석열과 같은 리더가 심심치 않게 등장하고 있는 추세다. 자기애에 충만한 포퓰리즘적 지도자는 자신의 목표를 위해 거짓과 기만도 주저하지 않는 마키아벨리즘으로 무장하고 있다. 기존의 상식을 파괴하고 제도와 규범을 무시하면서 자신의 목적을 달성하기 위해 성큼성큼 나아간다. 윤석열 역시 통치 기간 동안 그것이 나르시시즘적 내면에서 기인한 것일지라도, '역사에 남는 대통령'이 되기 위한 집착을 끊임없이 드러내왔다. 특히 의료 개혁에 대한 그의 의지는 어떤 이권 때문이라기보다 역사에 이름을 남기기 위한 집착에 가까웠다. 어쩌면 그 모든 것이 실패로 돌아간 후 스스로 역사에 남기 위한 마지막 선택이 비상계엄이었을지도 모른다.

윤석열의 캐릭터가 검사라는 직업적 특성으로 더욱 강화된 특이성이 있는 것은 사실이다. 그러나 기업이나 학교, 공공기관, 정치권 등 생각보다 많은 영역에서 윤석열과 유사한 나르시시스트 리더들은 어렵지 않게 발견된다. 정치인이나 검찰, 기업인들 사이에서는 샤머니즘이 낯선 문화도 아니다. 정말 우리 사회에서 나르시시즘과 마키아벨리즘, 사이코패스와 사디즘, 샤머니즘이 결합한 리더가 드물거나 별나다고 할 수 있을까? 오히려 너무 흔하게 목격되지는 않는가?

우리가 주목해야 할 것은 이런 성격의 리더들이 존재한다는 사실 자체가 아니라, 그들이 지도자의 위치에 올라서고 대중적 기반과 연결될 수 있는 근원적인 이유다. 전문가들은 한결같이 나르시시스트로서의 윤석열과 행동주의적 극우가 연결될 수 있었던 것은 서로 간의 필요 때문이기도 했지만, 이를 촉진하는 토대가 있었기 때문임을 지적하고 있다. 약육강식, 각자도생, 양극화, 세습, 불안과 불만이 만연한 토양에서 사람들은 좌든 우든, 어느 방향으로든 수단과 방법을 가리지 않고 목표한 바를 이루게 해줄 강력한 리더의 등장을 기다린다. 이런 현상은 체제의 불안정성을 반영하고 있으며, 이와 같은 흐름이 굳어진다면 극단적인 적대 정치가 더욱 강화하는 결과로 이어질 수밖에 없다.

따라서 우리의 대안 역시 누군가의 성격을 교정하거나, 어떤 인물을 제거하는 것에 있지 않다. 이런 토양이 만들어지지 않을 방법과 그것이 가능한 새로운 구조를 만드는 것에 주목해야 한다. 따라서 우리가 더 철저하게 분석해야 할 것은 문제적 인물 윤석열만이 아니라 우리 사회의 병리적 징후다. 그것을 치유하지 않는 한 또 다른 윤석열은, 다른 형태의 나르시시스트는 언제든 다시 등장할 수 있다.

제6장 극우

외로움의 시대, 극우를 키우다

추은혜

법률사무소 더든든 대표변호사이자 심리상담소 은반 심리상담사. 변호사로 일하며 복잡한 인생 문제를 해결하기 위한 방안으로 심리상담을 공부했다. 민주사회를위한변호사모임 민생경제위원회, 참여연대 민생희망본부 실행위원으로 활동 중이다. 세상과 사람에 대한 신뢰를 잃지 않으려 노력하며, 법과 마음을 아우르는 시민들의 동반자가 되고자 한다.

인터뷰 참여자 **강성현** (성공회대학교 사회학과 교수)
금준경 (《미디어오늘》 기자)
박성철 (하나세정치신학연구소 목사)
서복경 (더가능연구소 대표)

우리는 모두 외로웠다
—12·3 계엄이 드러낸 고립의 정치학

2024년 12월 3일 밤, 대한민국에 계엄령이 선포되었다. 37년 만의 일이었다. 헬기가 국회 상공을 날았고 공수부대가 국회 건물로 진입했다. 그러나 더 충격적인 것은 그 이후였다. 2025년 1월 19일 새벽, 극우 시위대가 서울서부지방법원을 습격해 시설을 파괴하고 판사를 위협했다. "윤석열을 구하라"는 구호와 함께 법원을 부순 이들 중 상당수는 20~30대 젊은 세대였다.

전 세계적으로 20~30대 젊은 층이 보수화되고 있다는 분석이 나오고 있다. 도대체 무엇이 이들을 극우로 이끄는 것일까? 왜 젊은 세대가 극우의 최전선에 서게 되었을까? 경제적 요인만으로는 설명하기 어려운 사회 분열이 왜 지금 격화되는 것일까? 우리 사회에 어떤 근본적 변화가 일어나고 있는 것일까?

이에 관해서 다양한 원인이 제기되고 있다. 경제적 불평등, 정치적 양극화, 미디어 환경의 변화, 코로나19로 인한 사회적 고립 등이 그것이다. 이 모든 현상의 저변에는 하나의 공통된 경험이 자리 잡고 있다. 바로 '외로움'이다. OECD 통계에 따르면 한국인의 40%가 항상 외롭다고 느끼며 대인 신뢰도 조사에서 타인을 믿는다는 응답이 최하위권을 기록하는 이 사회에서, 극우는 외로운 사람들에게 거짓된 연대감을 제공한다. 유튜브 커뮤니티와 광장 집회를 통해 함께한다는 허상의 소속감을 심어주며 마음을 파고든다.

전 세계적으로, 그리고 한국에서도 구조적 외로움이 사회문제로 대두되고 있다. 한나 아렌트(Hannah Arendt)가 『전체주의의 기원』에서 지적했듯이, "고립과 외로움은 전체주의의 온상"이다. 영국의 경제학자 노리나 허츠(Noreena Hertz)도 『고립의 시대』에서 "왜 이토록 많은 이들이 우파 포퓰리스트를 지지하게 되었는가? 그 핵심 동인은 다름 아닌 외로움"이라고 분석했다. 개인이 경험하는 깊은 상처와 트라우마가 건전한 관계 형성을 가로막고, 이로 인한 외로움과 고립감은 극우적 사고로 이어진다. 트라우마로 인한 관계 단절은 개인을 더욱 취약하게 만들고 극단적 메시지에 쉽게 노출시킨다. 그래서 이러한 개인적 차원의 문제가 사회구조적 문제와 결합할 때 극우화라는 현상으로 나타나게 되는 것이다.

제6부에서는 먼저 극우의 정의와 특징을 살펴보고, 2016년을 분기점으로 한 세계적 극우화 흐름과 한국 사회에서 정치, 종교, 미디어 영역이 어떻게 극우화되어 가고 있는지를 구체적으로 살펴볼 것이다. 종합적인 논의를 위해 금준경 《미디어오늘》 기자, 박성철 하나세정치신학연구소 목사, 서복경 더가능연구소 대표, 강성현 성공회대학교 사회학과 교수와 함께 인터뷰를 진행했다. 한편 개인의 트라우마가 관계 단절과 외로움으

로 이어지고, 이것이 사회구조적 문제와 결합하여 극우적 사고로 발전하는 심리적 메커니즘에도 주목할 것이다. 마지막으로는 이런 위기를 극복하기 위한 새로운 연대의 가능성을 모색할 것이다.

우리 모두 어느새 외로움에 익숙해지고 있다. 그리고 박탈감에 분노한 극우가 그 틈새를 파고들고 있다.

극우의 정의와 한국적 특징
— 세계적 흐름 속에서 바라본 우리의 현실

극우를 어떻게 정의할 것인가는 이 글 전체의 방향을 결정하는 중요한 문제다. 학술적으로 극단주의(extremism)는 현대사회의 보편적 합의로 간주되는 민주주의, 헌정주의, 법치주의의 정치적 원리와 인권, 자유, 평등과 같은 사회적 가치를 부정하는 이데올로기를 의미한다. 특히 우익 극단주의(right-wing extremism)는 평등 원리를 거부한다. 그들은 인간 사회에서 벌어지는 불평등, 차별, 지배를 자연스러운 현상으로 상정하며, 그것을 문제 삼는 좌파, 노조, 진보적 사회운동, 페미니즘, 성소수자 운동, 이주자 등에 강한 증오를 보인다. 정치학에서 극우는 일반적으로 두 가지로 구분된다. 정치학자 카스 무데(Cas Mudde)에 따르면, 하나는 '극단 우익(extreme right)'이고 다른 하나는 '급진 우익(radical right)'이다. 극단 우익은 민주주의의 근간인 주권재민 원칙을 거부한다. 급진 우익은 주권재민 원칙까지 부정하지는 않지만 민주주의 체제 운영 원리인 삼권분립, 법치주의, 소수자 권리 등에 부분적으로 반대한다.

강성현 교수는 전통적인 극우 정의만으로는 한국의 극우 현상을 충분히 설명할 수 없다고 본다.

"지금 한국 사회에서 우리가 마주한 극우를 이해하려면 이 정치가 감정이나 감각이나 정동을 어떻게 조직하고 있는가를 봐야 합니다. 극우란 위기 상황 속에서 '우리'가 무너지고 있다는 감각을 만들어내고 그 위기 감각을 특정한 정치 사회적 집단에까지 투사하면서 배제와 혐오, 때로는 물리적 폭력의 방식으로 정치 공간을 재구성하는 정치적 실천입니다. 단순한 사상이나 이념 문제가 아니고 사람들의 불안과 억울함, 분노 같은 정동을 하나의 정치적 자원으로 삼아서 누구를 공격하고 누구를 지워야 하는지를 정당화하는 방식이라고 할 수 있습니다." (강성현)

극우는 "거리 시위나 폭력과 함께 유튜브 극우 정치, 극우 개신교 네트워크, 심지어는 변호사들의 법률전 등 제도 밖뿐만 아니라 제도 안에서도" 나타나는 복합적 현상이라는 것이다. 강성현 교수는 극우 정동이 "끊긴 게 아니고 계속 반복되고 재조직됐다."라고 분석한다. "극우 정동은 화석이 아니다. 열전화된 냉전 시기부터 축적된 반공주의, 군사정권의 독재와 권위주의적 통치 방식, 내부의 적을 설정하는 방식이 1987년 민주화 이후에도 단절되지 않고 한국 사회의 감각 구조와 겹겹이 쌓인 지층들 속에 살아있었다."라고 말한다.

"윤석열 정권의 자유민주주의 용법은 굉장히 극우 정치적인 내용을 갖고 있었어요. 우리가 공격받고 있다, 공산주의자들이 돌아왔다는 식의 감정적 정치였어요." (강성현)

극우는 단일한 조직이 아니라 서로 다른 배경과 동기를 가진 집단들이 특정 순간에 연대하고 또 경쟁하는 유동적인 네트워크를 형성하는 특징이 있다. 이러한 관점들을 종합하여 극우에 대한 새로운 정의를 시도해야 한다. 극우적 생각을 가진 사람들의 존재 자체는 인정하되, 그들이 민주주의 체제를 위협하는 지점에서는 명확한 선을 그어야 한다. 극우란 '사회적 불안과 박탈감을 특정 집단에 대한 혐오와 배제로 전환시키며, 민주주의의 핵심 가치인 인간의 존엄, 평등, 다원주의를 부정하는 정치적 실천'이다. 중요한 것은 민주적 절차에 대한 태도와 폭력 사용 여부이고, 특히 급진적인 극우는 단순히 보수적 가치관을 넘어서서 민주주의 자체를 위협하는 반민주적 성격을 가지고 있다.

오늘날 극우 세력이 세계적으로 득세하고 있다. 독일에서는 2017년 총선에서 극우 정당인 독일을 위한 대안당 AfD(Alternative für Deutschland)가 12.6%의 득표로 연방의회에 첫 진입했고, 2025년 총선에서는 20.8%의 기록적인 득표율로 제2당에 올랐다. 특히 청년층 남성의 AfD 지지율이 두드러진다. 25~44세 청년층에서 AfD 지지율은 26%로 전체 평균(20.8%)을 상회하며, 구동독 지역에서 AfD가 압도적 우세를 보이는 등 젊은 세대와 특정 지역에서의 극우 지지가 실제로 확인되고 있다. 성별은 또 하나의 핵심 요소로, 여성들은 좌파당을 비롯한 진보 정당을 더 지지했고 남성들은 AfD를 포함해 보수 정당에 투표하는 경향을 보였다. 프랑스에서는 2022년 대선에서 마린 르펜(Marine Le Pen)이 결선에 진출해 41.5%를 득표했고 25~49세 연령층에서는 30%의 지지로 1위를 차지하는 등 극우 정당이 반체제 성향의 젊은 층을 기반으로 영향력을 확대하고 있다. 이탈리아에서는 2022년 조르자 멜로니(Giorgia Meloni)가 이끄는 극우 정당이 집권에 성공했고, 스웨덴에서도 2022년 총선 이후 극우 정당이 연정에 참여했다. 미국에서는 2024년 트럼프의 대선 승리가 다문화주의와 세계화에 대한 백인 중산층의 불안, 상실감, 사회적 고립의 심화와 맞물려 있다는 분석이 지배적이다. 실제로 2022년 미국 AEI 연구에 따르면 가까운 친구가 없는 유권자일수록 트럼프를 지지하는 경향이 뚜렷하게 나타났다.

한국의 극우는 여러 블록으로 나누어볼 수 있다. 윤석열과 그 지지자들로 대표되는 정치 극우 세력이 있으며, 전광훈과 손현보 등으로 대표되는 극우 개신교 네트워크가 있고, 일간베스트저장소(일베)와 에펨코리아(펨코)로 대표되는 미디어 극우가 있다. 그리고 이준석과 같은 정치인들과 이들을 맹목적으로 지지하는 2030 세대 남성들도 극우에 포함된다. 특히 주목할 점은 2030 세대 남성의 극우화다. 이들의 보수화는 기존 60~70대의 그것과는 질적으로 다르다. 60~70대의 보수화가 전쟁과 산업화 경험에 기반한 것이라면, 2030 세대 남성의 보수화는 경제적 불안정과 사회적 지위 하락에 대한 불안에서 비롯된다. 더욱이 이들은 디지털 네이티브로서 온라인 공간에서 극우적 담론에 더 쉽게 노출되고 있다. 이를 단순히 보수화라고 온건하게 표현하거나 낙인찍기라고 비판하는 시각도 있다. 물론 모든 2030 세대 남성이 극우라는 주장은 아니다. 다만 이 세대에서 나타나는 보수화 현상이 전 세계적 추세와 맥을 같이 하고 있으며, 이에 대해 진지하게 고민해 봐야 한다는 것이다. 실제로 이들이 보이는 인종주의, 소수자 차별, 노골적인 사회진화론 등의 담론을 볼 때 2030 남성 일부는 명확히 극우로 규정할 수 있다. 제21대 대통령 선거를 치른 2025년, 상당수 2030 세대 남성의 극우화는 엄연한 현실이다.

한국의 극우화를 이해하기 위해서는 먼저 한국 사회의 구조적 특성에 주목해야 한다. 한국 사회는 분단 상황이라는 특수성, 급속한 산업화와 민주화 과정에서 발생한 사회적 균열, 유교적 위계질서와 근대적 평등 이념 사이의 갈등 등이 복합적으로 작용하고 있다. 개인주의와 집단주의가 기형적으로 결합하면서 가족과 공동체로부터 분리된 개인들은 온라인 커뮤니티에서 새로운 소속감을 찾으려 한다. 더욱 중요한 것은 이런 구조적 변화가 개인들에게 깊은 소외감과 외로움을 안겨주고 있다는 점이다. 전통적인 사회적 연결고리들이 약화하면서 사람들은 새로운 형태의 소속감을 갈구하게 되었다. 그래서 이런 욕구가 극우적 메시지와 만났을 때 강력한 동원력을 발휘하게 되는 것이다.

우리 사회는 근본적으로 변하고 있다. 압축성장 시대가 끝나면서 기존의 상향 이동 기대가 무너졌다. 과거에는 각 세대가 이전 세대보다 더 높은 교육 수준, 더 나은 직업, 더 많은 소득을 기대할 수 있었다. 부모 세대가 중학교 졸업자면 자녀는 대학을 가고, 부모가 공장 노동자면 자녀는 사무직에 취업하는 것이 일반적인 패턴이었다. 이런 상향 이동의 기대는 한국 사회의 동력이자 개인적 삶의 목표이기도 했다. 1990년 33.2%였던 대학 진학률은 2000년대 들어 빠르게 상승해 2000년 68.8%, 2005년 82.1%로 급등했고, 2008년에는 84%에 육박했다. 그러나 이후 2010년대부터는 70%대에서 정체 또는 완만한 하락세를 보이고 있다. 이처럼 대학 진학률이 세계 최고 수준에 이르렀지만, 그에 상응하는 양질의 일자리는 오히려 줄어들면서 고학력 청년 실업과 학력 인플레 현상이 심화되었다. 과거 세대에서는 당연한 인생 경로였던 안정적 취업과 자산 형성이 현재의 청년들에게는 요원한 꿈이 되어버렸다. 신자유주의의 확산과 함께 불안정 노동이 일반화되고, 경쟁은 치열해졌지만 그에 따른 보상은 줄어들었다. 이런 구조적 변화는 사회적 자원의 분배 방식도 바꿔놓았다. 과거에는 경제성장의 과실이 비교적 고르게 분배되면서 함께 잘 살아보자는 사회적 합의가 가능했다. 하지만 지금은 한정된 자원을 놓고 벌이는 '제로섬 게임(zero-sum game)'의 양상을 띤다. 누군가의 성공은 다른 누군가의 실패를 의미하고, 누군가의 혜택은 다른 누군가의 박탈을 의미한다. 이런 상황에서 사람들은 서로를 경쟁자이자 잠재적인 적으로 인식하게 된다.

특히 2030 세대 남성들의 경우, 이전 세대와는 다른 조건에서 성장했다. 이들은 민주화가 완성된 이후 태어나 자유민주주의를 당연한 것으로 여기며 살아왔다. 하지만 경제적으로는 이전 세대보다 훨씬 어려운 상황에 직면했다. 1990년대생들은 IMF 외환위기의 직격탄을 맞은 부모 세대를 보며 자랐고, 2008년 글로벌 금융위기 때는 대학 입학이나 취업 준비를 하고 있었다. 이들에게 경제적 불안정은 태생적 조건이었다. 여기에 군복무라는 독특한 부담이 더해진다. 동시에 페미니즘의 확산으로 인해 기존의 성역할과 젠더 관계도 변화하고 있다. 과거 남성성은 확실하게 사회적 지위를 보장받았다. 하지만 지금은 성별 역할에 대한 사회적 기대가 급변하면서 젊은 남성들이 정체성 혼란을 겪고 있다. 젠더 감수성이 높아진 사회에서 남성들은 기존의 행동 양식을 수정해야 하고, 동시에 군복무라는 추가적 부담까지 져야 하는 상황이다. 이러한 구조적 박탈감은 개별적인 감정에서 끝나지 않는다. 디지털 환경이 이를 구조화하고 집단화시킨다. 알고리즘이 비슷한 콘텐츠를 계속 추천하면서 '확증편향(confirmation bias)'이 강화되고, '에코 체임버 효과(echo chamber effect)'로 인해 다른 관점을 가진 사람과의 접촉은 차단된다. 그렇게 개별적인 박탈감과 외로움이 집단적인 정치 행동으로 이어지는 것이다.

1인 가구의 폭증, 지역 공동체의 해체, 세대·성별 갈등으로 젊은이부터 노년층까지 모두가 '관계의 빈곤'을 겪고 있다. 21세기를 살아가는 우리는 전례 없는 외로움을 경험하고 있다. 철학자 김만권은 『외로움의 습격』에서 외로움은 단순히 혼자 있는 상태가 아니라, 세상에서 버려졌다는 느낌을 주는 상태라고 말한다. 한나 아렌트가 구분했듯이 '고독(solitude)'과

'외로움(loneliness)'은 다르다. 고독은 자신과 대화할 수 있는 상태이지만 외로움은 자아 상실의 상태다. 아렌트는 이를 다음과 같이 설명한다. "외로움을 참을 수 없게 만드는 것은 자아 상실이다. 이 자아는 고독 속에서 실현할 수 있는 것이지만, 그 정체성은 나와 동등한 사람과 신뢰할 수 있는 교제를 나눌 때에만 비로소 확인할 수 있다." 외로움 속에서 자아를 잃어버린 이들은 자기중심적 슬픔에 빠지기 쉽다. 아렌트의 분석에 따르면 이들은 "세상의 모든 것을 자기 개인의 실패란 관점, 즉 특정한 불의의 관점에서 판단"하는 경향을 보인다. 그들이 불의를 판단하는 기준은 그것이 자신을 불행하게 만든 것이냐 아니냐에 달려있다는 뜻이다.

한국 사회의 구조적 외로움 수준은 어느 정도일까. 통계청이 발표한 「국민 삶의 질 2024」 보고서에 따르면 2023년 한국의 대인신뢰도는 52.7%로 집계됐다. 대인신뢰도는 자신과 친밀하지 않은 일반 사람들을 신뢰하는 인구의 비율을 보여주는 지표다. 2014년 73.7%를 보였던 대인신뢰도는 9년 만에 21%p 하락했다. 2020년 코로나19 확산으로 50.6%까지 급락했던 대인신뢰도는 2021년 곧바로 59.3%로 급등했다. 하지만 2022년(54.6%)과 2023년 연달아 다시 뒷걸음쳤다. 그중에서도 19~29세는 46.7%, 30~39세는 48.2%로 젊은 층의 대인신뢰도가 40세 이상(54~55%)보다 상대적으로 낮은 상황이다. 과거에도 한국의 사회적 고립 문제는 심각했다. OECD가 발표한 2017년 「더 나은 삶 지수」에서 한국은 "곤란할 때 도움을 청할 가족이나 친구가 있다."라고 응답한 사람이 전체의 75.9%에 그치며 41개국 중 사회적 지지망 최하위를 기록했다. 2018년 한국리서치 조사에서는 전체 인구의 26%가 '상시적 외로움'을 호소했고, 20대의 40%가 만성적 고립감을 겪는다고 답했다. 그러나 현재 상황은 더욱 악화되었다. 2024년 한국리서치 조사에 따르면, 최근

한 달간 외로움을 경험한 비율은 72%, 일상적으로 외로움을 느끼는 비율은 19%에 달했다. 20대의 40%가 '거의 항상' 또는 '자주' 외로움을 느낀다고 응답했는데, 이는 2018년과 큰 차이가 없어 젊은 층의 외로움이 지속되고 있음을 보여준다. 구조적 변화도 이러한 현상을 가속화하고 있다. 통계청에 따르면 1인 가구 비율은 2000년 15.5%에서 2023년 34.5%로 급증했으며, 2050년에는 전체 가구의 40%에 이를 것으로 전망된다. 2023년 통계청이 발간한 「국민 삶의 질」 조사 결과에서는 한국인의 사회적 고립도가 33%에 달하는 것으로 드러났다. 사회적 관계의 질적 측면도 우려스럽다. 2024년 한국보건사회연구원의 사회통합 실태조사에서 성인의 43.2%가 "나를 이해해주는 사람이 없다."라고 답했고, 20~30대 절반 이상이 "미래에 대한 희망이 없다."라고 응답했다. 2023년 서울연구원 조사에 따르면, 서울 시민이 친밀한 관계를 맺는 사람의 수는 평균 2.1명으로 이는 정신 건강 유지에 필요한 최소 기준(3~5명)에 못 미치는 수치다. 특히 젊은 남성의 경우 직장 동료를 제외한 사적 관계망이 1.3명에 불과해 사회적 고립의 심각성을 보여준다. 이러한 관계의 빈곤과 사회적 고립은 전 세대에 걸쳐 만연하며, 과거보다 현재 더욱 심각한 수준에 이르렀다. 이는 극우 담론이 파고들 수 있는 구조적 토양이 되고 있다.

그러기에 개인의 트라우마와 사회적 외로움이 어떻게 결합되어 극우적 사고로 발전하는지에 대한 이해가 필요하다. 이런 맥락에서 2016년은 중요한 분기점이다. 2016년은 전 세계 극우주의 역사에서 결정적인 해였다. 이 해에 일어난 몇 가지 사건들이 전 세계적으로 극우화의 물꼬를 텄다. 6월에는 영국이 브렉시트를 결정했고, 11월에는 도널드 트럼프가 미국 대통령에 당선되었다. 이 두 사건은 서구 자유민주주의 체제에 균열을 일으켰고, 전 세계적으로 포퓰리즘과 극우주의가 확산되는 계기가 되었다. 브렉시트는 유럽 통합이라는 전후 질서에 대한 근본적 도전이었다. 영국 국민들이 EU 탈퇴를 선택한 배경에는 이민자에 대한 불안, 경제적 불평등에 대한 분노, 기존 정치 엘리트에 대한 불신 등이 복합적으로 작용했다. 특히 2008년 금융위기 이후 지속된 경제적 어려움이 사람들로 하여금 EU라는 국제적 틀을 거부하게 만들었다. 트럼프의 당선은 더욱 충격적이었다. 정치적 아웃사이더였던 그가 기존 공화당 주류를 제치고 대통령이 된 것은 미국 정치사에서 전례 없는 일이었다. 트럼프는 "아메리카 퍼스트"를 내세우며 기존의 국제질서를 부정했고, 그의 성공은 백인 남성들이 경험하는 지위 하락과 불안감이 얼마나 깊은지를 보여주었다. 그가 부추긴 미국의 극우화는 여전히 현재진행형이다.

그런데 이런 정치적 변화의 배경에는 더 깊은 사회적 변화가 자리하고 있었다. 2008년 금융위기 이후 지속된 경제적 불안정, 세계화로 인한 기존 공동체의 해체, 이민과 난민 문제로 인한 사회적 갈등 등이 그것이다. 하지만 그보다 중요한 것은 개인들이 경험하는 고립감과 외로움이었다. 기존의 사회적 연결고리들이 약화되면서 사람들은 새로운 형태의 소속감을 갈구하게 되었다. 미국의 경우, 러스트벨트라고 불리는 중서부 지역의 몰락이 상징적이었다. 제조업 공장들이 문을 닫으면서 지역 공동체가 해체되었고, 수십 년 동안 그곳에서 살아온 사람들은 하루아침에 일자리와 정체성을 잃게 되었다. 이들에게 트럼프의 메시지는 단순한 정치적 약속이 아니라 잃어버린 소속감과 자긍심을 되찾을 수 있는 희망으로 다가왔다. 유럽에서도 비슷한 현상이 나타났다. 독일의 대안당(AfD), 프랑스의 국민전선(현 국민연합), 이탈리아의 북부동맹(Lega Nord) 등 극우 정당들이 급속히 성장했다. 이들의 성장 배경에는 EU 통합으로 인한 국가 주권의 약화, 난민 유입으로 인한 사회적 불안, 그리고 무엇보다 전통적 공동체의 해체로 인한 개인들의 외로움이 자리 잡고 있었다.

한국에서도 2016년을 전후로 극우화 현상이 가속화되기 시작했다. 박근혜 정부의 몰락과 촛불집회, 그리고 이후 정치 지형의 재편 과정에서 새로운 형태의 보수 세력이 등장했다. 온라인을 중심으로 한 새로운 보수 담론이 형성되기 시작했고, 이는 기존의 전통적 보수와는 다른 극우적 성격을 띠게 되었다. 2017년 대선에서 나타난 현상도 주목할 만하다. 홍준표 후보가 득표율 24%를 기록하며 예상보다 선전한 것은 보수층의 결집을 보여주었을 뿐만 아니라 새로운 형태의 보수 담론이 형성되고 있음을 시사했다. 특히 20~30대 남성층에서 나타난 보수 지지 현상은 기존의 세대론으로는 설명하기 어려운 것이었다.

2016년 이후 한국 사회의 극우화 현상은 세 가지 영역에서 두드러지게 나타났다. 정치 영역에서는 기존 보수 정당의 극우화와 새로운 극우 세력이 등장했고 종교 영역에서는 일부 개신교 세력의 정치화와 근본주의화가 일어났다. 미디어 영역에서는 가짜 뉴스와 혐오 담론이 확산되기 시작했다. 그러므로 이 세 영역을 각각 살펴보는 것은 한국의 극우화 현상을 이해하는 데 필수적이라고 할 수 있다.

정치 영역의 극우화
─보수진영의 변화와 외로움의 정치학

한국의 소선거구제(한 선거구당 1인 당선)는 양당 구조를 공고히 하여 군소 극단 정당의 원내 진입을 어렵게 만들었다. 실제로 유럽의 여러 국가에서는 비례대표제 덕분에 극우 정당이 독자적으로 의석을 확보하고 세력을 확장했지만, 한국에서는 극우 세력이 제도권 밖이나 기존 보수 정당 내부의 강경파 형태로 남는 경향이 강했다. 프랑스 국민전선이 비례대표제와 전략적 지역구 공략을 통해 독자 세력화에 성공한 것과 달리, 한국의 극우 인사들은 자유한국당(현 국민의힘) 등 보수 정당 내에 포진하거나 일부는 태극기 부대 등 시민운동으로 남아 압력단체 역할을 했다. 결과적으로 한국의 정치 제도는 극우 세력이 독립 정당으로 성장하기에 불리한 환경이었지만, 아이러니하게도 극우 성향이 기존 거대 보수 정당 내부로 스며들어 영향력을 행사하도록 만들었다.

한국 정치에서 극우화 현상이 가장 두드러지게 나타나는 것은 보수진영의 변화다. 기존의 전통적 보수 세력이 극우적 담론을 받아들이기 시작했고, 동시에 새로운 극우 세력들이 정치 무대에 등장하기 시작했다. 이런 변화는 단순히 정치적 계산에서 비롯된 것이 아니라 보수진영이 경험하고 있는 깊은 위기감과 박탈감에서 출발한다. 보수진영의 극우화 문제는 외부에서 사람을 수혈하는 보수 정권의 구조적 문제와도 연결되어 있다. 전통적인 보수 정당들은 기존 지지층의 이탈과 새로운 세대의 부상으로 인해 위기를 겪으면서 더욱 극단적인 메시지로 지지층을 결집시키려 하고 있다. 이 과정에서 합리적 보수주의는 설 자리를 잃고 극우적 담론이 보수 정치의 주류로 부상하게 된 것이다.

2016년은 한국 극우사(史)에 있어 결정적인 분수령이었다. 2016년 4월 제20대 총선에서 벌어진 일은 기존의 보수 정치세력에게 엄청난 충격을 주었다. 서복경 대표는 2016년 총선이 보수진영에게 준 충격을 상세히 분석했다.

"2016년 총선이 국민의힘 계열 정당 정치인들한테 주었던 충격이 굉장히 큽니다. 당시 박근혜 대통령이 정권을 잡았던 시기였어요. 그 당은 집권당이었습니다. 게다가 원내 1당이었어요. 그런 상태에서 2016년 4월에 총선을 치르거든요. 당시 그쪽의 인식은 어떤 거였냐면, 다 가졌다는 거예요. 우리가 대통령도 배출했고 집권당이고 원내 1당이기 때문에 유승민을 쫓아내고 이런 거는 자기들이 생각할 때 집안일이었던 거죠. 박근혜나 그쪽 세력의 입장에서는 우리가 모든 제도적 권력을 다 가졌다고 생각했는데, 2016년 총선에서 1석 차이로 졌어요. 이게 주는 충격이 엄청났던 겁니다." (서복경)

이 패배는 단순한 선거 결과가 아니었다. 1987년 민주화 이후 30년이 지나면서 사람들의 민주주의 의식이 성장했고, 사회경제적 인구 구성도 변화했다. 보수 세력을 지지했던 고령층은 점점 줄어드는데 새로운 구성원들은 들어오지 않는 상황이었다. 이대로 가면 다음 선거, 그다음 선거에서도 계속 질 수밖에 없다는 절박감이 생겼다.

2016년의 충격이 극우화로 곧장 직결된 것은 아니었다. 그 사이에는 복잡한 과정이 있었다. 먼저 박근혜 탄핵이라는 거대한 사건이 일어났다. 박근혜 탄핵 국면에서 태극기 집회 등 노년층 보수 세력과 인터넷을 기반으로 한 청년 극우 세력이 동시에 등장하여 결집하기 시작했다. 극우 개신교 인사들이 탄핵 반대 집회를 주도하고, 온라인에서는 일간베스트 등지를 중심으로 반(反)문재인·반이주민·반페미니스트 정서가 결집했다. 이때부터 한국의 극우 담론은 오프라인 광장과 온라인 커뮤니티를 매개로 급속히 전파되어 일부는 주류 보수 정치와도 결합하는 양상을 보인다. 박근혜 탄핵 이후 한때 조원진 의원 등이 주도한 우리공화당 등의 극우 정당이 창당되었지만 의석 확보에는 실패했고, 극우 세력은 주로 보수 정당의 지지 기반 중 강경파로 남았다.

박근혜 탄핵은 보수진영에 단순한 정권 교체가 아니라 존재론적 위기를 의미했다. 1987년 민주화 이후 보수가 겪은 가장 큰 타격이었다. 탄핵 과정에서 보수진영은 철저히 수세에 몰렸고, 진보진영의 도덕적 우위가 확립되는 듯 보였다. 이런 위기 상황에서 보수 정치는 결국 극우 세력과 손을 잡는 길을 선택했다. 탄핵 정국 이후 보수가 정통성의 위기를 느끼자 '변방의 극단 세력을 무대 중앙으로 초대한 것'이다. 외로움과 분노를 느낀 시민들의 에너지를 위기의 보수 정치권이 조직적으로 흡수하는 과정이 시작되었다.

극단주의 세력이 위험해지는 것은 제도적 권력이 이들과 손잡을 때다. 체제 내에 있는 제도적 권력이 그들에게 손을 내밀고 그들을 무대 한가운데로 초대할 때 이들은 체제를 흔드는 힘을 가지게 된다. 한국에서도 정확히 이런 일이 벌어졌다. 윤석열의 등장과 함께 국민의힘은 극우 개신교 네트워크를 적극적으로 끌어들였다. 전광훈과 손현보 등으로 대표되는 극우 개신교 네트워크는 대중 동원, 자금력, 지속성을 고려했을 때 '아스팔트 극우의 몸통'이라 할 수 있는 세력이다. 이들은 법치와 소수자 권리를 정면으로 부정할 뿐 아니라 종종 민주주의나 심지어 정교분리라는 근대사회 원리까지 거부한다는 점에서, 한국의 극우 중 가장 극단 우익에 가깝다.

이 과정을 이해하기 위해서는 스티븐 레비츠키(Steven Levitsky)와 대니얼 지블랫(Daniel Ziblatt)의 분석을 참고할 필요가 있다. 그들은 『어떻게 민주주의는 무너지는가』에서 극단주의 세력이 어떻게 주류로 편입되는지를 설명한다. 극단주의 세력은 홀로 민주주의를 위협할 수 없다. 그들이 위험해지는 것은 제도적 권력이 이들과 결탁할 때다. 서복경 대표 역시 "이들이 시스템을 흔드는 위협적인 힘을 얻게 되는 시점에는 반드시 공통점이 있습니다. 주류 권력이 극단주의 세력을 용인하고 발언권을 부여할 때 그들이 영향력을 얻게 된다는 겁니다. 우리나라도 마찬가지입니다. 우리나라 국민의힘이라는 정당이 어떻게 윤석열이라고 하는 세력을 받아들였는지 보세요."라고 설명한다.

김종인의 주도로 시작된 국민의힘 재건 프로젝트는 처음에는 이준석이라는 젊은 정치인을 통해 2030 세대 남성을 새로운 지지 기반으로 삼으려 했다. 이는 나름대로 합리적인 전략이었다. 기존 지지층이 고령화되면서 줄어들고 있는 상황에서 젊은 층을 끌어들여야 한다는 판단이었다. 하지만 윤석열의 등장으로 전략은 완전히 바뀌었다. 윤석열은 애초에 바지 사장 역할로 영입되었다. 정치 경험이 없는 검찰총장 출신을 후보로 세우고, 실제 당 운영은 기존 정치인들이 맡으려는 구상이었다. 하지만 윤석열은 후보가 되자마자 이준석을 축출하고 자신만의 세력을 구축하기 시작했다. 서복경 대표는 다음과 같이 평가한다. "2021년 당내 경선, 2022년 대선, 2022년 지방선거, 2024년 총선까지, 윤석열이 대통령 후보가 되기 위해서 끌어들인 일종의 극우 베이스 당원이 10만 명이라는 거예요." 이는 당의 근본적 성격을 바꿔놓았다. "국민의힘 책임 당원 80만 중 절반인 40만 명을 기준으로 볼 때 이 안에서 10만이면 거의 모든 걸 결정할 수 있는 규모입니다. 이미 그 당의 토대 자체를 그렇게 바꿔놓은 겁니다."

다만 앞서 살펴보았듯 정치 영역에서의 이러한 극우화는 단순히 정치적 현상이 아니다. 사회적 외로움과 박탈감이 정치적으로 표출된 것으로 이해해야 한다. 이를 해결하기 위해서는 정치적 대응만으로는 부족하고, 사회 전반에 걸친 종합적 접근이 필요하다. 무엇보다도 종교와 미디어 영역에서 일어나고 있는 변화들도 함께 살펴봐야 한다.

종교 영역의 극우화
― 신앙과 정치의 위험한 결합

한국 사회에서 종교, 특히 개신교의 정치화와 극우화는 매우 심각한 문제로 대두되고 있다. 일부 개신교 세력이 정치적 극우주의와 결합하면서 민주주의와 종교의 자유를 동시에 위협하고 있기 때문이다. 서복경 대표는 "윤석열은 통일교, 신천지, 전광훈계까지 당원으로 가입시켜서 당내 경선에 들어왔습니다."라고 설명한다. 이런 현상이 나타나는 배경에는 개신교 내부의 위기감이 자리 잡고 있다. 세속화의 진전으로 종교의 사회적 영향력이 약화되고, 젊은 세대들이 교회를 떠나면서 기존의 교회 지도층은 깊은 위기의식을 느끼고 있다. 이런 상황에서 개신교의 극우화는 정치적 권력과의 결합을 통해 종교적 영향력을 유지하려는 시도라고 해석된다. 주목해야 할 것은 신천지 같은 이단 종교들이 정치적 영향력을 확대하려 하고 있다는 점이다. 기존에는 힘을 쓰지 못했던 이들이 애매모호한 무당층보다는 조직력이 있는 10만 명의 당원이 더 중요하다는 정치적 현실을 이용하는 것이다. 이들은 체계적인 조직력을 바탕으로 정치권에 영향력을 행사하려 하고 있으며 이는 민주주의에 심각한 위협이 되고 있다.

한국 개신교의 정치화는 해방 이후부터 시작되었지만, 2000년대 들어 더욱 노골화되기 시작했다. 특히 동성애 반대, 이슬람 혐오, 반공주의 등을 앞세운 일부 개신교 세력이 정치적 영향력을 확대하려 하고 있다. 이들은 기독교 국가론을 내세우며 정교분리 원칙을 부정하고, 자신들의 종교적 가치를 사회 전체에 강요한다. 한국의 극우는 처음부터 특정한 기독교 세력과 밀접하게 연결되어 발전했다. 한국 현대사에서 극우 성향은 냉전 시기의 반공주의와 권위주의 체제와 맞물려 존재해 왔다. 민주화 이후 노골적인 파시즘 정당은 나타나지 않았지만, 2000년대 중반 뉴라이트 운동으로 대표되는 신극우 지식인 그룹이 등장하여 역사를 재해석하려는 시도가 있었다. 실제로 뉴라이트의 출발점은 순수 정치세력이 아니라 대형 보수 교회들이 후원한 역사 연구 모임이었다. 이들은 식민지 근대화론 등을 내세워 과거사를 미화하고 진보 세력을 공격했는데, 이 과정에서 대형 교회의 조직력과 자금력을 바탕으로 영향력을 키웠다.

종교 영역에서의 극우화가 특히 문제가 되는 이유는 종교가 갖는 절대성 때문이다. 정치적 신념과 달리 종교적 신념은 타협하기 어려운 절대적 성격을 갖는다. 그래서 종교와 극우 정치가 결합하면 대화와 타협이 불가능한 극단적 대립이 발생하게 된다. 이는 민주주의의 기본 전제인 관용과 다원주의를 근본적으로 위협한다. 더욱 심각한 것은 이런 종교적 극우주의가 사회적 약자들을 표적으로 삼고 있다는 점이다. 이들은 성소수자, 이주민 등에 대한 혐오와 차별을 종교적 가르침이라고 포장하면서 정당화하려고 한다. 이는 종교 본연의 사랑과 자비라는 가치와 정면으로 배치되는 것이다. 박성철 목사가 한국 극우 현상을 두고 "정치적 이념이 종교적 신념과 결합하면서 합리적 비판이나 설득이 통하지 않게 되었다."라고 분석하는 이유이다. 실제로 한국 극우 층에서는 반공 이데올로기나 반페미니즘 정서가 일종의 유사 종교처럼 절대화되어 사실과 증거보다는 신념과 적개심에 의해 움직이는 경향이 나타난다. 이는 극우 담론이 합리적 토론의 장이 아닌 신념 공동체의 형태로 진화했음을 뜻한다.

"1945년 말부터 공산주의 진영이 북한을 점령하면서 보수 우익으로 몰린 그리스도인들이 월남하게 됩니다. 한국 반공 기독교의 근본이 바로 이분들입니다. 이들은 이승만이 적극적으로 기독교를 내세우고 미군정 정책 속에서 생존을 위해 반공주의를 받아들이면서 형성되었습니다. 한국전쟁 이후 이승만이 자신의 부족한 정치적 정당성을 반공주의나 종교를 통해 채우려 하면서 한국의 보수적 교단에서 성장해 주류가 된 겁니다. 이들이 주류를 이루면서 일제에 적극적으로 친일했던 한국의 보수 교단들, 특히 장로교계 교단들은 권위주의에 굉장히 익숙하기 때문에 박정희가 들어서서 군사주의적 권위주의를 내세웠을 때도 쉽게 적응했어요. 말로는 계속 정교분리를 외쳤지만, 실질적으로는 근본주의 대형 교회들이 결탁했습니다. 한국의 기본적인 근본주의 대형 교회들이 군사독재든 파시즘이든 이런 권위주의적 통치와 밀접하게 손을 잡고 이권을 누렸던 방식은 지금도 여전히 유효합니다. 차이가 있다면 과거에는 군사독재 세력이 있었기 때문에 직접적으로 정치세력화할 필요가 없었어요. 1990년대 말부터 자기들을 보호해 주던 보호막이 없어지니 2000년대 들어서 본격적으로 정치세력화하기 시작한 겁니다." (박성철)

극우 개신교 세력의 정치신학은 몇 가지 특징을 갖는다. 첫째, 기독교 국가론이다. 한국을 하나님이 선택한 나라로 보고, 기독교적 가치에 따라 통치되어야 한다고 주장한다. 둘째, 강력한 지도자에 대한 열망이다. 구약의 다윗 왕처럼 하나님의 뜻을 실현할 카리스마적 지도자를 기다리며 그런 지도자가 나타나면 무조건적으로 지지한다. 셋째, 이원론적 세계관이다. 선과 악, 하나님과 사탄의 대결 구도로 정치 현실을 해석하며 자신들과 다른 입장은 모두 사탄의 세력으로 규정한다. 이들은 유사 종교화 현상을 보인다. 정치적 이념이 종교적 신념과 결합하면서 이들에게는 정치적 비판이나 합리적 설득이 통하지 않게 된다. 모든 것이 신앙의 문제가 되어버리기 때문이다.

박성철은 "특정한 이데올로기, 예를 들어 반공주의나 이런 것을 유사 종교화하는 형식이 한국의 소위 태극기 부대로 대표되는 극우의 중요한 특징"이라고 주장한다. 그는 종교와 정치의 결탁 메커니즘에 관하여 "정치적인 정당성이 약한 이들이 종교적 정당성을 가지고 자신의 권력을 정당화하려고 하는 욕망이 생길 때 종교와 정치의 결탁과 같은 왜곡된 방식이 나타난다. 윤석열이 적극적으로 개신교 극우들에게 손을 내밀 때, 신천지든 어떤 이단이든 간에, 그런 개신교적 혹은 기독교적 성향을 가진 극우적 세력이 굉장히 적극적으로 결탁했다. 지금 보면 기독교 극우는 거의 윤석열을 메시아처럼 생각한다."라고 설명한다.

이런 현상의 배경에는 종교 공동체 내부의 외로움과 불안도 있다. 급속한 사회 변화로 인해 기존의 종교적 가치관이 도전받고 있고, 신도들은 혼란과 동요를 느끼고 있다. 이런 상황에서는 명확하고 단순한 답을 제시하는 극우적 메시지가 매력적으로 다가오게 된다. 복잡한 현실을 선악의 이분법으로 단순화하고, '우리'와 '그들'을 명확히 구분하는 극우적 사고가 불안한 신도들에게 심리적 안정감을 제공하는 것이다. 그러므로 종교 영역에서의 극우화는 단순히 종교인들의 문제가 아니라 전체 사회의 문제로 접근해야 한다. 종교의 자유를 보장하면서도 종교가 정치적으로 악용되는 것을 막을 수 있는 장치가 필요하다. 또한 종교 공동체 내부에서도 건전한 비판과 성찰이 일어날 수 있도록 해야 한다.

미디어 영역의 극우화
―정보의 왜곡과 혐오의 확산

현대사회에서 미디어는 여론 형성과 정치적 동원에 결정적 역할을 한다. 미디어 환경의 변화는 극우주의의 확산에 핵심적인 요인으로 작용하고 있다. 온라인 공간을 중심으로 가짜 뉴스와 혐오 표현이 급속히 퍼지고 있으며 이것이 사회 전반의 극우화를 가속화하고 있다. 한국의 미디어 환경은 지난 20년간 급속히 변화했다. 인터넷의 보급과 스마트폰의 확산으로 누구나 쉽게 정보를 생산하고 유통할 수 있게 되었다. 이는 기존 언론의 독점적 지위를 약화시키고 정보의 민주화를 가져왔지만, 동시에 정보의 질 관리와 사실 확인을 어렵게 만드는 문제를 낳았다. 특히 문제가 되는 것은 유튜브를 중심으로 한 개인 방송의 확산이다. 기존 언론과 달리 개인 방송은 팩트 체크나 균형 잡힌 보도에 대한 의무가 없다. 그래서 자극적이고 선정적인 내용으로 조회수를 늘리려는 경쟁이 치열해지고 있다. 이 과정에서 극단적이고 혐오적인 콘텐츠가 양산되고 있으며, 이런 현상은 젊은 세대들에게 큰 영향을 미치고 있다.

금준경은 한국의 극우 미디어 생태계를 세 갈래로 분류한다.

"최근 극우 스피커들을 보면 크게 세 종류가 있어요. 첫 번째는 기존에 우리가 말하던 극우 유튜버, '신의 한수'라든가 '가로세로연구소' 같은 부류가 있고 두 번째는 교회이자 유튜버화된 사람들, 교회 세력과 연대한 사람들이 있습니다. 직접 유튜브 활동을 안 하더라도 이들의 콘텐츠를 올리는 그런 경우가 많아졌어요. 세 번째가 신남성연대 중심의 반페미니즘으로 굉장히 장사를 잘 해먹던 젊은 세대의 유튜버들입니다. 이들이 서로 결합하거나 갈등을 벌였던 게 최근의 정국입니다." (금준경)

우선 2016년 이후 등장한 우파 유튜버들은 초기에는 소수였으나, 탄핵 정국을 거치며 엄청난 조회수와 후원금을 얻고 성장했다. 이들은 기존 보수 신문이나 방송이 다루지 못하는 노골적 음모론과 막말 위주의 콘텐츠로 인기몰이를 했고, 일부 채널은 구독자 수가 수십만 명에 이르렀다. 다음은 교회 유튜버라 불리는 부류로, 대형 교회의 목사나 신도가 운영하거나 후원하는 우파 채널들이다. 이들은 종교적 권위와 결합한 극우 담론, 이를테면 '공산주의=사탄'이라는 식의 설교를 퍼뜨리며 교인들을 정치 집회로 동원하는 연결고리 노릇을 한다.

마지막으로 반페미니즘 유튜버들은 2030 세대 남성들의 불만을 대변한다며 여성혐오적 발언을 쏟아내 조회수를 올리고 수익을 챙긴다. 이들은 서로 경쟁하거나 연대하면서 하나의 하위문화 세력을 형성한다. 이 세 갈래—일반 우파 유튜버, 교회 계열 유튜버, 안티페미 유튜버—가 모두 정권 교체와 이후의 정치과정에 영향을 미쳤다. 윤석열 정부 출범 즈음에는 이들 사이에 주도권 다툼과 갈등도 있었으나, 12·3 계엄 국면에서는 공통의 목적 아래 결집했다. 한편 기존 보수 성향 언론들도 태극기 부대의 여론에 편승하거나 일부는 노골적으로 내란을 옹호하면서 주류 보수 언론 내 분화가 일어나기도 했다.

국제적 극우 네트워크와의 연계도 주목할 만하다. 서복경은 이를 다음과 같이 분석한다.

"우리나라 극우 라인들은요, 미국, 일본에 있는 극우 라인들의 움직임하고 직간접적으로 많이 연계되어 있습니다. 거기에서 콘텐츠도 수입해 오고 재정적인 지원도 받고 있는 상황이고. 유튜버들도 마찬가지입니다. 타라 오(Tara O)는 미국 군인인데 미국 국적자예요. 우리나라 문제에 대해서 발화를 많이 합니다. 우리나라 극우 유튜브 채널에서 미국의 권위를 빌릴 필요가 있을 때 타라 오가 많이 인용됩니다." (서복경)

한국 극우 유튜브 채널들은 미국·일본 등 해외 극우 인플루언서의 발언을 빈번히 인용하며, 자신들의 주장을 국제적 권위로 정당화하는 전략을 활용해 왔다. 예컨대 미국 보수 논객 타라 오 등은 한국 극우 담론에서 자주 등장하며, "미국 권위자가 이렇게 말했다."라는 식으로 극우 주장의 신뢰도를 높이는 데 이용된다. 최근에는 일본 현지 인플루언서 기획사와 연계된 한국인 유튜버들이 일본어로 극우 콘텐츠를 제작·유포하는 등 국제 극우 네트워크와의 실질적 연계도 확인되고 있다. 이런 국제적 연대는 한국 극우에게 자신들이 세계적 흐름의 일부라는 인식을 심어주고 더욱 대담한 행동을 부추기는 측면이 있다.

온라인 공간에서의 정보 유통은 알고리즘에 의해 좌우된다. 온라인 플랫폼의 알고리즘은 극우 콘텐츠 확산의 촉매제이다. 유튜브의 추천 알고리즘은 시청 이력을 바탕으로 이용자가 관심 가질 만한 영상을 계속 보여주는데, 자극적이고 분노를 유발하는 극단적인 콘텐츠가 클릭을 끌기 쉬워 더 많이 추천되는 경향이 있다. 여러 연구에 따르면, 유튜브 추천 시스템과 SNS 환경은 이용자에게 선호하는 정치적 성향의 콘텐츠를 반복적으로 노출해 필터 버블, 에코 체임버, 확증편향을 강화하는 경향이 있으며, 일부 연구는 소셜 네트워크의 추천 알고리즘을 따라가다 보면 점점 더 극단적인 정치 콘텐츠로 이동하는 '래빗홀(rabbit hole)' 현상이 관찰된다고 보고했다. (2018 Data&Society, 2019 Minas Gerais 연방대, 2121 예일대 몰리 크로켓 교수팀 등) 결과적으로 온라인 공간은 극우적 선동과 혐오 콘텐츠가 확산·강화될 수 있는 구조적 기반을 제공하고 있는 것이다. 플랫폼들은 사용자의 관심을 끌고 플랫폼에 더 오래 머물게 하기 위해 자극적인 콘텐츠를 우선적으로 노출시킨다. 이런 알고리즘의 특성상 극단적이고 감정적인 콘텐츠가 더 많이 소비되고, 이것이 극우적 담론의 확산에 기여하고 있다.

가짜 뉴스의 확산도 심각한 문제다. 사실에 기반하지 않은 정보가 마치 진실인 것처럼 퍼지면서 공론장을 오염시키고 있다. 특히 악의적인 가짜 뉴스는 혐오를 조장한다. 이는 민주주의의 기반인 합리적 토론과 숙의를 불가능하게 만든다. 성소수자, 외국인, 장애인 등 사회적 약자들에 대한 혐오와 차별을 부추기는 콘텐츠가 무분별하게 유통되고 있다.

"부정선거, 헌재 흔들기, 그리고 혐중 프레임이 새롭게 확산됐는데, 특히 화교 프레임을 보면 기자도 화교, 헌법재판관도 화교라고 하죠. 이 화교 프레임이 효과를 발휘할 수 있었던 이유는 사람들의 경험과 내재된 불만이 있기 때문입니다. 화교들이 한국 사람 명의를 빌려 보험료를 축낸다는 주장도 완전히 새로운 게 아니라 기존의 불만과 연결되어 강력한 동원력을 갖게 된 겁니다." (금준경)

이런 혐오 프레임의 확산은 단순히 온라인에만 머물지 않는다. 이는 오프라인의 정치 행동으로 이어진다. 12·3 계엄과 그 이후의 극우 시위, 그리고 1·19 서부지법 폭동 등은 모두 온라인에서 형성된 극우 담론이 현실로 구현된 사례다. 온라인에서 증폭된 증오와 극단성은 결국 현실 세계의 폭력으로 이어질 수 있으며, 그 피해는 무고한 시민들과 사회 전체에 돌아오게 된다. 허위 정보 유포, 혐오 표현 방치, 알고리즘의 오남용 등으로 특징지어지는 지금의 디지털 환경을 방치한다면, 민주사회의 토대인 이성적 대화와 공동체적 신뢰는 혐오 프레임에 의해 잠식당하고 말 것이다.

이 모든 변화를 종합해 보면, 2016년 이후 한국 사회에서 일어난 일은 단순한 정치적 변화가 아니라 사회 전체의 구조적 변화라고 할 수 있다. 기존의 정치적 균형이 깨지면서 새로운 세력들이 등장했고, 미디어 환경의 변화와 함께 극우 담론이 주류로 편입될 수 있는 조건이 만들어졌다. 무엇보다도 2030 세대 남성의 극우화는 이런 변화의 핵심이었다. 이들은 과거 세대와는 다른 조건에서 성장했고, 다른 방식으로 정치를 인식한다. 이들에게 진보는 더 이상 변화와 개혁의 세력이 아니라 기득권 세력이다. 이들이 추구하는 것은 기존 질서의 개혁이 아니라 전복이다. 전 세계적으로 극우가 득세하는 분위기 속에서 극우는 기득권에 도전하는 세력으로 자신을 포장할 수 있었다.

12·3 계엄 선포는 이러한 방식의 극우 포용 정치가 만들어낸 극단적 결과였다. 윤석열은 야당을 반국가 세력으로 규정하고, 선거 결과를 부정 선거로 매도하며, 결국 헌정질서 자체를 파괴하려는 시도를 감행했다. 이는 단순한 정치적 충동이 아니라 2016년 이후 축적된 극우 담론과 세력이 제도 권력과 결합했을 때 나타날 수 있는 최악의 시나리오였다. 계엄이 실패한 후에도 극우 세력의 저항은 계속되고 있다. 서부지방법원 폭동, 국가인권위원회 점거 사태 등은 모두 극우 세력이 제도적 민주주의 자체를 거부하고 있음을 보여준다. 이들에게 법원의 판결이나 헌법재판소의 결정은 받아들일 수 없는 '좌파의 농간'일 뿐이다.

극우화의 심리적 메커니즘
—트라우마, 외로움, 그리고 소속의 갈망

지금까지 정치, 종교, 미디어 영역에서 나타나는 극우화 현상을 분석했다면, 이제는 이런 현상이 개인의 심리적 차원에서 어떻게 작동하는지 살펴볼 필요가 있다. 극우화는 단순히 정치적 선택의 문제가 아니라 개인의 깊은 심리적 욕구와 연결되어 있기 때문이다.

현대사회의 외로움을 이해하기 위해서는 먼저 트라우마가 개인의 삶에 미치는 영향을 정확히 파악해야 한다. 많은 사람들이 트라우마를 전쟁, 자연재해, 심각한 사고와 같은 극단적 사건과 관련된 것으로만 생각하지만, 실제로는 훨씬 넓은 범위의 경험들이 트라우마를 야기할 수 있다. 심리학자들은 트라우마를 크게 '빅 트라우마(Big T trauma)'와 '스몰 트라우마(small t trauma)'로 구분한다. 빅 트라우마는 생명을 위협하는 심각한 사건들에 의해 유발된다. 전쟁, 자연재해, 심각한 사고, 성폭력, 아동학대 등이 여기에 해당한다. 이러한 사건들은 개인의 안전감과 세계관을 근본적으로 흔들어놓으며, PTSD(외상후스트레스장애)와 같은 명확한 정신적 후유증을 남기는 경우가 많다. 한국 사회에서는 세월호 참사, 이태원 참사, 대구지하철 화재, 성수대교 붕괴 등이 집단적 빅 트라우마의 대표적 사례다.

우리가 주목해야 할 것은 스몰 트라우마다. 이는 일상생활에서 반복적으로 경험하는 작은 상처들에서 비롯되는 것으로, 개별적으로는 큰 충격을 주지 않지만 누적되면서 개인의 정신 건강과 관계 형성 능력에 심각한 영향을 미친다. 부모의 무관심이나 과도한 기대, 학교에서의 따돌림이나 경쟁 압박, 직장에서의 부당한 대우, 사회적 차별과 배제 등이 모두 스몰 트라우마에 해당한다. 특히 한국 사회에서 스몰 트라우마는 매우 광범위하게 존재한다. 극도로 경쟁적인 교육 시스템 속에서 성장하면서 대부분의 아이들이 크고 작은 상처를 입는다. "너는 왜 이렇게 못하니?", "다른 애들은 다 잘하는데" 같은 비교와 질책은 아이의 자존감을 깎아내리고, 타인에 대한 기본적 신뢰를 훼손한다. 성인이 되어서도 직장에서의 갑질, 사회적 배제, 경제적 불안 등이 지속적으로 쌓여 스몰 트라우마를 유발한다. 이러한 스몰 트라우마의 누적은 개인의 애착 패턴에 깊은 영향을 미친다. 애착 이론에 따르면, 인간은 생애 초기에 형성된 애착 패턴을 바탕으로 평생에 걸쳐 관계를 맺는다. 안전한 애착을 형성한 사람은 타인을 신뢰하고, 어려움이 생겼을 때 도움을 요청할 수 있으며, 건전한 관계를 유지할 능력을 갖는다. 반면 불안정한 애착을 형성한 사람은 타인에 대한 불신, 관계에 대한 두려움, 감정 조절의 어려움 등을 경험한다.

한국 사회의 많은 사람들이 불안정한 애착 패턴을 보이는 것은 우연이 아니다. 산업화 과정에서 급격한 사회 변화를 겪고, 전통적인 공동체가 해체되면서 개인은 점점 더 고립되었다. 부모 세대는 생존을 위해 치열하게 살아야 했고 자녀에게 충분한 정서적 관심을 기울일 여유가 없었다. 이러한 환경에서 성장한 세대가 다시 자신의 자녀에게 같은 패턴을 반복하게 되면서 불안정한 애착이 세대를 거쳐 전수되는 악순환이 형성되었다. 트라우마를 경험한 개인은 세상에 대한 기본적 신뢰를 잃게 된다. 트라우마는 이러한 관계적 존재로서 인간의 근본 조건을 훼손한다. 세상과 타인에 대한 신뢰는 우리가 사회 속에서 삶을 영위할 수 있게 하는 기본 전제인데, 이것이 깨어지면 개인은 방어적이고 고립적인 삶의 방식을 택하게 되기 때문이다.

이렇게 형성된 개인적·사회적 트라우마는 외로움의 구조적 토대가 된다. 현대사회의 구조적 특성은 이러한 외로움을 더욱 악화시킨다. 개인주의 문화의 확산, 핵가족화, 공동체의 해체, 도시화와 익명성의 증가 등은 모두 인간의 직접적인 관계 경험을 축소시키는 방향으로 작용한다. 특히 SNS로 대표되는 디지털 소통은 역설적인 효과를 낳고 있다. 표면적으로는 전 세계 사람들과 연결되어 있는 것처럼 보이지만, 실질적으로는 더 깊은 고립감을 조성한다. 수많은 '좋아요'와 '댓글' 속에서도 진정한 이해와 공감을 경험하지 못하는 현대인들의 외로움은 이전과는 다른 차원의 문제가 되었다. 온라인상에서의 피상적 관계는 오히려 진정한 관계에 대한 갈망을 더욱 부추기면서 동시에 좌절감을 안겨준다.

여기서 중요한 것은 이러한 외로움이 박탈감과 결합할 때 나타나는 사회적 파급효과다. 박탈감은 단순히 경제적 차원의 문제가 아니다. 물론 경제적 어려움, 일자리 부족, 주거 불안 등으로 인한 실질적 박탈감은 중요한 요소다. 하지만 그보다 더 강력한 것은 사회적 인정과 존중에 대한 갈망, 미래에 대한 희망, 소속감과 정체성에 대한 욕구 등이 충족되지 않을 때 느끼는 심리적 박탈감이다. 한국처럼 교육을 통한 사회적 이동이 제한되고, 능력주의(메리토크라시) 신화가 강한 사회에서는 개인의 실패가 곧 개인의 무능으로 귀결되기 쉽다. "노력하면 성공할 수 있다"는 사회적 믿음이 강할수록 성공하지 못한 개인은 자신을 더욱 심하게 자책하게 된다. 이때 사회구조적 문제는 은폐되고, 모든 책임은 개인에게 전가된다.

이러한 상황에서 경제적 어려움, 사회적 지위 하락, 미래에 대한 불안 등으로 인한 박탈감이 외로움과 만나면 개인은 자신의 고통에 대한 원인을 외부에서 찾게 된다. 복잡한 사회구조적 문제를 이해하고 해결하기 위해서는 많은 시간과 노력이 필요하다. 하지만 고통받는 개인에게는 당장의 위안과 해답이 필요하다. 이때 특정 집단을 희생양으로 삼는 단순한 전략이 매우 매력적으로 다가온다. 한국 사회에서 2030 세대 남성들이 겪는 박탈감이 좋은 예다.

"2030 세대 극우 남성들은 민주당 정부하에서 자랐고, 오히려 민주당을 기득권으로 여긴다고 합니다. 실제로 조국 사태 등으로 공정 가치에 상처받은 젊은 남성들이 기성 진보도 내로남불이라며 그들에게 환멸을 느꼈고, 그 반작용으로 극우 담론(반페미니즘, 이주민 혐오 등)에 쉽게 끌려 들어갔습니다." (금준경)

이런 현상을 보여주는 생생한 사례들이 있다. 진보 성향인 교수 부모 아래서 자란 아들이 극우 유튜브 영상에 심취한 경우다. 한 교수는 "아들에게 평등과 인권의 가치를 심어주려 애썼지만, 어느 날 보니 아들이 여성혐오·반이민 극우 영상에 빠져있었다."라고 고백했다. 또 다른 예로, 한 진보 원로의 자제가 극우 집회에 나가 "좌파 기득권들이 말로만 평등을 외치며 자기 자녀는 엘리트로 키웠다."라고 비판했다는 보도도 있었다. 이런 구체적 사례들은 젊은 남성의 극우화를 추상적으로 논하는 것보다 훨씬 더 생생한 현실을 보여준다. 이들에게 진보는 더 이상 변화와 개혁의 세력이 아니라 기득권 세력이다. 이들이 보기에 386세대는 민주화의 과실을 독점하면서 자신들에게는 공정하지 않은 경쟁을 강요하는 세력이다. 과거에는 세대 간 갈등이 권위주의 대 민주주의, 보수 대 진보의 구도였다면 지금은 기득권 대 비기득권의 구도로 바뀌었다. 586세대가 사회의 주류가 되면서 젊은 세대는 자신들을 비주류로 인식하게 되었다. 특히 2030 세대 남성들은 자신들이 과거 세대가 누렸던 특권을 누리지 못한다고 느낀다.

군복무 문제가 대표적이다. 우리나라 2030 세대 남성들이 가지고 있는 피해의식을 쉽게만 볼 수 없는 이유는 바로 군대에 있다. 남성들은 국내외적으로 여성들과 무한 경쟁에 뛰어들어야 하는데, 군복무로 인생의 2년을 허비하게 되는 것이다. 물론 군복무 자체는 새로운 것이 아니다. 이전 세대도 군대를 다녀왔다. 오히려 과거에는 현재 복무기간인 1년 반보다 훨씬 긴 3년 반 동안 군복무를 해야 했다. 대한민국 남자에게 군대 이슈 자체가 새롭지 않다는 것이다. 그런데 왜 그전에는 군복무가 문제시되지 않았을까?

과거에는 군복무에 대한 사회적 보상이 있었다. 취업에서의 가산점, 사회적 인정, 그리고 무엇보다 군대를 다녀온 남성에 대한 존중이 있었다. 그런데 지금은 상황이 다르다. 군복무는 여전히 의무이지만 그에 대한 보상은 사라졌다. 오히려 남성들이 2년의 공백 기간을 가지는 동안 여성들은 스펙을 쌓고 경력을 개발한다. 1999년 12월 23일 헌법재판소는 군가산점제도가 군복무를 하지 않은 여성과 군복무가 불가능한 남성의 평등권과 공무담임권을 침해한다고 판시하며 위헌 결정을 내렸다(98헌마363 등). 이로 인해 군복무에 대한 직접적 가산점 보상 체계는 폐지되었고, 이후에는 군복무 경력의 호봉 반영(공무원 등), 공무원시험 응시 상한 연령 연장(최대 3년) 등 간접적 보상만 일부 남게 되었다. 민간 기업 등에서는 군복무로 인한 경력 단절이나 취업 기회 상실에 대한 직접적 보상 없이 여성 및 비복무자와 동일한 조건에서 경쟁해야 하는 상황이 이어지고 있다. 최근 정부는 군복무 경력의 호봉·임금 반영을 국가·공공기관에 의무화하는 법 개정안을 추진하고 있으나, 채용 시 군가산점제도는 위헌판결 이후 부활하지 않았다.

이런 사회구조적 변화는 2030 세대 남성들에게 깊은 박탈감을 안겨주었다. 기성세대가 당연히 누렸던 사회적 인정과 경제적 안정이 더 이상 보장되지 않는 상황에서, 젠더 관계의 변화까지 겹치면서 자신들의 사회적 위치에 대한 근본적 의문이 생겨났다. 이런 상황에서 극우 이데올로기가 제공하는 '피해자 서사'와 '기득권 타도' 메시지는 이들의 경험과 강하게 공명한다. 경제적 어려움, 취업난, 주거 문제 등으로 인한 실질적 박탈감이 여성, 외국인 등에 대한 적대감으로 표출되며, 이들은 자신들의 어려움이 '역차별' 때문이라고 여긴다. 페미니즘이나 다문화 정책 등을 자신들의 기회를 빼앗는 요인으로 인식한다. 기존의 사회적 연대를 거부하고 극단적 정치세력에 끌리게 되는 것도 이러한 맥락에서 이해할 수 있다.

2020년 Group Processes & Intergroup Relations, 2021년 RAND 연구 등에서는 사회적 소외와 고립, 외로움이 급진화(radicalization)의 주요 선행 요인임을 실증적으로 밝힌 바 있다. 사회에서 소외되고 고립된 개인은 심리적 상처를 받으며 이를 보상받을 출구를 찾다가 극단주의에 끌릴 수 있다는 가설이 이론적으로 뒷받침된 것이다. 이러한 과학적 근거들은 외로운 사람이 극단주의에 취약하다는 아렌트의 통찰을 현대적인 맥락에서도 입증한다. 아렌트는 현대사회를 "뿌리 뽑힌 인간(uprootedness)의 시대"라고 표현했는데, 이는 가족이나 공동체와의 유대가 끊어져 자신마저 잃어버린 상태를 뜻한다. 그녀는 사람들이 그런 공허와 혼란으로부터 벗어나기 위해 집단주의적 이념에 몰입한다고 보았다. 마찬가지로 미국 사상가 에릭 호퍼(Eric Hoffer)도 『맹신자들(The True Believer)』에서 "광신도는 항상 불완전하고 불안하며, 자기 자신으로부터 소외되어 있다."라고 말했다. 자기 삶에 대한 불만과 불안정한 자아가 거대한 집단 이념에 헌신하도록 만들며, 대의에 자신을 바칠 때 비로소 존재의 의미(의미 추구)를 찾는 심리가 작용한다는 것이다.

극우 포퓰리즘이 '상실에 대한 공포'를 자극하는 것도 주목할 만하다. 예를 들어 "기득권 다수가 가진 몫을 이민자나 소수자가 빼앗고 있다"는 주장은 백인 우월주의나 복지 쇼비니즘 같은 극우 담론의 핵심이다. 복지 쇼비니즘이란 원래 우리가 받아야 할 복지 혜택을 이민자들이 가로채고 있다는 식의 제로섬 프레임으로 유럽 극우 정당들이 즐겨 사용하는 논리이다. 이 논리가 심리적으로 강력한 힘을 발휘하는 이유는 사람들이 기존에 누리던 것(혹은 누릴 자격이 있다고 믿는 것)을 잃을지도 모른다는 불안감을 건드리기 때문이다. 한국에서도 최근 외국인의 건강보험 악용 문제나 다문화가정 지원 정책에 대한 반감이 커졌는데, 이는 우리 몫을 뺏긴다는 정서와 연결되어 있다. 이러한 손실에 대한 두려움이야말로 극단주의 선동가들이 활용하는 주요한 심리 장치이다. 특히 2030 세대 남성들의 경우, 기성세대보다 불안정한 경제 상황과 사회적 박탈을 경험하면서 자신들이 무언가 빼앗기고 있다는 인식을 가지기 쉽다. 이때 페미니스트들 때문에 남성이 역차별당한다거나 이주민 때문에 일자리를 잃는다는 극우적 주장은 이들의 상실감과 분노를 한 방향으로 이끄는 역할을 한다. 실제로 약자 혐오와 증오범죄의 이면에는 이런 심리적 손실에 대한 공포와 희생양 찾기의 심리가 자리하고 있다.

이와 관련해서 강성현은 게임 문화와 밈 문화에 익숙한 세대의 독특한 감각을 덧붙인다. "예를 들면 '탈론했다'는 표현이 있어요. 이재명이 담을 넘어가는 장면을 탈론했다고 할 때 아무도 못 알아들었지만 저는 알았죠. 우리 아들의 언어였으니까요. 2030 여성 청년들은 '와, 진짜 급박하구나' 라고 생각하는데, 왜냐하면 여성들은 그렇게 도망가 본 적이 있거든요. 근데 2030 남성들은 '어우, 저 모양 빠지게.' 하고 생각하죠." 같은 상황을 보고도 완전히 다른 감각으로 받아들이는 것이다. 어떻게 그런 일이 발생하는가? 온라인 커뮤니티가 이런 연대의 중요한 매개 역할을 한다. 특히 2030 남성 사이엔 온라인을 중심으로 한 독특한 소통 문화가 형성되어 있다. 디시인사이드, 일베, 각종 유튜브 채널 등에서 유사한 경험과 불만을 가진 이들이 모여 서로의 생각을 강화하는 양상을 보인다. 이런 문화적 차이는 단순한 세대 갈등이 아니라 근본적인 세계관의 차이를 반영한다. 게임 문화에 익숙한 세대에게는 승부와 경쟁, 아군과 적군의 구분이 자연스럽다. 현실 정치도 게임처럼 인식하게 되고, 상대방을 물리쳐야 할 적으로 본다. 타협이나 상호 이해보다는 승리가 목표가 된다.

이렇게 개별적인 박탈감과 외로움은 집단적인 정치 행동으로 이어진다. 외로움과 박탈감에 시달리는 개인에게 이러한 메시지는 단순한 정치적 주장을 넘어서 심리적 위안과 정체성을 제공하는 구원의 서사로 작용한다. 혼자서 감당하기 어려웠던 고통과 분노에 대해 명확한 원인과 해결책을 제시해 주고, 동시에 비슷한 처지의 사람들과 연대할 수 있는 기회를 제공한다. 비록 그 연대가 타자에 대한 적대감을 바탕으로 한 것이라 할지라도 외로움에 시달리던 개인에게는 소속감과 정체성을 부여하는 중요한 자원이 되는 것이다. 여기서 중요한 것이 혐오를 통한 연대 메커니즘이다. 서로 다른 배경과 처지를 가진 사람들이 '공통의 적'을 설정함으로써 결속하는 것을 의미한다. 외로운 개인들의 분노에 방향을 제시하는 것이다. 이는 생존을 위한 원시적 본능에 기반한다. 위험한 상황에서 같은 위협에 직면한 개체들이 연합하여 외부의 적에 맞서는 것은 인간을 포함한 많은 사회적 동물들이 보이는 보편적 행동 패턴이다.

   트라우마로 인한 관계 단절, 그로 인한 외로움, 사회적 박탈감의 증대, 극단적 정치세력으로의 흡수라는 일련의 과정은 개인의 의지력이나 도덕성의 문제가 아니라 사회 시스템의 문제다. 개인이 아무리 노력해도 이러한 구조적 조건이 바뀌지 않는 한 근본적인 해결은 어렵다. 결국 극우에 빠지는 심리 메커니즘은 개인의 외로움과 불안, 상실감이 잘못된 연대로 보상받는 과정이라고 정리할 수 있다. '사회적 배제와 박탈감→불안과 분노→희생양 설정→집단 동일시를 통한 위안'이라는 경로를 끊어내지 못하면, 누구라도 극단주의의 유혹에 빠질 수 있다. 극우화 현상을 개인의 일탈이나 도덕적 타락으로 보는 시각의 한계를 깨달아야 한다. 극우 세력에 끌리는 사람들을 단순히 비난하거나 배제하는 것으로는 문제를 해결할 수 없다. 오히려 그들이 왜 그러한 선택을 할 수밖에 없었는지, 그들의 외로움과 박탈감의 뿌리가 무엇인지를 이해하고, 그 근본 원인을 해결하는 것이 중요하다. 따라서 이를 해결하기 위해서는 개인적 차원의 접근을 넘어서 사회구조적 변화가 필요하다. 트라우마 치유와 관계 회복을 위한 사회적 인프라 구축, 경제적 불평등 해소, 사회적 연대 강화, 민주적 정치문화 조성 등이 종합적으로 이루어져야 한다. 이는 단기간에 달성할 수 있는 목표가 아니라 사회 전체가 장기적 관점에서 추진해야 할 과제다.

새로운 연대의 조건들
― 외로움을 넘어서는 실천적 방안

외로움과 박탈감이 극우화로 이어지는 악순환을 끊기 위해서는 새로운 형태의 사회적 연대가 필요하다. 먼저 우리가 인정해야 할 것은 극우를 완전히 없앨 수는 없다는 사실이다. 극우는 물리적으로 없앤다고 해서 없어지는 정치세력이 아니다. 언제나 극우적 생각을 가진 이들은 일정 집단 존재하기 마련이다. 문제는 이들을 어떻게 '변방의 소수'로 만들 것인가 하는 점이다.* 지금 우리는 극우를 정치적 소수로 만들려고 노력해야 한다. 발본색원하기 위해서 칼을 들이대는 순간 문제는 오히려 더 넓게 퍼질 수 있다.

그렇기 때문에 극우에 접근할 때는 그들을 변방의 소수로 머물게 하되 다수 시민의 삶을 규율하는 기본적인 제도적 공간 내에서 합의를 만들어 나가는 방식으로 대응해야 한다. 이는 '방어적 민주주의(defensive democracy)'

---

* 여기서 말하는 '변방의 소수'는 급진적 극우를 의미한다. 본 글은 극우를 제도적 극우(합법적 정치 참여)와 급진적 극우(폭력적, 불법적 수단 사용)로 구분하며 민주주의를 근본적으로 위협하는 급진적 극우를 사회의 변방으로 밀어내는 것을 목표로 한다.

의 원칙과 일치한다. 독일에서 나치의 경험을 바탕으로 발전된 이 개념은 민주주의가 자기 파괴를 막기 위해 취하는 예방적 조치를 의미한다. 핵심은 '관용의 역설(paradox of tolerance)'을 해결하는 것이다. 무제한적 관용은 결국 관용 자체를 파괴하는 세력까지 용인하게 되어 민주주의를 위험에 빠뜨린다. 따라서 민주주의를 파괴하려는 세력에 대해서는 관용을 베풀 필요가 없다는 것이 방어적 민주주의의 기본 입장이다.

우리도 극단주의를 법과 제도로 견제하는 방어적 민주주의 장치를 발전시킬 필요가 있다. 독일의 헌법은 극단주의 정당을 위헌으로 규정해 강제 해산할 수 있는 조항(독일 기본법Grundgesetz 21조 2항)을 두고 있고, 실제로 1950년대에 네오나치 성향의 사회주의제국당(SRP, 네오나치)과 공산당(KPD)을 각각 해산시킨 바 있다. 최근 독일 정보당국은 AfD를 "민주 질서에 대한 위협"으로 규정하여 사찰하고 장차 해산 가능성까지 거론하고 있다. 또한 독일은 연방헌법수호청(BfV)을 두어 극우단체와 혐오범죄를 면밀히 감시하고, 경찰·정보기관 간 협력으로 테러를 미연에 방지하고 있다. 2019년 극우 성향자의 정치인 암살 사건 이후, 독일 정부는 극우 테러를 최우선 안보 과제로 규정하고 관련 조직을 대대적으로 단속했다. 프랑스도 증오 발언을 엄격히 규제하고, 나치 부인 발언 등 역사 왜곡을 처벌하는 법을 운용 중이다. 영국의 경우 표현의 자유 전통이 강해 극단주의자도 표면상 정치활동이 가능하지만, 실질적으로는 경찰의 증오범죄 전담팀이 온라인 헤이트 스피치부터 폭력 선동까지 폭넓게 단속하고 있다.

한국 역시 테러방지법, 형법상의 내란·선동죄, 정보통신망법상의 혐오 표현 규제 등 관련 법제가 없지 않으나, 실제 집행과 예방 체계는 미흡하다는 지적이 많다. 증오범죄 가중처벌법이나 온라인 혐오 표현 규제법 제정이 필요하다는 목소리가 나오지만, 표현의 자유 침해 우려로 진전이 더던 상태이다. 방어적 민주주의는 어디까지나 민주 질서 수호를 위한 최소한의 조치여야 하기에 신중한 사회적 합의가 전제되어야 한다. 하지만 명백한 폭력 선동이나 헌정질서 파괴 기도에 대해서는 법치가 엄정히 대응한다는 원칙을 확고히 함으로써 극단주의에 대한 억지 효과를 높일 필요가 있다.

나아가 일제강점기와 독재 시절의 경험, 그리고 민주화 투쟁의 역사를 바탕으로 민주주의의 소중함을 일깨우고, 극우의 위험성을 인식시키는 교육도 필요하다. 특히 젊은 세대에게는 민주주의가 저절로 주어진 것이 아니라 피와 땀으로 쟁취한 것임을 가르쳐야 한다. 물론 법적·제도적 대응과 교육만으로 충분하지 않다. 극우의 사회적 기반이 되는 외로움과 박탈감을 해결하지 않으면, 극우는 계속해서 재생산될 것이다. 여기서 중요한 것이 바로 '연대의 재구성'이다.

울산지방법원의 한 판사가 자살방조미수 사건 판결문에서 남긴 말이 깊은 울림을 준다.*

"사람이 사람에게 할 수 있는 가장 잔인한 일은 혼잣말하도록 내버려두는 것이다. 지상에 단 한 사람이라도 자신의 얘기를 들어줄 사람이 있다면, 그러한 믿음을 그에게 심어줄 수만 있다면, 그는 살아갈 수 있을 것이다. 왜냐하면 그의 삶 역시 사회적으로 의미 있는 하나의 이야기인 이상, 진지하게 들어주는 사람이 존재하는 한 그 이야기는 멈출 수 없기 때문이다."

---

* 울산지방법원 2019. 12. 4. 선고 2019고합241 판결

차가운 법률 언어로만 여겨지는 판결문에서도 한 인간에 대한 깊은 이해와 공감이 드러날 수 있다. 이 말은 극우 현상을 이해하는 데 중요한 단서를 제공한다. 극우에 빠지는 사람들의 상당수가 사회적 고립과 외로움을 경험하고 있다. 자신의 이야기를 들어줄 사람이 없고, 자신의 존재가 인정받지 못한다는 느낌에 시달리고 있다. 이런 상황에서 극우 집단이 제공하는 소속감과 정체성은 강력한 유혹이 된다. 따라서 극우에 대한 궁극적 해답은 연대의 회복에 있다. 사람들이 혼잣말하지 않도록, 누구든 자신의 이야기를 들어줄 사람이 있다는 믿음을 갖도록 하는 것이다. 이는 단순히 개인적 차원의 문제가 아니라 사회 전체의 과제다.

연대의 재구성은 여러 차원에서 동시에 이루어져야 한다. 첫째는 세대 간 연대다. 현재 한국 사회의 중요한 문제 중 하나는 세대 간 갈등이다. 기성세대는 젊은 세대를 "요즘 애들은 버릇없다."라며 비판하고, 젊은 세대는 기성세대를 "꼰대"라며 거부한다. 그중에서도 586세대와 2030 세대 간의 갈등은 심각한 수준이다. 이런 갈등을 해결하기 위해서는 서로에 대한 이해가 필요하다. 586세대는 자신들이 누렸던 기회와 혜택이 지금의 젊은 세대에게는 주어지지 않는다는 사실을 인정해야 한다. 동시에 젊은 세대는 586세대가 겪었던 어려움과 그들이 이룬 성취를 인정해야 한다. 이런 상호 이해를 바탕으로 새로운 형태의 세대 간 협력이 필요하다. 구체적으로는 멘토링 프로그램이나 세대 간 교류 프로그램을 확대할 수 있다. 기성세대의 경험과 지혜를 젊은 세대에게 전수하고, 젊은 세대의 창의성과 에너지를 기성세대가 지원하는 방식이다. 또한 주택이나 일자리 같은 구조적 문제를 해결하기 위해 세대를 넘나드는 연대가 필요하다.

둘째는 계층 간 연대다. 한국 사회에서 계층 간 격차는 점차 확대되고 있다. 상위 계층은 더욱 부유해지고, 하위 계층은 더욱 어려워지고 있다.

중산층도 점점 줄어드는 추세다. 이런 상황에서 계층 간 갈등이 심화되고 서로에 대한 적대감도 커지고 있다. 계층 간 연대를 위해서는 먼저 불평등 구조를 개선해야 한다. 소득 재분배 정책을 강화하고, 교육 기회를 균등하게 제공하며, 사회적 이동성을 높이는 정책이 필요하다. 동시에 서로 다른 계층의 사람들이 만나 소통할 수 있는 기회를 늘려야 한다. 현재는 거주지 분리, 교육 기관 분리 등으로 인해 서로 다른 계층의 사람들이 만날 기회가 거의 없다. 이런 분리를 줄이고 통합을 늘리는 정책이 필요하다.

셋째는 성별 간 연대다. 현재 한국 사회에서 가장 첨예한 갈등 중 하나가 성별 갈등이다. 특히 2030 세대에서 남녀 간 정치적 성향 차이가 크게 벌어지고 있다. 젊은 남성들은 보수화되고 있고, 젊은 여성들은 진보화되고 있다. 이런 분열은 극우 세력이 이용하는 중요한 자원이 된다. 성별 간 연대를 위해서는 먼저 성별 갈등의 근본 원인을 파악해야 한다. 젊은 남성들의 박탈감은 실제 현실에 기반하고 있다. 군복무 부담, 취업에서의 경쟁 심화, 전통적 남성 역할에 대한 기대와 현실 사이의 괴리 등은 모두 실재적인 문제다. 이런 문제들을 외면하거나 '남성 특권'이라고 일축해서는 안 된다. 동시에 여성들이 겪는 차별과 불평등도 여전히 존재한다. 직장 내 성차별, 성폭력 위험, 경력 단절 문제, 육아와 가사 부담 등은 모두 엄연한 현실이다. 이런 문제들을 '과장되었다'거나 '이미 해결되었다'고 무시해서는 안 된다. 중요한 것은 이런 문제들이 서로 대립적인 것이 아니라는 점이다. 젊은 남성의 어려움과 여성의 어려움은 모두 현재 한국 사회의 구조적 문제에서 비롯된다. 극도로 경쟁이 치열한 사회, 개인에게 모든 책임을 떠넘기는 사회, 공동체가 해체된 사회에서 남성과 여성 모두 피해자가 될 수 있다. 따라서 성별 간 연대는 서로의 어려움을 인정하고 이해하는 것에서 시작해야 한다. 젊은 남성들의 박탈감을 이해하되, 그것이 여성혐오나 극우로 이어지는 것은 막아야 한다. 젊은 여성들의 권리 주장을 지지하되, 그것이 남성 전체에 대한 적대감으로 이어지는 것은 경계해야 한다. 구체적으로는 군복무 문제에 대한 대대적인 사회적 논의가 필요하다. 현재의 징병제가 공정한지, 대안은 없는지, 군복무에 대한 사회적 보상은 어떻게 할 것인지에 대한 열린 토론이 이루어져야 한다. 동시에 여성에 대한 차별과 폭력을 근절하기 위한 노력도 계속되어야 한다. 또한 새로운 형태의 남성성과 여성성에 대한 모델이 필요하다. 전통적인 성역할이 변화하고 있는 상황에서, 남성과 여성 모두가 새로운 정체성을 찾을 수 있도록 도와야 한다. 경쟁과 성취만을 강조하는 남성성이 아니라 협력과 공감을 포함하는 남성성이 필요하다. 여성성의 경우는 관계와 돌봄뿐만 아니라 독립과 자율성을 포함하는 것이 필요하다.

 이런 연대의 재구성을 위해서는 구체적인 정책과 제도 개선이 필요하다. 첫째, 외로움의 팬데믹에 대응하는 사회정책이 시급하다. 영국은 2018년 세계 최초로 '외로움 장관(Minister for Loneliness)'을 임명하고, 'A Connected Society'라는 국가 전략을 수립해 외로움 실태조사, 지표 개발, 전담 예산, 범정부 전략 등 종합 대책을 시행했다. '소셜 프리스크라이빙(social prescribing)' 제도도 전국적으로 도입되어 의사가 약 대신 지역 모임·봉사·취미 활동 등을 '처방'하고 있다. 최근 연구에서는 이 정책의 외로움 감소 효과가 확인되기도 했다. 영국의 이러한 노력은 외로움을 공중보건 위기로 인식하고 정부가 적극적으로 대응한 세계적 선례다. 한국의 상황도 영국 못지않게 심각하므로, 국가적 차원의 고독 대책을 더는 미뤄선 안 된다. 실제 2024년 한 설문에서 한국인의 40%가 "한국도 영국처럼 정부 차원의 외로움 대처가 필요하다."라고 응답했다. 외로움 문제를 개인의 탓이나 사소한 감정으로 치부하지 말고, 사회적 위험 요인으로 인정해 커뮤니티 복원력 강화, 공공 휴식 공간 조성, 심리상담 접근성 제고, 취약 계층 지원 등 다양한 정책 수단을 모색해야 한다.

트라우마 치유와 관계 회복을 위한 사회적 인프라도 구축되어야 한다. 현재 한국의 정신 건강 서비스는 심각하게 부족한 상태다. OECD 국가 평균에 비해 정신 건강 전문 인력이 현저히 부족하고, 서비스에 대한 접근성도 떨어진다. 또한 정신 건강 문제에 대한 사회적 편견이 강해 많은 사람들이 도움을 요청하기를 주저한다. 정신 건강 서비스의 확대는 단순히 치료 시설을 늘리는 것을 넘어서 예방과 조기 개입에 중점을 두어야 한다. 학교, 직장, 지역사회 등에서 정신 건강 교육을 강화하고, 스트레스 관리, 감정 조절, 대인관계 기술 등을 기를 수 있는 프로그램을 제공해야 한다. 특히 청소년기와 청년기의 정신 건강 지원이 중요하다. 이 시기에 적절한 지원을 받으면 성인기의 정신 건강 문제를 예방할 수 있기 때문이다. 공동체 기반 치유 프로그램의 활성화도 필요하다. 전문적인 치료와 더불어 동료 집단의 지지와 공감을 통한 치유가 중요하다. 같은 어려움을 겪은 사람들이 모여 서로의 경험을 나누고 지지하는 자조 모임, 예술 치료나 원예 치료 같은 창작 활동, 명상이나 요가 같은 몸과 마음을 돌보는 활동 등이 효과적이다. 집단적 트라우마를 다루기 위한 사회적 대화와 치유 과정도 중요하다. 한국 사회는 일제강점기, 한국전쟁, 독재정권, IMF 위기 등 수많은 집단적 트라우마를 경험했지만 이를 제대로 치유하지 못했다. 과거의 상처를 개인의 문제로 방치하지 않고, 사회 전체가 함께 치유해 나가는 과정에서 새로운 연대의 가능성을 찾을 수 있다.

둘째, 대화와 소통의 문화를 만들어야 한다. 정치적 견해가 다르더라도 서로의 말을 경청하고 이해하려는 문화가 필요하다. 특히 온라인에서의 건전한 토론 문화, 혐오 표현에 대한 사회적 제재, 그리고 팩트 기반의 합리적 소통을 장려해야 한다. 팩트 체크의 무력화, 허위 정보의 확산, 그리고 에코 체임버 효과의 심화는 모두 민주주의에 위협이 되는 요소들이다. 물론 이러한 문제를 해결하는 데 콘텐츠 규제만으로는 한계가 있다. 극단주의 콘텐츠를 무조건 차단하면 표현의 자유를 침해한다는 논란이 생기고 유사 콘텐츠들이 지하화될 위험이 있다. 대신 디지털 플랫폼들의 책임성 강화와 이용자 교육, 그리고 건전한 대화 문화의 형성이 필요하다. 예를 들어 혐오 발언이나 허위 조작 정보에 노출되었을 때 이를 비판적으로 인식하고 거부할 수 있는 미디어 리터러시를 키워주는 노력이 중요하다. 또한 온라인상의 논쟁이 혐오로 치닫지 않도록 플랫폼이 적극 개입해 팩트 체크 표시나 악의적 댓글에 대한 제재 등의 방안을 고려해야 한다. 에코 체임버를 깨기 위해 다양한 관점의 콘텐츠를 노출시킬 수 있도록 알고리즘을 개선하는 것도 한 방법이다. 온라인상의 증오가 결국 모두에게 해가 된다는 사회적 합의를 끌어내는 것이 중요하다. 기술의 문제라기보다 인식과 문화의 문제이기 때문에, 시민 한 사람 한 사람이 증오에 맞서는 연대의 주체로 서는 것이 궁극적 해법일 것이다.

셋째, 다양한 형태의 공동체를 활성화해야 한다. 개인의 자율성을 존중하면서 공동체적 가치도 함께 추구하는 것이다. 개인의 고유성과 다양성을 인정하면서 개인들이 서로 연결되고 협력할 수 있는 구조를 만드는 것이 핵심이다. 이를 위해서는 획일적인 연대가 아니라 다층적이고 유연한 연대의 형태를 모색해야 한다. 지역 공동체, 취미 공동체, 직업 공동체 등 사람들이 소속감을 느낄 수 있는 다양한 공동체를 만들고 지원해야 한다. 예를 들어, 지역 공동체 차원에서는 주민들의 일상적 필요와 관심사를 중심으로 한 느슨한 연대가 가능하다. 육아, 교육, 환경, 문화 등 구체적인 생활 영역에서 시작하여 점진적으로 신뢰를 쌓아가는 방식이다. 이러한 연대는 이념이나 정치적 성향과 무관하게 공통의 관심사를 가진 사람들이 자연스럽게 모일 수 있게 한다. 무엇보다도 젊은 세대가 참여할 수 있는 공동체 활동을 늘려야 한다.

넷째, 청년층의 경제적 어려움과 미래 불안을 해결하기 위한 종합적 대책이 시급하다. 2030 세대 남성들의 극단화 배경에는 경제적 어려움과 상대적 박탈감이 자리한다. 병역 의무 보상은 더 이상 미룰 수 없는 과제다. 정부는 2025년까지 병장 월급을 150만 원으로 인상하기로 했고, 장병내일준비적금 등 정부 지원금을 합하면 병장 기준 월 205만 원까지 실수령이 가능하다. 이는 2022년(약 67만 원) 대비 획기적 개선이다. 전역 후 학업·취업 지원, 병역 경력의 호봉 반영 등도 시행·논의되고 있다. 군가산점제도는 현재 부활하지 않았다. 청년 주거 복지로는 청년 전세임대(최대 1억 2천만 원), 청년 월세 특별지원(월 최대 20만 원), 역세권 첫 집, 장기 공공임대 등 다양한 정책이 시행 중이다.

질 좋은 일자리 창출, 노동시장 개혁, 공정한 채용 절차, 특권 축소 등도 청년 분노 해소의 핵심 과제다. 양질의 일자리 창출은 가장 기본적인 과제다. 이를 위해서는 신산업 육성, 기업의 투자 확대, 공공부문 일자리 창출 등이 종합적으로 추진되어야 한다. 동시에 일자리의 질적 개선도 중요하다. 안정성, 성장 가능성, 사회적 인정 등을 갖춘 좋은 일자리를 늘려야 한다. 주거 안정성 확보도 중요한 과제다. 청년들이 독립적인 생활을 시작할 수 있도록 공공임대주택 공급을 늘리고, 주거비 부담을 줄일 수 있는 정책을 강화해야 한다. 또한 주거의 개념을 단순한 거주 공간을 넘어서 공동체 생활에 기반한 개념으로 확장해야 한다. 공동체 주택, 셰어하우스 등을 통해 청년들이 서로 소통하고 지지할 수 있는 주거 환경을 조성하는 것이 필요하다. 교육 기회의 확대도 중요하다. 평생교육 체계를 구축하여 누구나 자신의 역량을 개발하고 새로운 기회에 도전할 수 있도록 해야 한다. 급변하는 사회에 적응할 수 있도록 디지털 리터러시, 창의성, 협업 능력 등 미래 사회에 필요한 역량을 기를 수 있는 교육을 제공할 필요가 있다. 무엇보다 실패에 대한 사회적 안전망을 구축하여 개인이 도전할 수 있는 환경을 만들어야 한다. 현재의 한국 사회는 실패에 대한 관용이 부족하다. 한 번 실패하면 다시 기회를 얻기 어려운 구조라 많은 사람들이 안전한 선택만 하려고 한다. 이러한 문화를 바꾸어 실패를 학습의 기회로 여기고, 재도전을 지원하는 시스템을 만들어야 한다.

마지막으로, 정치권의 책임 있는 대응이 중요하다. 주류 정당과 정치인들은 단기적 표 계산으로 극단주의적 레토릭을 수용하거나 따라가는 유혹을 경계해야 한다. 일부 보수 정치인이 여성혐오 발언이나 외국인 혐오 공약으로 청년 표심을 얻으려 한 것은 매우 위험한 선례이다. 이는 사회통합에 해를 끼칠 뿐 아니라, 결국 민주정치 자체의 품격을 떨어뜨려 다수 시민의 환멸을 부를 수 있다. 중도 보수 정치권은 극우와 선을 긋고 보편적 가치를 지키는 보수주의를 추구해야 하며, 진보 정치권은 견고한 원칙과 설득으로 극단주의에 맞설 담론적 역량을 키워야 한다. 진보진영의 성찰도 필요하다. 2030 세대 남성들이 민주당 정부하에서 자랐고, 오히려 민주당을 기득권으로 여긴다는 것은 진보진영이 놓치고 있는 중요한 문제를 드러낸다. 조국 사태 등으로 공정 가치에 상처받은 젊은 남성들이 기성 진보도 내로남불이라는 환멸을 느꼈다면, 진보진영은 자신들의 말과 행동의 불일치를 줄이고 더 포용적인 연대를 구축해야 한다. 동시에 정치권 전체가 초당적 협력으로 극단주의 대응에 힘을 모을 필요가 있다. 예컨대 국회 차원의 혐오범죄 방지 특별위원회나 사회통합 TF 등을 구성하여, 서로 입장 차이가 있는 이슈도 대화로 풀고 사회적 합의를 도출하는 모범을 보여야 한다. 입법부와 행정부, 시민사회가 함께 참여하는 거버넌스를 통해 극단주의에 체계적으로 대응하는 국가 전략을 수립해 실행한다면, 민주주의 수호의 토대가 한층 탄탄해질 것이다.

사회 전체의 가치관과 목표를 재설정할 필요도 있다. 성장 위주의 발전 모델에서 벗어나 지속 가능하고 포용적인 발전 모델을 만들어야 한다. 개인의 성공을 경쟁에서의 승리로 정의하는 것이 아니라 공동체에 대한 기여와 개인의 성장으로 재정의해야 한다. 극우 성향 사람들과도 대화의 문을 열어두어야 한다는 어려운 과제도 있다. 상대를 무조건 적으로만 여기지 말고, 왜 그런 생각을 갖게 되었는지 경청하려는 노력이 필요하다. 그래야만 서로를 극단으로 내모는 증오의 쳇바퀴를 멈출 수 있다.

에필로그: 연대의 재구성
─외로움을 넘어 함께 만드는 미래

외로움의 시대에 극우가 확산되는 현상은 단순히 정치적 문제가 아니라 우리 사회의 근본적 구조와 관련된 문제다. 개인의 트라우마와 사회적 단절, 경제적 불평등과 정치적 양극화, 미디어의 왜곡과 교육의 실패 등이 복합적으로 작용하여 만들어낸 결과다. 이는 한국뿐만 아니라 전 세계적으로 나타나는 현상이지만, 각 사회의 고유한 역사적 경험과 문화적 맥락에 따라 다른 양상으로 드러난다. 이 문제를 해결하기 위해서는 개인과 사회, 구조와 문화, 제도와 의식 등 모든 차원에서의 변화가 필요하다. 무엇보다 중요한 것은 외로움을 개인의 문제로 방치하지 않고, 사회 전체가 함께 해결해야 할 과제로 인식하는 것이다. 외로움은 개인의 약점이나 실패가 아니라 현대사회의 구조적 문제에서 비롯된 것이므로 구조적 해결책이 필요하다.

　결론적으로 증오와 고립의 정치를 넘어서기 위해 필요한 것은 '연대의 재구성'이다. 우리는 다시 사회적 유대와 공동체 의식을 되살려야 한다. 극우 포퓰리즘이 가짜 연대로 사람들을 현혹했다면, 우리는 진짜 연대로 대응해야만 한다. 다행히도 국내외에는 연대의 힘으로 위기를 극복한 성공 사례들이 존재하며, 이는 우리의 희망이 된다. 한국의 촛불시민 혁명은 연대의 위력을 보여준 대표적 사례이다. 박근혜와 윤석열의 탄핵을 이끌어냈고, 남녀노소, 진보·보수의 구분 없이 다양한 국민이 비폭력적인 방식으로 "이게 나라다", "국민이 주인이다"를 외치며 하나로 뭉쳤다. 특히 눈에 띄었던 것은 집회 현장의 긍정적이고 축제 같은 분위기였다. 분노의 에너지를 증오가 아니라 희망과 유머로 승화시켜 모두가 즐겁게 참여하는 포용적 운동을 만들어낸 것이다. 그 결과 촛불혁명은 세계가 놀랄 만큼 평화적으로 정권 교체를 이뤄냈고, 한국 민주주의의 성숙도를 보여주었다. 이 경험은 우리 사회 연대의 저력을 증명한 것이자, 향후 어떠한 권위주의나 극단주의가 등장하더라도 시민의 연대로 충분히 맞설 수 있다는 자신감을 심어주었다.

　지금까지 우리는 외로움과 혐오의 악순환이 어떻게 극우를 키우는지 살펴봤고, 이를 끊어내기 위한 여러 대책들을 모색했다. 분명한 것은 이 싸움이 결코 쉽지 않을 것이며 오래 걸릴 것이라는 사실이다. 그러나 비관할 필요는 없다. 인류 역사는 끊임없는 연대의 확대 과정이었다. 과거에는 같은 씨족끼리만 연대하던 사람들이 이제는 민족을 넘고, 인종을 넘고, 성별을 넘어 인류 보편의 연대로 나아가는 중이다. 물론 그 과정에서 매번 극우적 배타주의의 저항이 나타났지만, 최종적으로 역사는 포용과 연합의 방향으로 굴러왔다. 우리가 해야 할 일은 이 거대한 진보의 흐름에 힘을 보태는 것이다. 혐오에 혐오로 맞서지 말고 연대로 이겨내는 것이다. 지금 고개를 들고 있는 극우라는 어둠에 기죽지 말자. 우리가 서로의 손을 맞잡을 때, 그 어둠은 물러갈 것이다. 연대만이 미래를 밝히는 촛불임을 굳게 믿으며 우리 모두 함께 그 길로 나아가자.

"전망을 논하는 게 무의미하죠. 그냥 열심히 해야 합니다. 왜냐하면 저도 구성원 중에 한 사람이니까요. 미국이 어떻게 될 것 같습니까? 그런 건 말할 수 있어요. '갑갑하다' 이런 식으로요. 그런데 저는 대한민국의 구성원이고 그 안에서 행위하는 사람이잖아요. 내가 뭘 어떻게 하는가에 따라서 결과는 달라질 수 있다고 생각하면서 지금 이 순간을 살아가는 시민들이 많을수록 결과가 좋아지지 않을까요?" (서복경)

"저는 한국 사회를 낙관합니다. 그게 종교가 사회에 줄 수 있는 가장 중요한 메시지 같아요. 종교가 사회에 줄 수 있는 가장 나쁜 것은 혐오와 차별과 편견을 통해 선동하는 정치라고 생각해요. 반대로 종교가 사회에 줄 수 있는 가장 긍정적인 것은 어두울 때 미래에 대한 희망을 주는 것이라고 생각합니다." (박성철)

12·3 계엄은 우리에게 많은 것을 깨닫게 해주었다. 민주주의가 얼마나 소중하고 동시에 얼마나 취약한지, 극우가 어떻게 형성되고 확산되는지, 그리고 우리가 어떻게 이에 대응해야 하는지를. 한국의 극우는 해방 이후부터 이어진 긴 역사를 갖고 있으나 특히 2016년 이후 외로움과 박탈감이라는 새로운 토양과 제도권 정치와의 결합으로 급속히 성장했다. 하지만 우리에게는 이를 극복할 힘이 있다. 그 힘은 바로 연대에서 나온다. 인

간은 본래 연대할 수 있는 존재이고, 위기 속에서도 서로를 돌보고 협력해 왔다. 지금 이 순간에도 수많은 사람들이 더 나은 세상을 만들기 위해 노력하고 있다. 외로움을 넘어, 연대로. 혐오를 넘어, 공감으로. 배제를 넘어, 포용으로. 그렇게 우리는 극우 시대의 민주주의를 지켜나갈 수 있을 것이다.

극우는 분명 강력한 도전이지만, 그것이 우리의 운명을 결정하는 것은 아니다. 우리 각자가 어떻게 행동하느냐에 따라 결과는 달라질 수 있다. 중요한 것은 절망하지 않고 끝까지 "열심히 하는 것"이다. 서로의 이야기를 경청하고, 외로운 이웃에게 손을 내밀고, 작은 연대부터 시작하자. 그런 노력들이 모여 큰 변화를 만들어낼 것이다. 들어주는 사람이 있는 한 우리는 결코 사라지지 않는다. 그리고 우리가 서로의 이야기를 들어주는 한, 극우의 유혹을 이겨낼 수 있다. 외로움의 시대를 끝내고 연대의 시대를 여는 것, 그것이 우리가 극우의 위험에서 벗어나 건전한 민주주의를 지켜나갈 수 있는 유일한 길이다.

제7장 시민운동

두 번째 위기,
두 번째 교훈

이미현

시민단체 활동가. 다른 국가의 빈곤을 퇴치하는 일도 결국 우리나라 제도를 바꾸는 데에서 시작된다는 깨달음으로 2012년부터 참여연대에서 활동하고 있다. 2016년 박근혜퇴진비상국민행동에 몸담으며 촛불광장을 가까이에서 보고 느낄 수 있었다. 2024년 윤석열즉각퇴진·사회대개혁 비상행동에서는 집회 사회자로 함께했다.

인터뷰 참여자　**양이현경** (한국여성단체연합 공동대표)
　　　　　　　　엄미경 (전국민주노동조합총연맹 부위원장)
　　　　　　　　이승훈 (시민사회단체연대회의 운영위원장)
　　　　　　　　이한솔 (윤석열물어가는범청년행동 운영위원장)

두 번째 대통령 탄핵이다. 한국 사회를 지탱하고 있다고 믿었던 '민주주의'라는 둑이 또다시 붕괴할 위기에 놓였다. 2016년 맨주먹으로 민주주의 붕괴를 막은 경험은 분명 시민의 위대한 승리였다. 그러나 두 번째도 시민의 완전한 승리로 끝날지는 아직까지 확언하기 힘들다. 12·3 비상계엄 이후 4개월간 탄핵을 외친 광장은 승리를 향해 나아가는 듯했지만, 한 발짝 뗄 때마다 몰아치는 위기의 순간은 계속해서 우리에게 질문을 던졌다. 과연 시민의 힘으로 대한민국 민주주의를 지켜낼 수 있는가?

시민의 힘은 개인으로부터도 나오지만, 개인이 결집한 시민단체가 강하게 발산하는 힘을 빼놓고는 이야기할 수 없다. 한국에는 풀뿌리 단체부터 단체들의 단체인 연대체에 이르기까지 형태와 규모가 제각각인 단체가 다수 존재한다. 정부 통계에 따르면 2024년 기준 국내 비영리민간단체는 13,937개에 이른다. 시민단체의 성격을 띠는 노동조합이나 재단, 법인, 미등록 단체들까지 포함하면 시민사회의 규모는 더욱 크다.

사회 공동체를 위협하는 사건이 발생하거나 문제가 생겼을 때 이들 단체는 종으로 횡으로 층층이 서로 연결되어 움직이기 시작한다. 검찰 개혁, 중소상인에 대한 대기업의 갑질, 무상의료, 장애인 인권, 한반도 평화 등 주제도 다양하다. 전국 단위 모임도 있고 지역별 모임도 구성되어 있다. 전국 단위의 연대체는 대선이나 총선과 같은 전국적 이슈가 있을 때마다 지역을 넘어 활발히 작동한다. 여러 단위에 걸쳐 참여하는 단체들은 소통과 네트워킹의 주요 역할을 맡게 된다.

사건이 발생했을 때 신속하게 시민단체들이 모이고 일사불란하게 역할을 나누어 협력할 수 있는 비결이 바로 여기에 있다. 2017년 박근혜 대통령이 탄핵당할 때 해외 언론과 시민단체들이 가장 궁금해했던 것 중 하나도 바로 이 점이었다. 무엇보다 평소에 사안이 생길 때마다 부문별, 주제별로 협력한 경험과 꾸준히 신뢰를 쌓아온 것이 이번 비상계엄과 같은 긴박한 상황에서 더욱 빛을 발할 수 있었다.

1,739개 단체(2025년 4월 말 기준)가 모인 윤석열즉각퇴진·사회대개혁 비상행동 역시 그렇게 시작했다. 12월 4일 아침 계엄 선포를 규탄하는 성명이 여러 연대체로 퍼져 하나의 목소리를 만들어냈고, 바로 그날 저녁 집회가 열렸다. 이후 체계를 갖춰가며 4개월간 활동한 끝에 결국 윤석열의 파면을 이뤄냈다. (윤석열 파면 이후 '내란종식·사회대개혁 비상행동'으로 이름을 변경했다. 이하 '비상행동'.)

탄핵 선고가 끝나고 2025년 4월 25일 '12·3 내란과 그 이후, 시민운동의 관점에서'라는 주제로 비상행동에 참여했던 활동가 4명을 만났다. 비상행동은 전국적으로 100여 곳에서 1,800회 이상의 집회·시위를 열었다. 서울에서만 총 67차례의 집회를 개최했다. 그 현장마다 빠지지 않고 동분서주했던 양이현경 한국여성단체연합 공동대표, 엄미경 전국민주노동조합총연맹 부위원장, 이승훈 시민사회단체연대회의 운영위원장, 이한솔 윤석열물어가는범청년행동 운영위원장을 초대해 인터뷰를 진행했다.

결사 항전의 삼박자

2024년 12월 3일 저녁 10시 27분, 윤석열 대통령이 심야 긴급 담화를 시작했다. 비상계엄 선포를 알리는 6분 15초짜리 발표였다. 담화가 채 끝나기도 전에 각 시민단체의 단체 대화방에 소식이 올라왔다. 연대체 방에도 같은 내용이 실시간으로 퍼졌다. 이어 비상계엄 선포 전문이 올라오고, 계엄법의 내용과 국회의 계엄 해제 절차, 과거 계엄 사례들이 공유됐다. 일체의 정치활동을 금지한다는 포고령의 내용도 금방 전해졌다.

각 단체 대화방에 오가는 짧은 메시지들 사이로 긴장감과 긴박감이 느껴졌다. "물리력으로 국회 소집을 막을 수도" 있다며 "시민들에게 국회 앞으로 모이자고 해야 한다."라는 제안에서부터 "옷 입고 지침이 내려올 때까지 대기하겠다.", "며칠 집에 못 들어갈 수 있으니 짐을 싸야 한다."라는 말까지 나왔다. "다들 어디? 조심해야 해", "긴급 연락망 확인" 등 안부를 확인하는 말들도 바삐 오갔다. '반국가 세력 척결'을 운운하는 계엄 선포문은 '예비 검속'이 재현되지나 않을까 하는 공포심을 주기에 충분했다.

단체별 온라인 긴급회의가 소집되고 행동 지침이 내려졌다. 누군가는 국회 앞으로 뛰어갔고 누구는 주거지를 나와 명동성당 근방으로 이동했다. 또 어떤 이는 성명서를 쓰고 다음 날을 준비하기 시작했다. 시민사회의 저항이 계속 이어져야 한다는 생각만큼은 다들 똑같았다. 의원들과 보좌관들이 경찰에 막혀 몰래 담을 넘는다는 소식과 경찰이 의원 출입은 허용했다는 상반된 소식이 오고 갔다. 국회 쪽에서 헬기 소리가 크게 들린다는 증언과 국회 본청 출입구에서 보좌진들과 총기를 든 군인들이 대치하는 사진이 재빠르게 공유됐다.

국회 담장 밖에는 시민들이 속속 모이고 있었다. 계엄을 겪어본 5060 세대와 계엄을 책으로 배운 아래 세대가 섞여있었다. 국회 일대에서 현장을 생중계하는 온라인 채널에는 '말도 안 된다', '믿을 수 없다'는 실시간 댓글이 셀 수 없이 쏟아졌다. 댓글들 사이에는 단체활동가들이 주고받았던 대화와 판박이인 정보도 있었다. 국회 재적의원 과반수의 찬성으로 계엄 해제를 요구한 때에는 대통령이 즉시 이를 해제해야 한다는 헌법 조항과 과거 사례들이 소환됐다. 지금 무엇을 해야 하는지 시민들 다수가 이미 알고 있었다.

"(유튜브 쇼츠에 나온) 장갑차 막은 분이 민달팽이주택협동조합 활동가인데, 그분들이 작전을 짜고 간 건 아니었거든요. X(옛 트위터)로 정보가 빠르게 돌면서 거의 밤 11시 전에 이미 뭘 해야 하고 어떻게 대응해야 하는지도 다 확인되었어요. 그래도 제 주변에서 그 순간에 거기까지 갔던 사람들은 그동안 한 발이라도 시민사회에 걸쳐있던 사람들이었던 것 같아요."

(이한솔)

'내란의 밤'에 현장으로 뛰어온 사람들은 막연하게나마 무엇을 해야 할지 알았다. 물론 당시 현장으로 가면 위험할 수 있다는 것을 본능적으로 느꼈지만 그 두려움이 여의도로 향하는 발길을 멈추게 하지는 못했다. 국회 앞에는 먼저 도착한 일부 활동가들이 구호를 외치고 있었다. 그러나 그들이 현장을 지휘할 상황도, 여건도 아니었다. 시민들은 각자 자신들이 할 수 있는 역할을 하며 국회가 계엄을 해제할 때까지 버텼다. 누군가는 국회 정문을 막고 있는 경찰에게 항의했고, 누군가는 군인들이 버스에서 내리지 못하도록 문을 막고 시간을 벌었다. 군용차가 여의도로 진입하는 것을 맨몸으로 막거나 군인들과 경찰을 향해 호통을 치고 호소하는 사람도 있었다.

"사무실이 국회랑 되게 가까워서 가봤거든요. (국회로 향하는) 전체 차로가 막혀 있었는데도 그 많은 사람들이 차를 끌고, 지하철도 타고 다 오셨어요. 헬기랑 장갑차가 온다고 하는데, 죽을지도 모르는 거잖아요. 그런데도 시민들이 그냥 온 거예요. 뭔가가 벌어지면 몸으로 막아야 한다는 그런 각오까지 하고 오셨다고 생각해요." (양이현경)

국회 안에서는 보좌진들이 책걸상으로 바리케이드를 쌓고 인간 띠를 만든 채 무장한 군의 본청 진입을 막았다. 말 그대로 국회 안팎은 "결사항전"(엄미경)이었다. 약속이나 한 듯이 국회를 지킨 보좌진들과 시민들의 치열한 저항, 그리고 소극적으로 임한 군경까지 '삼박자'가 잘 짜맞춰진 순간이었다. 그 덕분에 비상계엄은 6시간 만에 빠르게 종료될 수 있었다. 시민들의 저항의 힘이 만든 결과였다.

"계엄 군경이 위축되어 있었고, 또 시민들의 자발적인 역동성이 발현됐고, 아는 사람들의 얘기를 들어보니까 의회 안에서도 엄청 치열했더라고요. 정말 결사 항전의 시간이었습니다. 그날 당일은 우리 모두가 약속이나 한 듯이 삼박자가 잘 맞았던 것 같아요. SNS를 통해 '지금 비상계엄이 선포되었습니다'라는 소식이 전해짐과 동시에 행동한 시민들에게 공통의 정치적 목표가 존재했다고 봅니다. 계엄 이전에는 투쟁 기조가 퇴진이냐 심판이냐 하는 논쟁도 많았지만, 그런 논쟁을 떠나서 이미 시민들 사이에 윤석열 정권의 반민주성, 반민중성을 이대로 두면 안 된다는 일정한 공통적 인식이 존재했다고 생각합니다. 이렇게 축적된 분노들이 계엄을 계기 삼아 터지면서 폭발적 행동으로 나타난 양상이지 않았을까 합니다." (엄미경)

비상계엄이 해제되고 채 몇 시간이 지나지 않은 시각, 동이 트자마자 노동시민사회 활동가들은 광화문 광장으로 집결했다. 수백 명의 활동가들이 겹겹이 광장을 채웠다. 밤새 한시도 눈을 붙이지 못한 얼굴들이었다. 불법 계엄을 규탄하고 전면적 저항운동을 선포하는 시민사회 기자회견이었지만 모인 인원을 보면 집회에 가까웠다.

그들은 국민의 신임을 배반한 윤석열이 더 이상 대통령직을 수행하도록 용납할 수 없다고 선포하고, 내란죄 윤석열 퇴진을 위한 시민촛불집회를 시작한다고 알렸다. 이미 정권 초기부터 거부권 행사, 언론 탄압, 수사 외압, 선거 개입 등 온갖 사안들로 집회를 이어왔지만, 이날만큼 분야와 상관없이 각계의 활동가들이 한자리에 모인 것은 2016년 박근혜 퇴진 시위 이후 처음인 것 같았다.

비상계엄 선포 다음 날인 12월 4일 저녁부터 시작된 시민들의 촛불집회는 12월 7일 국회의 윤석열 탄핵소추안 표결을 앞두고 여의도로 옮겨갔다. 국회 앞 도로는 일찍부터 국회의사당역 출구에서 쏟아져 나오는 시민들로 가득 찼다. 12월 7일 집회를 주최한 측은 '내란죄 윤석열 퇴진! 국민주권 실현! 사회대개혁! 범국민촛불대행진'이라는 임시 기구였다. 비상행동이 출범하기 전이었다.

자원봉사자들을 얼마 모집하지 못했기에 당연히 대규모 인파에 대응할 준비가 충분치 않았다. 질서 유지 역할을 맡은 활동가들은 몇 시간도 지나지 않아 목이 다 쉴 정도였다. '우측통행이요', '서 계시지 말고 움직여 주세요'를 몇 번이고 외쳤지만, 계속해서 밀려드는 사람들을 도저히 감당할 수 없었다. 자칫 인파로 인한 사고가 날까 내내 불안한 심정이었다. 집회에 참석한 10·29 이태원 참사 유가족들도 인파에 꽉 막혀 한참을 오도 가도 못했다. 이내 그들의 얼굴은 눈물로 범벅이 됐다. 압사로 희생된 자식들이 떠올라 견디기 어려웠겠지만 가족들은 끝까지 집회에 함께 했다.

국회 앞 도로를 넘어 여의도공원까지 사람들로 가득 찼다. 무대는 보이지도 않고 피켓도 모자라 스피커 소리에만 의지해야 하는 상황임에도 시민들은 계속해서 국회 앞으로 모여들었다. 표결 정족수 미달로 탄핵소추안 처리가 한 차례 미뤄지자 국민들의 불안과 분노는 더욱 커졌다. 전시·사변 또는 이에 준하는 국가비상사태가 아님에도 비상계엄을 선포한 대통령을 두둔하고 탄핵 반대를 당론으로 정한 국민의힘에 대한 분노는 시민들을 계속해서 광장으로 이끌었다.

"(12월 14일) 인원 추산 때문에 무대 맨 뒤까지 가서 봐야겠다 싶었거든요. 샛강역까지 갔는데도 사람들이 계속 들어와서 결국 포기했어요. 지금 가봐야 무대를 볼 수도 없고, 심지어 소리를 잘 들을 수도 없었거든요. 그런데도 시민들이 모이는 이유가 궁금했습니다. '이 사람들이 왜 오는 거지? 뉴스를 보면 될 텐데'라는 생각이 들었는데, 퍼뜩 '자기 안의 동력으로 나오고 있구나'라는 걸 깨달았어요. 그때가 사실은 제일 인상적이었던 것 같아요." (이승훈)

남태령과 신인류

2016년 박근혜의 국정농단 사건은 매주 광장을 채운 촛불집회를 통해 대통령 파면으로 귀결됐다. 2024년 다시 대통령 탄핵과 파면이 재현됐다. 짧다면 짧은 8년의 시간차를 두고 일어난 두 개의 탄핵 집회는 비슷한 듯 다른 모습이었다. 똑같은 역사란 없었다.

일례로 2016년 집회는 기존의 운동권 집회 문법을 많이 따라갔던 반면 2024년에는 시민들이 참여해 함께 만들었다고 할만한 요소가 많았다. 주최 측 발언은 최소화하고 미리 신청받은 시민들의 발언을 주류로 배치했다. 시민들의 손에 들려있던 '촛불'의 자리는 형형색색의 다양한 '응원봉'이 차지했다. 촛불은 아예 찾아보기도 힘들었다. 첫 집회를 준비하며 주최 측이 사둔 만 개의 양초와 종이컵은 윤석열이 파면되는 그날까지 거의 그대로 남아있을 정도였다.

광장에 나온 집회 참가자의 구성에서도 변화가 체감됐다. 특히 2030 여성의 존재감은 압도적이었다. 실제 수치상으로도 이전과 확연히 구분되는 비중이다. 서울시가 제공한 '서울 생활인구 데이터'에 따르면 국회 탄핵소추안이 가결되던 12월 14일 여의도에 모인 인구 중 20대와 30대 여성이 14만 7천여 명으로 전체의 28.4%를 차지했다고 한다. '촛불은 금방 꺼진다'며 시민들의 집회 참여를 얕잡아보던 한 보수 정치인의 말에 질세라 바람이 불어도 꺼지지 않는, "내가 가진 물건 중에 가장 빛나고 소중한 응원봉을 들고나왔다."라는 세대가 바로 이들이다.

압도적인 숫자보다 더 중요한 것은 2030 여성들이 바꿔놓은 집회의 풍경이었다. 음악과 구호, 집회 분위기와 연대의 전형까지 모두 달라졌다. 응원봉과 케이팝으로 구성된 집회 플레이리스트는 그 시작이었을 뿐이다. 비상행동 활동가들이 체감하는 이들의 연대와 '물량 공세'는 과거 어떤 집회에서도 느끼지 못한 경험이었다. "초콜릿도 주고, 떡도 주고, 행진 사회자들에게는 추우니깐 뜨거운 물도 갖다주고."라며 지난 겨울 내내 2030 여성들로부터 먹을 것을 정말 많이 받았다고 단체활동가들이 증언할 정도였다. 아마도 12월 7일 국회 탄핵소추안이 1차 부결된 후 '낙담'보다는 '결국 우리가 해낸다'라는 열기가 국회 앞을 가득 채울 수 있었던 것도 이러한 뜨거운 연대 덕분이었을 것이다.

"그동안 집회를 하면 대표나 주요 단체 주최자들이 맨 앞에 앉거나 했는데 어느 때부터, 아마 국회부터 시작이었을 거예요. 응원봉을 든 젊은 여성들이 새벽부터 준비하고 비상행동 활동가와 비슷한 시간이나 더 이전부터 와서 앞자리에 앉아 있었어요. 자리 잡는 게 일종의 덕질 문화이거든요." (양이현경)

12·3 비상계엄이 터지고부터 윤석열이 파면되기까지 약 4개월간 광장에서 함께 했던 시민들에게 가장 가슴이 뭉클했던 순간이 언제냐고 묻는다면 대부분은 골바람이 매섭게 불던 '남태령'의 동짓날 긴 밤을 꼽을 것이다. 전국농민회 '전봉준투쟁단'의 트랙터 행렬이 서울지하철 4호선 남태령역 부근에서 경찰들이 세운 차벽에 가로막혔다. 이 상황이 'X'를 통해 알려지면서 수천 명의 시민들이 연대하러 모였고, 이는 추위 속에서 서로를 돌보고 이해하게 되는 밤샘 집회로 이어졌다. 그날 밤 남태령을 가득 채운 사람들의 상당수도 2030 여성들이었다. "우리에게 가장 소중한 응원봉처럼 농민에게 소중한 트랙터를 끌고 나온 것"이라는 한 시민의 발언처럼, 2030 여성들의 '감각'과 '방향', '연결'을 절절하게 느낄 수 있는 시간이었다.

한남동 집회도 마찬가지였다. 시민들이 먼저 나서고 비상행동이 따라간 집회였다. 밤이 깊어져 집회를 끝내려고 해도 시민들이 줄어들지 않았다. 이에 비상행동 상황실에서는 밤샘 집회를 급히 결정하고 시민 발언과 공연을 이어갔다. 밤새 눈발이 날리고 온도가 크게 떨어졌지만 시민들이 보내준 은박담요, 난방 버스, 푸드트럭 등이 도착하며 걱정을 한시름 놓을 수 있었다.

강추위 속에서 눈을 맞으면서도 자리를 떠나지 않았던 '키세스단'은 시민들이 쏟아준 힘으로 그 밤을 버텨냈다. 비상행동 활동가들도 시민들이 보내온 정성 덕에 키세스단과 함께 삼 일 밤낮 거리를 지킬 수 있었다. 행사 기획팀과 상황 실장들, 무대 음향 담당자들은 한시도 무대 곁을 떠날 수 없어 날이 갈수록 초췌해졌다. 그래도 시민들이 보내준 샌드위치, 주먹밥, 컵라면, 어묵으로 끼니를 때우고 잠깐씩 난방 버스나 개인 차량에 앉아 쪽잠을 자며 버텼다.

"여성단체에서는 2030 세대의 여성들은 뭔가 인류의 종이 바뀌었다고도 얘기해요. 감각과 방향과 연결, 이런 것들에서요. 저만 해도 운동이라는 것을 학교에서, 사회에서 배우고 공부로 배워서 시민운동을 하는 거거든요. 그런데 최근 2030 여성들은 정말 자기 삶의 현실에서 부닥치며 느꼈던 여러 가지 힘을 가지고 사람들과 연대하거나 이런 데 참여하는 것 같은 거예요. (중략) 한강진에서 2박 3일간 밤샘했을 때 급하게 물품 지원을 위한 오픈 채팅방을 만들었어요. 700명 정도가 모였는데 거의 다 여성들이었어요. 자기의 모든 자원과 SNS를 동원해서 난방 버스 물품을 사고 나르는 걸 봤을 때, 뭐라고 해야 하지? 가치관과 방향의 문제나 평등에 대한 감각이 아니라 어떻게 함께 살아갈 건가 하는 생존의 문제로 다가왔어요. 이러한 2030 여성들의 특성은 자기가 실제로 겪은 차별과 폭력의 현장에서 경험한 것을 통해 '나라도 무엇인가 해야겠다'라는 생각으로 작동했다고 생각합니다." (양이현경)

'인류의 종이 바뀌었음'을 알려준 2030 여성들의 적극적인 연대와 참여는 '남태령 대첩'에 국한되지 않았다. 그날 밤 뜨거운 연대와 승리를 경험한 시민들이, 그리고 남태령에 가지 못해 부채감을 느낀 시민들이 새롭게 연대할 대상을 찾기 시작했다. 그 뜨거운 응원은 세종호텔, 구미 한국옵티칼 공장에서 고공 농성하는 노동자들에게도 전해졌다. 동덕여대 학생들과 장애인 차별 철폐 운동을 벌이는 인권 단체에도 이어졌다.

전태일의료센터 건립을 위한 모금 캠페인도 그 대상 중 하나였다. 2030 여성들이 모인 한 온라인 커뮤니티에 전태일의료센터 건립에 후원하자는 글이 올라오자, 모금 사이트 서버가 두 번이나 다운될 정도로 많은 이들이 기부에 참여했다. 이를 계기로 의료센터 후원자의 구성은 전체의 70%가 20~30대, 여성이 80%로 완전히 바뀌었다. 뭔가에 동참하고 싶을 때 자기가 할 수 있는 최대한의 방법을 적극 모색하고, 참여와 연대로 자신들의 공감하는 감정과 의사를 표출하는 데에 거리낌이 없는 모습이었다.

"사람들이 뭔가에 동참하고 싶을 때 '어떻게 해야 하는지'를 잘 모르잖아요. 그런데 이번 광장에서는 자기가 할 수 있는 영역에서 모두가 자기표현을 다했다고 생각해요. 예를 들어 푸드트럭이든, 응원봉이든, 선결제든, 꼭 광장에는 안 나오더라도요. 옛날하고 확실히 달라진 게, 사람들이 자기표현을 주저하지 않고 '내가 이렇게 행동해도 될까, 안 될까?' 이런 생각을 하지 않고 할 수 있는 모든 것을 굉장히 적극적으로 모색해서 실제로 표현해 냈다고 봐요. 이게 젊은 세대들의 특징 중 하나라고 생각해요." (엄미경)

이렇게 열심히 집회에 나오고 열정적으로 임하는 2030 여성들에 대한 기성세대의 첫 반응은 '대견하다'는 것이었다. 이제 젊은이들이 정치에 관심을 가지게 되었다는 식의 해석이다. 그러나 이들에게 돌아온 2030 세대의 답은 '우리는 언제나 광장에 있었다'는 것이었다.

"2030 여성들이 갑자기 나왔다고 생각하지 않아요. 전 세계적으로 미투 운동이 일어났고, 한국 사회에서는 강남역 살해 사건 이후로 모든 여성이 각성했다고 얘기하거든요. 내 일상의 안전이 위협받은 거죠. 성차별, 폭력의 문제에 스스로 각성하고 뭔가를 하지 않으면 안 되는 상태까지 왔어요. 여성들은 실제로 자신들의 경험에서 느끼고 있다고 생각해요. '내가 혼자 있을 게 아니라 광장에 나가서 뭐라도 하고 연대도 하고 연결도 해야겠다'라고요. 저는 이게 남태령과 한강진으로 다 이어지는 방식이라고 생각하거든요. 특히 2030 여성들은 그 감각을 스스로 체득했고, 사회 변화를 어떻게 가져갈지 광장에서 보여줬다고 생각해요." (양이현경)

실제로도 퇴진 집회에 나온 청년 중 상당수는 이전에도 여러 집회에 참여한 경험이 있다. '윤석열 퇴진을 위해 행동하는 청년들(이하 윤퇴청)'이 올해 초 윤석열 퇴진 집회 참여 경험이 있는 10~30대 청년을 대상으로 온라인 설문조사를 실시했다. 응답자 954명 중 여성이 76.7%였는데, 이들

중 이전에 다른 집회에 참여해 본 경험이 있다고 답한 응답자는 63.1%에 달했다. 특히 전체 응답자 중 여성 다수는 성평등 집회에 참여한 적이 있다고 답했다.

과거에는 광장에 나온 여성들을 '촛불소녀', '유모차(유아차)부대' 등으로 부르며 집회의 이색적인 현상인 양 취급했다. 그러나 2030 여성들은 항상 광장에, 집회 현장에 있었다. 무엇보다 여성 관련 의제가 불거졌을 때마다 꾸준히 목소리를 내왔다. 2016년 강남역 묻지마 살인 사건, 2018년 미투 운동과 불법촬영 편파수사 규탄 혜화역 시위, 낙태죄 폐지 촉구 시위, 2024년 딥페이크 규탄 시위 등 성평등 관련 집회에 많은 여성들이 참여했고 거리에 나섰다.

여성가족부 폐지를 공언한 윤석열 정부에 대한 여성들의 분노와 저항 의식이 축적된 것도 그들이 집회에 참여한 계기 중 하나였다. 무엇보다 이러한 경험들이 광장에서 연대하고 연결하는 것이야말로 사회 변화를 가져오는 방식이라는 것을 체득하는 계기가 되었다.

평등하고 안전한 광장 만들기

지금의 2030 여성들이 기성세대와 가장 구별되는 점은 '중심'에 놓고 있는 사상과 의제가 다르다는 것이다. 페미니즘이라는 가치관을 빼놓고는 이들을 설명할 수 없다. 혐오와 차별, 폭력으로부터 안전한 사회라는 지향점이 분명하다. 2030 여성들은 부당하게 가해지는 폭력과 차별, 배제에 고통받아 온 이들에 즉각적으로 반응하고 이들과 함께하는 데에 누구보다 앞장서는 존재다. 비상계엄이 선포됐을 때 공공의 안녕이라는 명분으로 국가 폭력을 정당화하는 상황에 젊은 세대들이 예민하게 반응한 것도 어쩌면 당연한 결과였다.

그동안 광장을 이어온 주류 집단 중 2030 여성은 가장 주도적이고 적극적이다. 2030 여성이 광장의 주류 집단이라는 것은 단지 젊은 여성들이 광장을 가장 많이 채웠다는 의미만은 아니다. 시민단체들은 과거 경험해 보지 못한 수준의 적극적인 참여와 연대의 마인드로 광장을 채우는 이들과 '어떻게 호흡할 것인가'라는 커다란 과제를 떠안은 셈이다.

비상행동 역시 매주 퇴진 집회와 행진을 준비하며 그 과제를 어떻게 풀어나갈지 고민했다. 엄밀히 말하면 비상행동이 먼저 '평등 집회를 만들어야 한다'라고 외친 게 아니라, 광장을 채워준 시민들의 요구에 시민사회가 8년 전보다 성숙하게 반응하려 노력한 것이다. 그리고 시민들은 광장의 목소리를 다양하게 채우는 데에 굉장히 적극적으로 참여했다.

비상행동 탄핵 집회는 매주 집회 시작 전 사회자를 통해 참가자들에게 안내하는 사항들이 있다. 그 중 '평등약속문'은 빠지지 않는 안내 사항이었다. 평등약속문은 아래와 같이 시작한다.

"우리는 성별, 성적 지향, 성별 정체성, 장애, 연령, 국적 등에 관계없이 모두가 동등한 참여자입니다. 모든 참여자는 발언 시 반말이나 비속어를 사용하지 않고, 여성, 성소수자, 장애인, 청소년, 이주민 등 사회적 소수자와 비인간동물을 차별하거나 대상화하는 말과 행동을 하지 않습니다."

그뿐만이 아니다. '신체 접촉 및 성희롱을 하지 말라'는 경고 문구와 함께 '문제가 생기면 당사자에게 해결을 맡기지 않고 주변에서 적극 대처하고 주최 측에 즉시 문제를 알리라'고 안내한다. 광장의 참가자 누구라도 불편하거나 안전하지 못하다고 느끼는 상황을 다 같이 예방하자는 의지였다.

2016년 박근혜 탄핵 집회 때에도 평등약속문을 만들었지만 그때는 잘 지켜지지 않았다. 무대에 오른 일부 참가자 발언이 문제가 되기도 했고 공연에서 나온 노래의 성차별적인 가사로 인해 많은 항의를 받기도 했다. 2024년 탄핵 집회도 처음부터 이런 문제가 없었던 것은 아니었다. 12월 여의도 집회에서 욕설이나 성차별적 발언들이 들리기 시작했고, 자유 발언을 하기 위해 무대에 오른 한 여성단체 활동가는 야유와 함께 "또 페미니즘 얘기하냐"라는 반응을 들어야 했다.

다음 날 바로 여성단체들은 평등약속문을 급히 만들어 비상행동 운영위원장들에게 "당장 다음 집회부터 화면에 띄우고 사회자가 읽어야 한다."(양이현경)라고 요청했다. 8년 전에도 평등약속문이 있었던 터라 이를 준비하는 것은 어렵지 않았다. 활동가들은 이 평등약속문이 정착될 수 있도록 자원봉사자 오리엔테이션부터 무대 발언자와 사회자 안내까지 하나하나 꼼꼼히 챙겼다.

> "평등약속문이 이번 광장을 평등하게 만드는 데에 중요한 역할을 했어요. 거기 문구에 다 나오거든요. 여성, 성소수자, 장애인, 이주민, 청소년을 하나씩 호명하면서 (이들을 향해) 혐오와 차별을 하지 말라고 했을 때, 많은 참여자들이 안전을 느꼈을 거라고 생각합니다. 이 문구가 그다음부터 '내가 페미니스트'라거나 '성소수자'라고 얘기할 수 있는 계기가 되지 않았을까 싶어요." (양이현경)

비상행동 탄핵집회는 시민들의 발언으로 순서의 절반 이상을 채웠다. 시민들의 분노와 광장의 요구가 무엇인지 드러내는 가장 정직한 방식이기 때문이다. 참가자의 다수가 2030 여성이다 보니 발언자 중에서도 이들의 비중은 컸다. 그러자 항의가 이어졌다. "왜 발언이 죄 페미니즘, 성소수자 이야기냐, 탄핵집회에서 기후위기는 도대체 왜 얘기하는 거냐?"라는 식이었다. 또한 소수 정당 발언이라든지 일본 시민의 연대 발언에 일부 민주당 지지자들은 야유를 하거나 주최 측에 항의하는 등 배제적이고 고압적인 태도를 보여주기도 했다. 그럼에도 비상행동은 광장의 목소리가 풍성해지도록 하는 길을 택했다.

"저는 알바를 구하다 아빠뻘의 남성에게 성희롱을 당한 여성이고, 집에만 틀어박혀 있는 동안 몸만 멀쩡한 병신이라고 모욕당한 장애인이고, 해외에서 휴게 시간과 최저 시급을 보장받지 못하고 취업할 뻔했던 이주노동자고, 2030 여성과 2030 남성 바깥에 있고 싶은 통계 밖의 성소수자고, 물류센터에서 일하다 허리뼈에 금이 가서 차라리 쿠팡이라도 가라는 말에 몸서리치는 노동자이고, 비정규직 경력자를 박대하는 병원의 인력 운용 때문에 역할 밖의 노동을 해야 했던 파견근로노동자이고, 정상성을 강요하는 공간을 견딜 수 없어 도망쳐 나온 학교 밖 청소년이었고, 자신의 권리를 스스로 주장할 수 없는 처지였던 가정폭력 피해 아동이었고, 반기후적인 세상에 저항해 왔지만 집에서는 고기 먹길 강요당하는 채식 지향인이에요.
그러니까 여러분의 일부를 합친 것이 저입니다. 제가 갖고 싶었던 것이 아닌 가해진 폭력으로, 멸시해 마땅한 편견으로, 꺾을 수 없는 신념으로, 체념하는 습관으로 저를 이루고 있어요. 제 것이라고 부르고 싶지 않은 것들이 제 것이 되어있기도 하지만 저는 절 이루고 있는 것들을 미워하고 싶지 않아요."
— 윤석열 대통령 관저 앞 집회 중 익명의 청년 발언, 한강진역, 1월 3일

"저는 스무 살에 집을 나왔습니다. 맞아 죽지 않기 위한 최소한의 선택이었습니다. 청소년 쉼터에 갔지만 거기에 트랜스젠더를 위한 자리는 없었습니다. 그래서 저는 병든 심신을 이끌고 나와 통장도 없고, 전화번호도 없는 중졸의 무경력자를 받아주는 일터를 찾아 헤매야 했습니다. 뷔페는 그런 저를 아주 좋아했습니다. 고시원 월세를 내야 하니 힘들다고 그만두지도 않고, 바쁜 명절에 집에 가지도 않으니 계속 출근하고, 학력이 없으니 최저임금만 줘도 되는 아주 좋은 노동자였습니다. 제게도 뷔페는 아주 좋은 직장이었습니다. 일단 밥을 줍니다, 그리고 밥을 줍니다. 물론 탈의실을 못 쓰게 해서 남들이 다 퇴근하면 조리복을 갈아입기도 했고, 정직원 기분에 따라서 입술 색을 바꿔야 하기도 했고, 내일부터 출근해달라고 근로계약서를 썼던 사장이 '우리 직원이 트랜스젠더랑 일하기 싫으니 나오지 말라'고도 했지만 굶어 죽을 걱정 안 해도 되는 유일한 직장이었습니다.

저는 거기에 만족했었습니다. 그런 의미에서 여성의 날이 저에게 지은 죄가 참 많습니다. 저는 빵만 먹으면서 잘 살고 있는 줄 알았는데, 빵과 장미라는 말을 알려주는 바람에 제 존엄성까지 챙겨야 하는 삶을 살게 되어 버렸습니다. 큰일 났습니다. 덕분에 저는 지금 좋은 환경에서 존엄성을 챙기면서 일하고 있지만 최저임금을 받지 못하고 일을 하고 있습니다. 하나는 포기해야 하게 됩니다. 뭔가 이상합니다! 사람답게 살기가 너무 힘이 듭니다."

— 여성파업대회 중 '말벌 시민' 샤샤 님 발언, 세종호텔 앞, 3월 8일

과거에는 집회에서조차 대의를 위해 소수가 어느 정도 희생을 감수해야 한다는 정서가 있었던 것이 사실이다. 그러나 본래 광장이란 다양한

약자의 목소리들이 터져 나오는 곳이다. 광장의 특성, 혹은 광장이 가져야 할 강점들을 최대한 살리려고 했던 결단이 이번 광장에는 존재했다.

무엇보다 비상행동의 결단과 결심에는 평등한 광장을 만들겠다는 여성단체와 젊은 활동가들의 결의와 적극적인 행동이 한몫을 했다. 과거에는 여성들이 집회의 한 부분에 그쳤다면, 이번 탄핵 집회에서는 여성들이 평등한 공간을 만들어 나가는 주체로서 역할을 다했다. 그런 노력 덕택에 과거와 다른 평등하고 안전한 광장, 시민들의 목소리에 반응하는 광장이 만들어질 수 있었다.

"사실 비상행동에서 시민 발언은 미리 받아보고 필터링하면 돼요. 비판이 있으니까 페미니즘, 성소수자 이런 얘기는 다 자르는 방식으로 결정할 수도 있죠. 그렇지만 누구도 그렇게 하자고 말한 사람이 없었어요. 성비를 맞추기 위해서 반반은 안 되더라도 40% 이상은 여성으로 채워야 한다고 했어요. 그 정도라도 만들어내기 위해 의장단들이나 운영위원장단들도 상당히 고민했어요. 광장의 목소리가 훨씬 더 풍성해질 수 있게 한 사람들의 결단과 결심이 존재했다는 걸 꼽고 싶어요. 그게 2016~17년과의 근본적인 차이라고 생각합니다." (이승훈)

서로를 이해하고 포용하는 광장이 될수록 소수자들도 안전함을 느끼고 자신을 드러내는 용기를 발휘할 수 있기 마련이다. 그리고 이렇게 광장으로부터 힘을 얻은 이들이 이제는 기존 시민운동이 집중해 오던 사안들에 연대로 화답했다. 이와 같은 광장에서의 집단적인 경험은 그간 관행이라는 이름으로 쉽게 간과되어 왔던 시민사회의 집회 문화와 운동 문법에 변화를 가져오고 있다. 나아가 시민단체들이 '과연 시민과 호흡한다는 것은 어떤 것인가'에 대해 근본적으로 성찰하는 계기가 됐다.

"민주노총으로서도 2016년과 확연한 차이가 있었습니다. 광우병, 박근혜 탄핵 때 우리 내부에서는 '가급적 조끼 착용을 하지 말자, 민주노총 소속 깃발을 내리자' 등의 목소리가 있었고 내부 방침도 있었어요. 그런데 이번에는 민주노총의 선도적 투쟁이 박수받고, 조끼가 쿠팡에서 판매되고, 머리띠가 불티나게 팔리고 그랬지요. 민주노총이 '이번에 인기 얻어서 좋았다' 이런 게 아니라 지금까지 '조끼를 벗자, 깃발을 내리자' 했던 것이 시민과 호흡하는 방법이 아니었다는 걸 알았어요. 대중의 정서, 요구, 심정을 읽는다는 것이 무엇인지 평가해 봐야 할 대목이라고 생각합니다." (엄미경)

2025년 대한민국에는 또 다른 광장이 있었다. 윤석열 탄핵을 촉구하는 '평등하고 안전한 광장' 정반대 편에 윤석열을 지지하고 내란을 부정하는 '욕설과 폭력 선동'의 광장이 있었다. 2016년 촛불 광장과 확연하게 다른 장면 중 하나가 바로 대규모의 극우 집회다. 과거에도 극우 세력은 존재했지만, 이때만 해도 이들은 소수였다. 신남성연대나 전광훈이 주도하는 맞불집회는 여성단체나 소수자단체에는 일상이었다. 신남성연대는 3·8 여성대회에 맞불집회를, 전광훈과 일부 기독교 세력은 퀴어퍼레이드 맞은 편에서 고성의 맞불집회를 하는 식이었다.

윤석열 정부에 접어들어 극우 집회는 세를 키우는 것에서 나아가 제도권 정치인들의 적극적인 참여까지 이끌어냈다. 2023년만 해도 국민의힘 김재원 당시 최고위원이 '전광훈이 우파 진영을 천하 통일했다'는 발언을 했다는 이유로 활동 정지를 당했다. 반면 12·3 비상계엄 이후 국민의힘 소속 의원 다수가 전광훈 집회나 세이브코리아 집회에 참석해 극우의 대변자이자 지지자임을 노골적으로 드러냈다. 그러나 당은 아무런 조치를 취하지 않았다. 예전에는 '비정상' 또는 '탈규범'으로 여겨졌던 행동을 더 이상 제약하지 않는 것이다. 도리어 윤석열 체포영장 집행을 막겠다며 대통령 관저 앞에 45명의 현역 의원들이 몰려가 '인간 방패'를 자처했고, 부활한 백골단 극우 청년들을 국회에 불러들여 기자회견을 열어주기도 했다.

이러한 국민의힘 의원들의 발언과 행동은 극우 세력의 폭력적인 행동을 조장하는 데 기여했다고 평가받는다. 2025년 1월 19일 윤석열의 극렬 지지자들이 서울서부지방법원에 침입하여 폭동을 일으킨 것도 그 영향에서 자유롭지 못하다. 과거에도 극우적 선동과 여론은 존재했지만 이처럼 실제 집단적인 폭력으로 발현되는 데에는 정치인들의 충동질과 비호가 어느 정도 역할을 했다.

"우리 헌법이 극우 정치의 제도권 진입, 혹은 진입한 극우 정치인에 대한 필터로 작동될 수 있을 것이냐 하는 굉장히 중요한 기로에 섰다고 생각해요. 이미 국민의힘 의원들은 반헌법적인 발언들을 서슴지 않고 해요. 그런데 이 혼란한 상황 안에서 그런 말들을 걸러낼 수 있는 제도나 법치의 장치들을 만들어놓거나 우리가 보유하고 있는 게 없었던 거죠. 극우 선동의 말들이 대중 정치인을 통해서 대중들에게 메시지로 전달되면 안 되는 거거든요." (이승훈)

유례없던 극우 세력의 폭력 행위에 시민사회도 적잖이 큰 충격에 빠졌다. 서부지법 폭동 사태에 대해 시민사회는 하나같이 '민주공화국의 질서를 무너뜨린 행위'라고 평가했다. 일부 진보적 학자들은 극우 파시즘의 발호라고 진단하며 심각한 우려를 표하기도 했다. 이렇게 극우 세력이 확장하는 것은 한국적 상황만이 아니라 격변기 전 세계적으로 나타나는 현상이며, 특히 극우 세력이 제도권 정치로 진출하는 사례도 늘고 있어서 경계해야 한다고도 지적했다. 반면에 시민들의 민주적 의식 수준이 그들의 폭력적 행태를 더 이상 허용하지 않을 것이라는 믿음도 컸다. 오히려 "전략도 없고 도태되는 방식만 보이다 보니 극우 세력 문제가 위기로 느껴지지 않는다."(이한솔)라는 평도 있었다.

> "극우가 최근 들어 혼란과 두려움의 존재가 된 것은 아니고, 옛날부터 있었어요. 다만 서부지법 폭동 사건에서는 민주공화국의 시민성을 잃었다고 봐요. 그 집단은 폭력적으로 공화국의 질서를 무너뜨렸다고 생각해요. 이에 대해 심각하게 고민해야 한다고 봅니다." (양이현경)

> "우리 국민의 민주주의 의식 수준은 매우 높아서 (극우가) 국민적으로 허용이 안 되는 정서잖아요. 다만 그래서 앞으로 괜찮을 거라고 생각하진 않아요. 왜냐하면 한 국가만이 아니라 전 세계적으로도 극우적 양태를 보이고 있고, 세계사적 격변기라고도 하는 격동기 속에서도 나타날 수 있다고 봐요. 앞으로의 양상은 더욱 심화될 것이고, 국민적 정서만으로는 제어가 안 될 것 같아요. 우려하는 내전이 발생할 수도 있습니다. 극우가 제도권 속으로 들어오기 시작했고 실제 폭력적 행동으로 나타나고 있잖아요. 앞으로 더 경계해야 하고 한 단계 더 높은 민주주의 시민권의 힘, 직접 민주주의의 강화 없이는 자연히 해결되지는 않을 거라는 생각이 들었습니다." (엄미경)

서부지법 폭동 가담자의 상당수가 젊은 남성이라는 것이 알려지면서 이대남(20대 남성)에 대한 우려도 커졌다. 극우 세력은 반페미니즘과 소수자 차별·혐오를 주요 전략 의제로 쓰는데, 이는 여성과의 경쟁에서 밀린 경험이 있는 젊은 남성들에게 쉽게 받아들여진다.

이준석 같은 정치인이나 유튜버 등 인플루언서들이 극우적 생각들을 널리 퍼트리고, 2030 남성들은 자신이 경험한 불평등한 상황을 여성 또는 외국인, 소수자 탓으로 돌리며 혐오와 차별의 언어를 재생산한다. 물론 이들의 극단적인 생각이 물리적으로 표출되면 당연히 단호하게 대처해야 마땅하다. 문제는 극우적 언어를 습득한 이들 모두가 이런 행동주의 극우 세력은 아니며, 이들을 그대로 방치하는 것은 이 문제를 근본적으로 풀어가기 위한 해결책이 아니라는 점이다.

"극우의 양상이 굉장히 여러 갈래로 나오고 있고, 극우라고 딱 진단 내릴 수 있는 사람이 그렇게 많지는 않아요. 속칭 이대남이라고 불리는 사람 중에 신남성연대 같은 일부를 제외하고는 게임과 커뮤니티, 몇 가지 상황 속에서 극단화된 입장을 보이는 정도예요. 이들이 그 안에만 머무르지 않도록 하는 게 그분들에게도, 사회적으로도 이롭다는 거예요. 그런데 지금은 전략적으로 접근하기가 어려워요. 왜냐면 '구조적 성차별이 없다'는 이대남한테 동정적으로 접근하면 '왜 얘네들을 그렇게 대하냐'라는 식이 돼요. 물론 그렇게 접근해서는 안 되고요. 정당 차원에선 절대 이 상황을 슬기롭게 해결할 거라고 기대하지 않기 때문에, 이들을 어떻게 대화의 장으로 끌어낼지 시민사회가 고민해야 한다고 생각합니다." (이한솔)

극우적 언어를 내뱉는 이들과 어떻게 대화할 것인가, 이들을 어떻게 설득할 것인가라는 고민은 아직까지도 시민사회 안에서 접근하기 쉬운 문제는 아니다. 치열한 사회경제적 구조 속 경쟁에서 도태된 청년 남성들의 고립과 외로움을 염두에 두지 않고는 극우주의의 창궐이라는 문제에 근본적으로 접근하기 힘들다. 남성과 여성을 갈라치기 하는 언론이나 정치권의 방식은 이처럼 사회 내 복합적인 맥락이 얽혀있는 문제의 성격을 이해하지 못한 접근법이기도 하다. 이는 청년 단체에만 남겨진 문제가 아니라 우리 사회의 연결과 공동체성을 고민하는 시민사회 전체에 숙제로 남아있다.

"극우 집회에 가는 친구들이 있는데 한번 다른 자리에서 만날 일이 있었어요. 이 친구들이 불평등과 차별을 경험하면서 갈 곳이 없다가 교회로 갔는데, 거기서 위로와 감화를 받아요. 그다음 극우의 전략은 '저쪽은 세상에 존재하면 안 되는 악이다'라는 메시지를 전달하고 나서 '그럼 너 다음에 집회 나와볼래?'라고 하는 거예요. 상당수의 20, 30대 분들이 신천지에 빠져들어 가듯이 거기에 가요. 은둔 고립 청년이 늘어나고 있고, 이런 추세는 10대, 20대, 30대가 극우에 빠져드는 구조와 분명히 연결되어 있어요. 그래서 취약계층이 계속 늘어가고 있는 이 지점을 봐야 할 것 같아요. 진짜 사회가 취약해지고 있다는 걸 방증하는 느낌이 있어요." (이한솔)

시민정치의 장으로서 광장의 한계

2016년 박근혜 국정농단 사건이 세상이 알려졌을 때도 시민들은 큰 충격을 받았지만, 이번만큼은 아니었다. 12·3 비상계엄은 중대하고 명백한 위헌적 행태였고 민주화 40여 년 역사에서 전례 없는 큰 충격을 가져다 준 사건이었다. 그럼에도 윤석열의 권한을 그 즉시 정지시키고 자리에서 물러나게 하기까지 고비가 많았다. 폭넓은 대중을 광장에 집결해 내는 일도 과거에 비하면 쉽지 않았다.

2016~17년 박근혜 탄핵 당시 촛불집회는 웬만한 중도·보수까지 참여할 정도로 광장의 확장성이 컸다. 보수적인 성향의 시민들조차 박근혜의 국정농단을 용납하지 않았다. 당시 탄핵 집회 참가자들을 분석한 한국민주주의연구소의 보고서에서는 과거 다른 대규모 촛불집회에 비해 '중도·보수 성향 및 영남 거주 5070 세대가 대거 참가'했다고 분석했다. 그러나 이번에는 정치적 성향으로는 민주당을 지지하는 사람들이 집회 참가자들의 주류였다. 윤석열 탄핵에 찬성하는 여론이 73.6%에 달했던 것을 생각하면 광장이 이들을 다 포괄하지는 못한 것이다.

"매우 복합적인 작용이 있었다고 생각해요. 언론들이 워낙 진보, 보수 프레임을 세게 씌웠고, 비상계엄이 터지기 전부터 국민들의 정치적 분노가 정쟁으로 매도당한 흐름도 존재했습니다. 또한 소극적 시민들은 계엄이 끝나지 않은 상태를 현존하는 공포로 느꼈을 거예요. 게다가 국민의힘이나 윤석열은 분명히 심판의 대상이지만 그렇다고 '민주당이 이 문제로부터 자유로운가? 대안은 뭔가?'에 대한 갈증도 있었다고 봐요. 민주노총에서도 '죽 쒀서 개 준다'든지 '윤석열이 퇴진한다고 뭐가 바뀌냐, 문재인 때 그렇게 당하고' 같은 식의 목소리가 현장에 있었습니다. 우리 모두 이 갈등에서 자유롭지 못했다고 생각해요. 반면에 보수진영은 학습 효과가 있었어요. 정권이 탄핵당하는 경험도 했고, 여기서 밀리면 죽는다는 절박함으로 자기관리를 했고요. 이런 게 국회 탄핵 표결 때

겨우겨우 가결된 양상으로 나타난 거라고 생각하거든요." (엄미경)

비상계엄이 있기 전부터 '윤석열 정부에 대한 분노가 임계점에 달했다', '국민의 끓는점에 근접했다'는 기사가 수시로 보도될 정도로 시민들의 분노는 이미 극에 달한 상황이었다. 언론과 시민사회의 강도 높은 문제 제기가 이어졌지만, 윤석열 대통령은 자신과 일가의 비리와 권한 남용 비판에 대해 모르쇠로 일관했다. 10·29 이태원 참사, 채 상병 사망 사건처럼 피해자들을 외면하거나 진실을 덮는 행위도 서슴지 않았다. 야당 주도라는 이유로 다수의 민생 입법에 거부권을 행사했고, 감세정책은 결국 100조 원이 넘는 재정적자로 이어졌다.

시민단체들은 윤석열 정권에 분노하는 목소리를 내면서도 퇴진과 탄핵 중 어떤 방향을 요구해야 할지에 대해서는 논쟁이 뒤따랐다. 윤석열의 임기가 절반도 지나지 않은 상황에서 '어떠한 민주적 절차로 그를 자리에서 물러나게 할 수 있을 것인가?'라는 현실적 방법론 때문이기도 했지만, 그보다는 '그렇게 하면 과연 우리의 삶이 달라지는가?'라는 근본적 질문 때문이기도 했다.

이를 반영하듯 지난 2년 반 동안 대통령과 그 가족의 비리나 전횡이 알려져도, 윤석열이 거부권을 재차 행사해도 대통령과 정부를 규탄하는 집회가 확산되는 기세는 아니었다. 물론 압도적인 규모도 아니었다. 정치권의 교착상태가 길어지면서 어떠한 기대감도 느끼지 못하는 상황이 이어지고 있었다.

비상계엄 이전에 이미 '사회개혁'의 문제가 정권 하나를 바꾸는 것보다 더 중요하다는 인식이 제기되고 있었는데, 비상행동이 처음 연대체명을 정하는 과정에도 이러한 문제의식이 반영됐다. 이름에 '사회대개혁'을 넣느냐 마느냐, '사회대개혁'이 무엇을 의미하느냐, 합의할 수 있는 수준이냐, '사회대개혁'은 언제 끝나는 거냐는 등 토론이 계속됐다.

이러한 논쟁에는 단순히 윤석열이 퇴진한다고 해서 곧장 그동안 축적된 한국 사회의 모순과 불평등이 해결되는 것이 아니라는 성찰적 인식이 녹아있었다. 촛불 정부를 자임했던 문재인 정부가 무너진 민주주의를 바로 세우고 경제적 모순을 해결할 것이라 믿었지만, 기대에 부응하지 못하고 5년 만에 국민적 지지를 잃었던 경험이 있기 때문이었다.

2025년 탄핵 광장의 확장성이 떨어진다는 것은 다른 한편으로는 정치적으로 민주당 지지 성향의 정체성을 가진 이들이 더 분명히 존재감을 드러냈다는 것을 의미한다. 최근 세계 주요국 정당들이 당원 감소를 겪고 있는 반면 한국의 경우 거대 양당만큼은 당원이 폭증하는 기염을 토해내고 있다. '천만 당원 시대'라고 일컬어질 정도로 시민들의 당원 가입과 정당 활동 참여가 활발해진 상황에서 자기 동력이 충분한 정당이 광장을 자신들의 지지자들로 채우는 일은 더 이상 어렵지 않은 일이 되었다.

반면 시민단체는 정당과 구별되는 어떤 사회적 역할로 시민들에게 지지를 얻을 것인가 하는 질문에 봉착하게 되었다. 관성적인 활동 방식을 반복한다든지, 사회 변화의 요구를 수용하는 속도가 느리다는 목소리도 시민단체에 던져지는 단골 비판 소재였다. 사회 변화를 지향하는 시민단체 특성상 보수적 가치를 지향하는 정당과의 협력이 어려운 구조적 한계를 감안하더라도, 특정 정치세력에 편파적이라는 이유로 신뢰를 잃는 경우도 있었다. 이러한 조건으로 인해 거대 정당이 시민사회를 협력적인 관계가 아니라 하위 파트너로 취급한다는 비판이 나오기도 한다. 실제로 지난 제22대 총선에서 더불어민주당 정책위원회는 시민사회단체들의 정책협약 요청에 "공식적인 민주당 지지를 전제로 진행하겠다."라고 했다가 시민단체들의 반발에 해당 지침을 철회하기도 했다.

정당 주도의 집회는 광장을 더 포용력 있게, 더 다양하게 구성하는 데에 분명히 한계를 보인다. 민주당이 포괄하지 못하는 정치 성향의 사람들에게 민주당 지지자들 사이에 끼어 광장에 동력을 보태라고 하기는 쉽지 않기 때문이다. 그동안 시민정치의 장으로서 광장을 더욱 평등하게 만들어가기 위해 노력해 왔던 시민단체들은 앞으로 정당과 어떻게 협력해 나갈 수 있을지, 어떤 방식으로 광장의 확장성을 더 키워나갈지 고민하게 되는 지점이다.

"한국 시민사회가 1987년 이후로 준정당적 역할을 계속해 왔잖아요. 그 뒤로 시민들이 정당에 가입하고 정당에 직접적으로 요구하는 일이 점점 늘었어요. 과거 한국 정당들의 경우엔 실질적인 권리 당원 없이 정당만 있었지만 이제는 500만 당원, 1000만 당원을 가지면서 자기 동력이 충분히 생겼잖아요. 이런 상황에서 광장을 어떻게 만들어가야 할까 고민이 됩니다. 과거에는 광장에 나오시는 분들이 정당에 가입한 당원으로서의 자기 정체성을 드러내지 않았는데 이번에는 드러낸 거죠." (양이현경)

광장은 윤석열 정권에 문제를 제기해 왔던 기존 시민운동 주체들에 소수자들의 목소리가 더해져 파면이라는 결과를 끌어낼 수 있었다. 그러므로 정치권에서 이들의 목소리에 응답해야 할 이유는 분명하다. 그러나 윤석열 파면 이후 대선 레이스에서 주요 정당 후보들이 제시하는 차기 정부 구상과 정책은 그간 광장을 통해 터져 나왔던 시민들의 요구를 다 담아내진 못했다. 2016년 촛불 광장의 요구를 문재인 정부가 제대로 이행하지 못했던 것을 생각하면, 지금 여당이자 제1당인 민주당은 과연 광장의 요구를 제대로 이해하고 있는지, 수용할 의지가 있는지 계속해서 의문이 든다.

물론 이 질문은 시민사회 단체들을 향해서도 그대로 돌아온다. 광장의 목소리가 기존 사회운동이 포괄해 왔던 범주보다 한발 더 나아간 주장들까지 담고 있기 때문이다. 내란을 막아내고 윤석열을 단죄한다고 해도 광장의 요구가 터져 나오기 전의 시대로 돌아갈 수는 없다. 이들의 요구와 목소리를 없는 셈 치고 지울 수는 없기 때문이다.

"민중이나 노동자들이 보수 양대 정치체제를 뛰어넘는 정도로 정치세력화되어 있는 것도 아니잖아요. 시민사회는 정권과 권력자를 감시하고 견제하는 역할을 해왔는데, 광장과 권력이 하나가 되어가는 상황에서는 앞으로 어떤 역할을 해나갈까, 이런 고민이 드는 거죠. 당장은 답이 없는데 벌써 이런 문제에 봉착한 것 같습니다. 특히 이번에 탄핵 퇴진 투쟁을 거치면서 훨씬 더 빨리 실제적 문제로 다가왔다고 생각합니다." (엄미경)

"시민들의 관심과 후원이 정당 쪽으로 쏠려가는 상황에서 시민단체들이 제자리를 지키며 새로운 의제를 만들어가는 것은 정말 많은 용기가 필요한 일입니다. 당의 지지자들이라고 해도 모두가 민주적이지는 않고 젠더 감수성, 인권 감수성이 떨어지는 사람도 있다는 걸 다 알잖아요. 그럼에도 불구하고 우리는 광장에 대한 문제의식과 사회 변화에 대한 이야기를 용기 있게 할 수 있을 것인가, 혹은 소위 대중성과 지도력 사이에서 우리는 어떤 선택을 할 수 있을지에 관한 토론이 굉장히 필요합니다. 광장의 자장이 아직 남아있을 때 우리가 지향하는 민주주의에 대해 더 깊게 이야기해야 할 필요가 있습니다." (이승훈)

민주주의, 그 새로운 과정의 시작

결국 민주주의가 승리한다는 믿음으로 버텨온 123일이었다. 시민의 힘을 동력 삼아 버텨온 4개월이었다. 윤석열 파면이라는 결과를 손에 쥐었지만, 무너질 위기에 놓였던 민주주의의 둑을 제대로 보수했는지, 균열을 제대로 막았는지 아직까지는 확신이 없다. 그렇기에 이후의 한국 사회를 낙관하거나 비관하기에 아직 이른 감이 있지만, 광장에서 확인했던 변화의 물결과 연결의 가능성에 주목해 시민운동을 전망해 보았다.

엄미경은 시민운동이 맞닥뜨린 한계가 더욱 선명해졌다는 점에서 위기로 받아들이기보다는 '새로운 도전에 직면한 것'이라고 평했다. 양이현경은 극우가 전면에 등장한 것을 우려하면서도 광장을 주도한 여성들이 민주정치로의 전환 주체로 나섰다는 점에서 민주주의의 가능성을 발견했다고 의미를 부여했다.

"이번에 구체적인 경험을 해서, 오히려 그동안 추상적이었던 한계가 더 뚜렷해졌어요. 경험은 늘 문제를 조금 더 선명하게 만들잖아요. 그런 의미에서는 엄청 좋은 기회였고 (우리 사회가) 낙관적으로 나아갈 수도 있다고 생각해요. 이러한 측면에서는 위기의식보다는 역사적으로 새로운 도전에 직면하게 되었다는 생각이 들어요." (엄미경)

"이번에 광장 자체의 차별과 혐오, 소수자 문제가 잘 드러났습니다. 광장의 여성들이 정치를 바꾼다고 프레임화됐고, 이들이 민주정치의 전환을 성취하며 새로운 민주주의의 가능성을 보았다는 점에서 긍정적입니다. 한편으로는 극우 세력들이 전면으로 등장한 것에 대한 고민이 있습니다." (양이현경)

이한솔은 시민들의 의식이 바뀌게 된 힘을 토대로 삼아 계속해서 나아 간다면 적어도 계엄 전보다는 낙관할 수 있을 것이라고 보았다. 그러면서도 이러한 결과를 잃지 않기 위해서는 시민들이 이뤄낸 성과를 어떻게 언어화할지가 중요하다고 강조하기도 했다. 이승훈은 한국 민주주의의 취약성이 많이 발견되었다는 점에서 윤석열 정권의 지난 3년이 앞으로의 일상이 될 수도 있다고 비관했는데, 그럼에도 새로운 사회를 설계하기 위해 개헌 논의를 풍성하게 하는 데에 시민사회가 역량을 집중해야 한다고 앞으로의 과제를 제시하기도 했다.

"계엄 전보다는 나아진 정도인 것 같아요. 시민들 의식도 분명히 달라진 부분이 있기 때문에 이 흐름을 잘 타고 간다면 조금은 나아질 수도 있을 것 같습니다. 어떤 사람들한테는 그때 당시 투쟁의 성과를 어떻게 언어화하느냐가 결정적이겠다는 생각을 하게 됐어요. '이재명이 당선되기 위한 집회였다'라는 식으로 끝내지 않고 이 광장이 '시민사회가 잘 해낸 경험'이라는 걸 시민들한테 잘 전달하는 게 중요하겠다 싶어요." (이한솔)

"한국 사회 민주주의의 취약성이 굉장히 많이 발견되었습니다. 이것이 해결되지 않는다면 우리가 경험했던 끔찍한 3년은 앞으로의 정치적 일상이 될 수도 있다는 것을 시민들에게 잘 얘기하는 것이야말로 시민사회가 역량을 집중해야 할 부분입니다. 개헌 논의도 '87년 체제가 이제 끝난 것 같아' 정도의 동력으로는 쉽지 않을 거고, 새로운 사회를 설계하는 데 어떤 개헌이 필요한지를 풍성하게 토론하는 것에 집중해야 합니다." (이승훈)

박근혜 국정농단으로 한국의 민주주의를 위기로 몰아넣었던 국민의힘은 5년 만에 윤석열이라는, 파면으로 끝난 대통령을 또다시 배출했다. 두 번의 위기와 두 번의 탄핵, 이 말은 민주주의의 첫 번째 위기를 통해 교훈을 제대로 깨닫지 못했다는 뜻이다. 이번에야말로 정치권은 현재 우리가 맞닥뜨린 민주주의의 위기를 극복하고 한국 사회를 상호 관용과 공존으로 이끌 제대로 된 교훈을 얻었는지 대답해야 한다.

한 가지 명백한 것은 광장을 채운 시민들의 민주주의를 향한 열망과 간절함을 좇지 않고서는 이러한 위기가 반복될 수밖에 없다는 것이다. 우리는 두 번째 위기를 지나오며 깨어있는 시민의 저항과 힘이야말로 민주주의 최후의 보루였다는 것을 다시금 확인할 수 있었다. 무엇보다 이번 탄핵 광장의 주류였던 2030 여성을 비롯해 스스로 소수자 정체성을 드러낸 이들의 요구를 어떻게 우리 사회가 받아 안을지, 시민운동은 그 변화를 어떻게 만들어 나갈지가 숙제로 남았다.

민주주의는 완성이 아니라 과정으로 존재한다. 아직은 한계를 확인하고 고민을 시작하는 단계이겠지만, 우리 사회가 지향해야 할 민주주의의 이상과 가치를 광장에서 공통의 경험으로 학습했다는 것은 부정할 수 없다. 거기에서 변화의 과정은 이미 시작되었다.

제8장 지역

이곳에도 저항이 있었다

손우정

인터뷰 참여자　　**김영숙** (대구시마을공동체만들기지원센터 센터장)
　　　　　　　　박미경 (광주시민단체협의회 상임대표)
　　　　　　　　정완숙 ((사)디모스 대표)
　　　　　　　　차성환 (부산비상시국회의 상임공동대표)
　　　　　　　　홍진원 (강릉시민행동 대표)

소중하게 간직했던 응원봉은 어느새 가장 절실한 메시지를 던지는 수단이 됐다. 여의도 국회 앞에서, 광화문에서 어둠을 밝힌 빛의 물결은 이번에도 민주주의의 최전선을 지켰다. 주말마다 광화문역 사거리를 가로막은 차벽 양편에서 치열하게 대립했던 4개월의 여정은 이제야 잠시 숨을 고르고 있다.

그러나 뜨거웠던 거리가 여의도와 광화문에만 있었던 것은 아니다. 아직 정확한 기록이 정리되진 않았지만, 전국 방방곡곡에서 윤석열 파면과 민주주의 수호의 빛이 흘러넘쳤다. 사람이 있는 곳에 저항이 있었다. 갈등이 집중된 수도권 이외의 지역에서는 지난 4개월을 어떻게 견뎌냈을까?

불가피하게, 비상계엄에 대한 지역사회의 대응을 살펴보기 위한 포커스 그룹 인터뷰(FGI)는 전국 모든 곳의 이야기를 담아내지 못했다. 각 지역을 지켜왔던 몇몇 이들의 이야기를 통해 서울 이외의 지역에서 얼마나 치열하게 싸웠는지 가늠해 볼 뿐이다. 물론 이 글도 해당 지역에서 벌어진 일들을 모두 꼼꼼하게 기록한 것은 아니다. 치열했던 4개월의 여정에 참여한 어느 개인의 시각에서 그 시간을 잠시 들여다보는 것에 만족할 수밖에 없다.

비상계엄이 선포된 이후 지역에서 어떤 일들이 벌어졌는지를 살펴보기 위한 인터뷰에 초대한 이들은 김영숙 대구시마을공동체만들기지원센터 센터장, 박미경 광주시민단체협의회 상임대표, 정완숙 (사)디모스 대표, 홍진원 강릉시민행동 대표, 차성환 부산비상시국회의 상임공동대표다.

다시 총 든 군인이 나타난 날

2024년 12월 3일 밤, 사람들은 여의도로 모였지만 전국으로 뻗어나간 것은 민주화 이래 처음이라는 비상계엄의 충격과 공포, 그리고 분노였다. 1980년 5월의 광주 이후 다시 총 든 군인들이 거리에 나타난 날, 전국 곳곳의 시민사회는 발 빠르게 움직였다.

1980년 5·17 비상계엄에 뒤이은 5·18 광주민중항쟁의 상처를 고스란히 간직하고 있는 광주의 반응은 남다를 수밖에 없었다. 비상계엄이 선포되자 평소 시국을 논의하던 온라인 소통방은 난리가 났다. 5·18의 마지막 총소리가 아직도 남아있는 옛 도청 앞 민주 광장으로 금방 시민들이 가득 찼다. 광주시민단체협의회를 맡고 있는 박미경은 광주시장의 요청으로 각계각층의 리더 그룹과 함께 광주시청에 달려갔다.

"비상계엄이 선포되니까 바로 옛 광주도청 자리 앞에 있는 민주 광장으로 당장 모여야 한다는 이야기가 올라오기 시작했어요. 그런데 광주시장이 시민사회 대표나 의원, 대학 총장, 종교 지도자 같은 공동체 리더

그룹들은 모두 시청으로 모여달라고 하더라고요. 바로 대책 회의를 하자고. 어떻게 할지 고민하다가 저는 시청으로 가고, 시민단체 사람들은 민주 광장으로 갔어요. 광장부터 지켜야 하니까. 시청에서 열린 대책 회의에서는 이번 비상계엄은 엄연한 불법이고, 지역사회와 공공기관이 협력해서 시민들의 일상이 흔들리지 않도록 지키겠다는 결의를 했어요. 시민사회는 날이 밝으면 바로 집회를 열겠다고 알렸죠." (박미경)

'비상계엄을 대하는 광주 공동체의 특징과 자세'. 박미경은 그날 밤을 이렇게 요약했다. 민과 관, 공공기관과 민간단체 나눌 것 없이 모두가 밤새워 대책 회의를 진행하고, 성명서를 만들어 날이 밝으면 개최할 집회를 준비했다. 사실 광주에서는 특별히 대책을 모색하지 않아도 비상계엄에 어떻게 대응해야 하는지 모두 알고 있었다. 1980년 이후 암묵적으로 견고하게 합의된 광주의 특징과 자세다.

보수의 텃밭이라는 대구에서도 충격은 어쩔 수 없었다. 마을활동가 김영숙은 정치와는 아무 상관 없던 인기 가수 팬클럽 커뮤니티에 들어갔다가 계엄 소식을 접했다. 커뮤니티에서 국회 상황이 실시간으로 공유됐고 흥분과 충격, 공포와 분노가 뒤섞인 글들이 끊임없이 올라왔다. 사람들은 '이게 말이 되냐?', '이건 내란이다'라는 이야기를 시작으로 '우리가 무엇을 해야 하는지', '무엇을 할 수 있는지'를 계속 되물었다.

"개인적으로 덕후 팬클럽 3곳 정도에 참여하고 있어요. 이분들은 평소에 정치 이야기는 절대 하지 않는 분들이에요. 그런데 비상계엄이 선포되니까 모든 커뮤니티에서 난리가 났어요. 새벽 2~3시까지 계속 끊이지 않고 글이 올라오더라고요. '이게 말이 되냐?', '이건 내란이다' 이런 이야기가 막 올라왔어요. 계엄이 해제될 때까지 계속 실시간으로 정보도 주고받고, 불안감도 서로 달래고 그랬어요. 우리 동네에서 우리가 뭘 할 수 있느냐는 이야기도 많이 나왔죠." (김영숙)

'정치와 무관'했던 덕후 팬클럽 커뮤니티 사람들은 관심 없다던 정치가 어느새 불쑥 자기 앞에 다가왔음을 느꼈다. 더 이상 정치는 사방이 막힌 국회 안에서 벌어지는 일이 아니었다. 정치는 바로 내 코앞에 다가와 날 것 그대로의 모습을 드러냈다. 날이 밝자 마을 주민들은 개인 명의로 온 동네에 비상계엄을 규탄하는 현수막을 내걸었다. 그 현수막은 3일 뒤 구청의 대처로 모두 사라졌지만, 마을 사람들은 다시 작은 깃발을 만들고 각자의 응원봉을 든 채 집회에 나오기 시작했다.

역시 보수적 성향이 강한 강원도에서도 동네가 뒤집혔다. 강릉에서 오랫동안 탄핵 촉구 집회를 진행해 왔던 홍진원은 12월 3일 아들을 군대에 보냈다. 그날 밤, 아들을 떠나보낸 허전함을 느끼며 뉴스를 보다가 비상계엄 소식을 들었다. 훈련소로 들어간 아들이 계엄군이 되어 나타날 리 만무하건만 군인들이 국회로 진입하자 눈이 뒤집혔다. 군인 모두가 아들 같았다.

"12월 3일은 아들이 군에 입대한 날이에요. 아침 일찍 아내와 아들과 함께 강릉에서 출발해서 철원 백골부대 훈련소로 가서 아들의 입소식을 지켜보고, 저녁 늦게 다시 강릉으로 돌아왔어요. 씻고 나서 멍한 마음으로 TV를 켜놓고 보는 둥 마는 둥 하고 있는데, 계엄 선포 속보 자막이 눈에 들어오는 거예요. 채널을 돌려보니까 윤석열이 계엄을 발표하고 있었어요. 아내가 너무 놀랐고, 당장 오늘 입대한 아들 걱정에 전전긍긍

하기 시작했어요. TV에서 계엄군들이 보이니까 아내가 제정신이 아니었어요. 제가 아무리 걱정할 필요가 없다고, 특수부대가 아니면, 더욱이 훈련병은 아직 군인도 아니기 때문에 괜찮다고 이야기해도 도저히 마음을 놓지 못하더라고요." (홍진원)

홍진원은 거의 뜬눈으로 밤을 새웠다. 날이 밝자 긴급하게 기자회견과 집회를 열었다. 아무런 홍보도 못하고 연락도 제대로 못 돌렸는데 꽤 많은 사람들이 모였다. 계엄 해제에도 누그러지지 않았던 충격과 공포, 분노의 마음은 여전히 살아있었다. 그날 그곳에 모인 사람들이 모두 그랬다.

부산 비상시국회의 상임공동대표를 맡고 있는 차성환은 1979년과 1980년 비상계엄 당시 수사기관과 감옥에 끌려간 경험이 있다. 계엄 선포 뉴스를 보고 순식간에 몸이 얼어붙으며 공포가 밀려왔다. 그러나 차성환을 더 큰 충격에 빠뜨린 것은 무장한 군인들이 아니었다. 맨몸으로 계엄군을 막고 있는 시민들이었다. 자신의 경험과 기억에 남아있는 계엄의 이미지로는 상상도 하지 못한 일이었다.

"제가 1979년과 1980년 비상계엄 당시에 수사기관과 감옥에 있었어요. 그래서 (일상을 누리던 시민으로) 비상계엄을 직접 체험했다고 하긴 어렵지만 여러 사람의 증언을 통해 당시 상황을 너무 잘 알고 있어요. 그런데 이번에 비상계엄이 선포되자마자 시민들이 국회에 달려가서 계엄군을 맨몸으로 막는 것을 보면서 깜짝 놀랐어요. 예전 경험에 비춰보면 상상도 할 수 없는 일이잖아요? 이걸 가능하게 한 시민의 힘을 느꼈어요. 이후에도 남태령에 시민들이 모여서 함께 밤새우며 연대하고 투쟁했던 모습을 보면서 '내가 예전에 볼 수 없었던 정말 엄청난 투쟁이 일어나고 있

구나' 하는 생각이 절로 들더라고요." (차성환)

비상계엄에 대한 부산의 반응은 각양각색이었다. 비상계엄 뉴스가 해외 소식인 줄 알았다는 사람도 있었고, 열심히 게임을 하다가 비상계엄으로 중단되자 더 분노가 밀려와 집회에 나왔다는 사람도 있었다. 차성환은 시민의 저항을 '예전에 볼 수 없었던 것'이라고 했지만, 거리로 나온 시민들에게는 비상계엄 자체가 상상조차 하지 못한 일이었다.

그런데 보수 성향의 사람들은 시간이 지나면서 입장이 조금씩 바뀌기 시작했다. 처음에는 대부분 비상계엄이 황당하고 말이 안 된다고 했지만, 시간이 흐르자 '이게 다 이재명 때문'이라는 이야기가 나왔다. 그러다 '계엄이 성공해서 이재명을 죽였어야 한다'는 극단적인 주장으로까지 나아갔다. 보수의 네트워크가 열심히 움직이면서 '있을 수 없는 일'이 어느새 '꼭 필요한 일'로 바뀌어 진영 논리를 뒤집어쓰고 있었다.

대전은 좀 복합적이었다. 대전공동체연합에서 활동하는 정완숙은 비상계엄이 선포되자 여기저기 연락을 돌리고 상황을 파악하느라 정신이 없었다. 뉴스에서 다양한 모습이 생중계되고 있지만 여전히 이것이 현실인지 아닌지 분간할 수 없는, 몽환적인 상황으로 여겨졌다. 계엄군이 대전으로 내려왔다는 소식은 어디에도 없었지만 왠지 모를 불안감과 공포가 엄습했다.

"대전은 (비상계엄 선포 이후 반응이) 좀 복합적이었던 것 같아요. 대부분 어이없고 황당하다는 반응이 많았고, 너무 불안하고 공포스러워서 여기저기 안부 전화하는 사람이 많았어요. 뉴스를 보자마자 바로 택시를 잡아타고 서울로 올라간 사람도 있었고요. 반면에 이걸 진지하게 받아들이지 않고 그냥 잤다는 사람도 있더라고요. 현실감각이 없었던 거죠. (웃음)"
(정완숙)

동네마다, 사람마다 반응은 달랐다. 그러나 이런 다양한 반응을 관통한 감정은 충격, 공포, 분노였다. 비상계엄도 예측하지 못했지만 계엄이 겨우 해제된 이후 내란범을 처벌하는 데에 그렇게 오랜 시간이 걸릴 줄도 몰랐다. 4개월간 이 나라는 내란의 광풍에 이리저리 흔들렸다. 그동안 다섯 지역에서는 무슨 일이 벌어졌을까?

광주, 위기가 닥치면 더 강해지는 곳

다른 지역도 비슷하지만, 광주는 비상계엄 선포 이전에도 명태균 사건 같은 윤석열 국정농단을 비판하는 '시국대성회'를 진행하고 있었다. 12월 3일 윤석열이 비상계엄을 선포하자 시민들은 옛 도청 앞 5·18 민주 광장에, 사회 지도층은 광주시청에 모여 대책을 논의했다. 밤을 새우며 5·18 민주 광장을 지킨 시민들은 날이 밝자 아침 9시에 불법 계엄 규탄과 내란 수괴 윤석열 탄핵을 촉구하는 광주 시민 총궐기대회를 개최했다.

이후 186개 단체가 참여하는 '윤석열 정권 즉각 퇴진·사회대개혁 광주비상행동'을 결성하고 매주 토요일마다 총궐기대회를 열었다. 윤석열이 파면될 때까지 주말마다 총궐기대회를 스무 번이나 열었고, 주중에는 서른 번 정도의 시민대회를 열었다. 물론 서울에서 열리는 전국 집중 집회에도 적극 참여했다.

광주는 원래부터 모든 나라 걱정을 앞장서서 하는 곳이라지만 이번에는 분위기가 남달랐다. 그토록 많은 집회를 주최한 활동가들도 빛을 지지 않고 오로지 시민 후원금만으로 집회 비용을 모두 충당한 적은 이번이 처음이었다고 술회했다. 집회장 한쪽에서는 새마을부녀회와 자원봉사 센터 봉사자들이 가마솥에 떡국을 끓였고, 학교 교장 선생님이 붕어빵을 구워 나눠줬다. 붕어빵 줄이 길다는 소문이 나자 미국에서 기부금이 들어와 붕어빵 기계를 더 샀다. 시민의 후원으로 붕어빵 대량생산 체제를 갖춘 것이다. 그동안 집회에 잘 나서지 않았던 성소수자들은 무대에 올라 "내가 이런 자리에 나와서, 이런 발언을 한다는 게 꿈만 같다."라는 소회를 남겼다. 광주 공동체는 나라가 위기에 빠지면 더 단결하고, 더 따뜻해졌다.

윤석열 탄핵안이 가결된 2024년 12월 14일 금남로 집회에는 4만 명의 시민들이 참여했다. 4개월을 통틀어 가장 많은 시민이 모인 집회였다. 이후 헌법재판소로 윤석열 파면의 공이 넘어가자 한숨 돌릴 수 있을 것만 같았다. 그러나 2025년 2월 15일, 손현보 목사가 주도하는 극우 개신교 집회인 '세이브코리아'의 광주 집회가 예고되면서 다시 2만 명의 시민이 금남로에 모였다.

1980년 비상계엄의 상처가 고스란히 남아있는 광주에서, 비상계엄을 옹호하는 대규모 집회가 감행된다는 소식은 억장이 무너질 정도의 분노를 일으키기에 충분했다. 그 집회를 원천적으로 막을 도리는 없었다. 금남로에 경찰 차벽을 하나 두고 탄핵 촉구 집회와 탄핵 반대 집회가 나란히 열렸다. 그런데 여기에서도 광주 공동체의 정신은 빛을 발했다. 처음에는 분노했지만, 결국 "광주답게 품위 있게 대응하자"는 의견을 모았다. 전국에서 몰려든 보수·극우 시위대에 "이왕 광주에 왔으니 5·18 기념관도 둘러보고 사진전도 보고, 맛있는 남도 밥상도 먹고 가시라"는 성명서를 냈다. 다음에는 꼭 여행자로 방문해 달라는 이야기도 덧붙였다.

그런 마음이 통했을까? 광주에서는 집회가 끝나면 함께 밥을 지어 먹는 문화가 있다. 그날도 떡국을 함께 끓여 먹었다.

"그날 집회 때 떡국을 해서 나눠 먹었는데, 보통 3천 인분 정도가 나가거든요? 그런데 그날은 5천 인분이 나갔어요. 2천 인분 정도는 세이브코리아 집회에 온 사람들이 먹은 거예요. 같이 떡국 먹으면서 서로 무안하니까 정치 이야기는 안 했어요. 이런저런 이야기를 나누다가, '광주는 인심이 참 좋다'는 말을 남기고 갔다더군요. (웃음) 대부분 교회에서 동원된 분들이라, 목사님이 가자고 해서 왔지 윤석열을 지지하기 위해서 온 건 아닌 것 같았어요." (박미경)

대구는 보수의 심장? 그렇다면 부정맥

대구는 흔히 보수의 심장으로 불린다. '빨간 당'이면 빗자루를 꽂아놔도 당선된다는 이야기도 있다. 그러나 대구에서도 다른 목소리는 항상 존재했다. 승자독식의 단순다수대표제하에서 그 목소리가 좀처럼 드러나지 못하고 있을 뿐이다.

대구에서도 비상계엄 이전부터 지역 현안에 대응하는 시국 회의가 운영되고 있었다. 비상계엄이 터지자 시국 회의 소통방은 난리가 났다. 곧바로 시국 회의를 중심으로 매주 한 번 이상 한일극장 앞에서 시국 대회를 열었다. 특히 정치적인 성격과는 거리가 있었던 가수 팬클럽, 뮤지컬 덕후 등 다양한 커뮤니티에서도 시국 대회에 열심히 참여했다. 덕분에 세대교체를 실감할 정도로 실무자, 사회자, 참여자의 연령대가 확 낮아졌다. 이들은 누굴까? 왜 대구에서 탄핵 촉구 집회에 참여했을까? 윤석열 파면 시위가 한창일 때인 1월 23일, 이들을 '탄핵 파티'라는 이름으로 초

대해 이야기를 들었다.

"(탄핵 파티 때는) 오십여 명 정도의 시민들이 모여서 비상계엄에 대한 생각이나 집회에 참여하며 느낀 경험을 나누고 공유했어요. 상당히 의미 있는 자리였던 것 같아요. 이야기를 들어보니까, 많이 불안하고 혼란스러웠는데 (집회에서) 똑같이 분노하는 사람을 만나니까 안정감과 동질감 같은 감정을 느낄 수 있었다는 의견이 많았어요. 집회나 시위에서는 이런 이야기를 나누기 어렵잖아요? 정치 이야기나 우리가 앞으로 뭘 해야 하는지, 이런 대화를 깊게 나눌 수 있어서 기억에 많이 남아요." (김영숙)

대구를 지역구로 둔 국민의힘 의원들은 대부분 윤석열 탄핵 반대 활동을 열심히 했다. 그래서 주말에는 시국 대회를 열었지만, 주중에는 '도장 깨기'를 감행했다. 탄핵에 반대하는 국회의원 사무실을 하나씩 하나씩 모두 찾아간 것이다.

보수의 심장에서 이런 시위가 위험하지는 않았을까? 물론 행진할 때 시위 행렬에 차를 바짝 붙여 몰면서 클랙슨을 울리고, 차가 막힌다고 욕하는 사람은 있었다. 특별한 건 아니다. 대구에서 보수와 다른 목소리를 내는 집회를 열면 늘 있는 일이다. 그래도 이번에는 파면 촉구 집회를 직접적으로 방해하거나 위협을 가하는 사람은 없었다. 대신 아파트나 찻집에서 박수를 쳐주는 사람이 생겼다. 물론 욕하는 사람이 없진 않았지만 위축되지 않고 윤석열 파면을 열심히 외쳤다.

동네 곳곳으로 들어간 부산 시위

부산 역시 보수색이 짙고 탄핵 반대 여론이 비교적 높은 지역이다. 부산 시민사회에도 비상계엄 선포 이전부터 70여 개 단체가 참여한 '윤석열 정권 퇴진 부산운동본부'가 결성되어 있었다. 여기에는 민주당과 조국혁신당, 진보당, 정의당, 노동당, 녹색당 등 정당과 시민사회단체, 민주노총 부산본부 등 노동조합이 모두 참여했다. 비상계엄이 선포되자 부산운동본부는 '윤석열 정권 퇴진 부산 비상행동'으로 이름을 바꾸고 본격적인 내란 심판 투쟁에 나섰다. 그러자 참여 단체가 기존보다 두 배 이상 늘었다.

부산에서는 거의 매일 집회를 열었다. 서면에서 큰 규모로 집회를 열었지만, 부산의 모든 구에서도 자체적인 집회를 진행했다. 비상계엄 이전에는 금정구와 영도구, 남구 정도에서 집회를 열었는데, 비상계엄이 터지자 전 지역에서 자생적인 집회가 조직됐다. 특히 대구처럼 내란에 동조하는 지역구 국회의원 사무실, 국민의힘 부산시당을 압박하는 시위를 계속 열었다. 예전에는 이런 형태의 집회를 상상하기 어려웠다.

비상계엄의 충격은 집회 참여 인원의 변화에도 반영됐다. 이전에는 많아야 1천 명 정도의 시민이 참여하던 집회가 계엄 선포 이후에는 그 수를 크게 넘어 확장하기 시작했다. 윤석열 탄핵소추안이 통과될 즈음에는 4~5만 명이 모였다. 다른 지역과 마찬가지로 참여자의 연령대도 확 낮아졌다. 특히 2030 세대 여성의 참여는 눈에 띄게 늘었다. 그러다 보니 집회 분위기도 따라서 달라졌다. 예전 시위가 비장감 넘치는 분위기였다면 이제는 더 역동적이고 재미와 감격, 흥겨움이 넘치는 문화 집회가 됐다.

"전에는 (집회를 열면) 중장년, 솔직히 중장년도 훨씬 넘는 분들이 많이 참여했어요. 그런데 이번에는 확실히 2030 세대 여성들이 많더라고요. 물론 남성도 있었지만, 여성 참여가 압도적으로 많이 늘었어요. 그러다 보니까 집회 분위기도 아주 역동적이고 젊은 분위기로 확 달라진 것 같아요. 민중가요하고 케이팝이 함께 나오는 것도 새로웠고. 이전에는 집회를 하면 무겁고 비장한 분위기가 대세였는데, 비상계엄 이후에는 집회가 아주 재미있기도 하고 감격적이기도 하고. 흥겨움이 가미되었달까? 그런 변화가 일어난 것 같아요." (차성환)

관광객도 참여하는 강원 집회

강원도 역시 대구와 부산처럼 보수 세가 강한 곳이다. 그러나 비상계엄이 선포되자 강원도 18개 시군에 비상행동과 촛불행동 등의 연대체가 조직됐다. 이들은 모두 '윤석열 즉각 퇴진 강원운동본부'로 결집했다. 비상계엄의 밤이 지나고 날이 밝자 강릉을 비롯한 주요 도시에서는 바로 촛불집회를 열었다. 이후 강릉에서만 총 18차례의 촛불집회와 15차례의 기자회견, 두 차례의 대규모 강원도민대회를 열었다.

강원도 역시 집회 문화가 확 바뀐 것을 실감했다. 특별히 홍보하지 않아도 처음 보는 시민들이 많이 참여했다. 집회를 준비하는 사람들이 전혀 예상하지 못했을 정도로 여성과 청년, 청소년이 압도적으로 많았다. 심지어 관광도시답게 전국에서 관광 온 시민들이 집회에 많이 참여했다. 주말이면 시민사회단체 활동가들은 서울로 연대하러 가는데, 관광객들은 주말에 강원으로 놀러 왔다가 활동가들의 줄어든 빈자리를 채워주었다. 이런 시민의 힘을 체감한 건 후원금이다. 강원도 역시 광주처럼 처음으로 시민의 후원금을 통해 모든 집회 비용을 감당할 수 있었다. 심지어 나중에는 "우리한테 이제 그만 후원하시고, 중앙 비상행동에 후원해 달라"는 공지까지 내걸어야 했을 정도다.

새롭게 등장한 시민을 앞세우니 집회 분위기도 달라졌다. 시민들은 탄핵 촉구 발언 이외에도 자신이 느끼는 사회적 불평등과 차별, 여러 사회 문제를 마음껏 쏟아냈다. 부산처럼 민중가요나 대중가요를 가리지 않고 함께 부르며 새로운 집회 문화, 연대 문화를 만들어냈다. 강원에서도 '선결제' 문화가 유행했는데, 문제가 있었다. 결제하는 사람은 많은데 먹고 가는 사람이 별로 없었다. 아무리 '마음껏 드시라'고 홍보해도 '다른 사람이 먹어야지'라며 사양했다. 서로 전혀 모르는 사람들 사이에서 서로를 위하는 마음이 먼저 피어올랐다.

다른 지역에서는 탄핵에 반대하는 국민의힘 의원 사무실을 압박하는 시위를 많이 했지만 강원도는 한 사람만 팼다. 윤석열 파면 반대에 가장 앞장선 권성동 의원의 지역구가 강원도라 국회 국민동의청원 사이트에 내란 규탄과 권성동 의원 제명 청원 서명을 올렸다. 다른 지역에서도 탄핵 반대 의원 제명을 요구하는 청원안이 많이 올라왔지만, 강원은 가장 빠르게 5만 명의 서명을 확보했다.

"국민의힘에서 내란에 가장 강하게 동조한 사람 중 한 명인 권성동 의원 지역구가 강원도예요. 그래서 권성동 의원을 규탄하는 활동을 하면서 국회 국민동의청원에 제명 청원을 올리자고 했어요. 다른 지역에서도 내란에 동조한 국회의원 제명 청원을 올렸는데, 강원도가 가장 빠르게 (서명 기준인) 5만 명을 달성했다는 거 아닙니까. (웃음)" (홍진원)

빵도 살 겸 집회도 참여한 대전

충청은 예로부터 여론의 바로미터로 불렸다. 지역적 특징이 비교적 분명한 광주나 대구와 달리 전국 여론이 고르게 반영되는 지역이기 때문이다. 대전에서도 비상계엄이 선포되자 바로 지역 집회를 열었다.

이곳에서도 이전의 집회와는 분위기 확연히 달라졌음을 느꼈다. 전에는 주로 정치 고관여층과 전통적인 민중 단체, 시민사회단체가 집회에 참여했다면 이번엔 여성과 청소년은 물론 초등학생부터 중장년까지 다양한 시민들이 참여했다. 종교와 직업, 세대를 불문한 참여자의 다양성은 집회에서 오간 발언 주제도 다양화했다. 소수자, 동물권, 환경, 노동, 국제평화, 정치 문제까지 나오지 않은 의제를 찾기가 더 어려웠다.

대전은 교통망이 전국 곳곳과 잘 연결된 곳이라 다른 지역에서 온 사람도 많았다. 특히 대전에 있는 유명 빵집을 찾아온 김에 집회까지 참여하는 시민이 꽤 있었다.

"대구에서 깃발까지 챙겨 온 참여자가 있었는데, 다른 볼일도 볼 겸 겸사겸사 왔다고 하더라고요. 여기에 유명한 빵집이 있잖아요? 빵 사러 온 김에 집회에 참여한 거죠. 이런 경우가 종종 있었어요. 빵은 어디 있냐고 물어보면 어디 맡겨놓고 왔다고 하더라고요. (웃음) 집회 참여자를 분석해 보니까 세종에서도 많이 왔어요. 거기는 집회가 자주 없어 서울로 가거나 대전으로 와서 집회에 참여하는 사람이 많았어요." (정완숙)

참여자가 다양하니 기발하고 참신한 아이디어도 많이 나왔다. 국민의힘의 상징색인 빨간색을 찾아오자는 의미로 "빨강은 혁명의 색이다"라는 문구가 쓰인 깃발을 만들어 온 시민도 있었고, 태극기의 본래 의미를 되찾아 오자는 의미로 독립군 서명이 들어간 태극기를 들고 온 사람도 있었다. 물론 가족 단위의 참여자도 꽤 많았다.

참여자들의 이야기를 들어보니, 2030 세대 여성의 참여를 마치 특별한 것처럼 다루는 것에 불편함을 느낀다는 의견도 있었다. 2008년 광우병 촛불 때도 '유모차 부대'로 불린 여성의 참여가 활발했고 2017년 박근혜 탄핵 촛불시위 때도 수많은 여성이 참여했다. 여성은 이번에도 광장을 지키고 있는데, 마치 없던 것이 등장한 양 특별하고 새로운 현상처럼 다루는 것이 불편하다는 것이다.

대전에서도 국민의힘을 압박하는 활동을 진행했다. 대전시장과 국민의힘 정치인들이 극우 집회에서 발언하자 집회 때마다 규탄 발언이 쏟아졌다. 지금도 대전시장 사퇴를 촉구하는 대전 시민사회의 활동은 계속되고 있다.

이처럼 12월 3일의 밤은 전국을 흔들어놨다. 정치는 싸움질만 한다고 외면하던 시민들도 거리로 나섰고, 공포와 분노 속에서도 서로를 위하는 연대의 마음이 스멀스멀 자랐다. 오래 걸리지 않을 것 같았던 윤석열 파면까지 장장 4개월을 거쳐오면서 시민들은 다시 한번 역사의 주체가 됐다.

그렇다면 지역에서 결사적으로 윤석열 파면 반대를 외쳤던 극우의 힘은 과연 어느 정도였을까? 언론에서 본 것처럼 탄핵을 둘러싼 찬반의 갈등이 심각했을까? 이들의 목소리가 정말 윤석열 파면을 요구하는 시민의 목소리보다 컸거나 최소한 비등했을까? 물론 극우의 네트워크는 시민사회만이 아니라 정치권과 검찰, 사법, 행정, 공공기관, 미디어, 학교와 학원 등 여러 영역에 걸쳐있고 아직도 막강한 권력을 쥐고 있다. 그러나 이들의 영향력은 다소 과장된 측면이 있다. 4개월간의 내란적 갈등 속에서 드러난 지역 극우 세력의 모습을 살펴보면 자연스럽게 이러한 결론에 이르게 된다.

지역과 극우의 동원

보수 개신교를 주축으로 한 극우 세력은 전국을 순회하며 영향력을 과시했다. 대부분 지역에서 5만 명 내외의 대규모 참여자를 조직한 세이브코리아 집회 같은 행동주의적 극우의 부상은 윤석열 파면을 반대하는 여론이 찬성 여론과 거의 비등한 수준에 오른 것처럼 느끼도록 만들었다. 그러나 지역의 속사정을 들여다보면, 그들의 실체는 알려진 것과 사뭇 다르다.

전국에서 동원된 시위대로 가득 찼던 세이브코리아 집회를 제외하면, 거의 모든 지역에서 자생적인 극우 집회는 거의 찾아볼 수 없거나 작은 규모로만 진행됐다. 우려했던 파면 촉구 집회와 보수 집회 간의 충돌도 거의 없거나 미미한 수준이었다. 진보 성향의 시민과 보수 성향의 시민 간에 종종 충돌이 일어났던 이전 집회를 생각하면, 이번이라고 해서 특별한 것은 없었다. 다만 극우 유튜버를 비롯한 소규모의 사람들이 시비를 걸어오는 일은 분명히 늘었다.

보수 세가 강한 강원도에서는 춘천과 원주에서 보수 집회가 개최됐지만, 비슷한 시기에 개최된 윤석열 파면 촉구 집회와 엇비슷한 규모였다. 그러나 파면 촉구 집회는 매주 이 정도 규모의 집회를 꾸준히 개최한 반면 보수 집회는 중앙에서 기획한 집중 집회만 열렸다.

"춘천에서 1천 명 정도, 원주 4백 명 정도가 보수 집회를 열긴 했는데, 규모는 진보 집회와 크게 차이 나지 않았어요. 그런데 우리는 매주 이 정도가 모여서 집회를 열었는데, 보수 집회는 중앙 차원에서 조직해서 연 것들이죠. 강릉에서는 차량에 스피커를 달고 녹음된 방송을 틀면서 다니거나 전광훈 목사가 주도하는 자유 마을에서 모임을 한번 연 정도예요. 물론 강원도가 워낙 보수적인 지역이다 보니까 집회할 때 어르신들이 욕하고 방해하긴 했는데, 이런 일은 예전에도 있었어요. (…) (보수 쪽) 한두 분이 흥분해서 집회에 난입하는 일도 있었는데, 경찰이 질서 유지를 해주니까 큰 문제는 없었어요." (홍진원)

대구에서도 우리공화당이 동화백화점 앞에서 일상적으로 개최하는 보수 집회를 제외하면 탄핵 반대를 위한 새로운 집회는 거의 볼 수 없었다. 세이브코리아 동대구역 집회는 영남권 기독교계가 총력 집중해 열렸다. 그 외에 보수·극우 단체의 탄핵 반대 활동은 대부분 서울 광화문이나 여의도 집회로 집중하는 분위기였다.

그래도 대구는 대구다. 여전히 지역에서 막강한 영향력을 행사하는 보수 기독교계는 어느 지역보다 많은 사람들을 동원했다. 그렇게나 많은 사람들이 비상계엄의 정당성을 부르짖는 모습은 내란 주범의 처벌이라는 당연한 상식이 대구에서도 구현되기를 바라는 이들에게 슬픔을 안겨주기에 충분했다.

"대구에선 항상 동화백화점 앞에서 (우리공화당 주최의) 보수 집회가 열리는데, 그 외의 탄핵 반대 집회는 거의 열리지 않았어요. 세이브코리아에서 하는 동대구역 집회에는 사람들이 많이 모였는데, 그때는 대구·경북, 부산·울산 등 영남권 기독교계가 총력으로 집중해서 왔어요. (…) 맞아 죽을 각오를 하고 (세이브코리아 집회에) 들어가서 지켜봤는데, 안면 있는 교회 사람들도 많더라고요. 대구가 내란 사태를 낳게 한 정치적 자산을 가진 곳이고 보수 기독교의 전통도 살아있는 곳이라지만, 막상 지켜보니까 너무 슬퍼서 많이 울었어요." (김영숙)

소위 '여의도파'를 상징하며 세이브코리아 전국 순회 집회를 주도한 손현보 목사가 있는 부산은 어땠을까? 세이브코리아 부산 집회를 제외하면 간혹 보수 집회가 열리기는 했어도 탄핵 촉구 집회와 비교하면 왜소한 수준이었다. 물론 여기에도 극우 유튜버는 있었다.

"부산에서도 사실 (보수 집회에 대한) 우려를 많이 했어요. 그런데 세이브코리아에서 전국에서 동원한 집회를 제외하면 자체적인 보수 집회는 거의 없었어요. 일부가 서면 영광도서 근처에서 집회를 열긴 했는데, 많아야 백 명 정도를 넘기지는 못했던 것 같아요. 탄핵 지지 집회하고 비교하면 왜소했죠. 다만 극우 유튜버 한두 명이 탄핵 촉구 집회에 나타나서 시비를 거는 일은 종종 있었어요. (…) 손현보 목사가 부산에 있긴 한데 막상 부산 집회는 보잘것없는 수준이어서 주목받지는 못했어요. (보수는) 주로 서울에 올라가서 했죠." (차성환)

광주는 지역의 특성상 대규모의 보수 집회는 세이브코리아 광주 집회 정도를 제외하면 매우 드물다. 평소 극우 유튜버들이 50명 정도를 모아서 집회를 열기는 한다.

"(세이브코리아 집회의 대부분은 타지에서 온 사람들이 참여했는데) 유튜브에 나온 것처럼 광주 출신이거나 광주에 사는 분 중에 적극적으로 참여한 사람도 있었을 거예요. 그런데 주위에서 유튜브에 나온 사람이 내 친구라거나 어디서 본 사람이라는 이야기는 들어본 적이 없어요." (박미경)

대전에서도 윤석열의 파면을 촉구하는 집회와 이를 반대하는 보수 집회가 모두 열렸다. 이들은 집회를 여는 각자의 고유 영역이 있다. 두 시위가 충돌하는 경우는 거의 없지만, 간혹 시비를 걸어오기는 했다.

"대전에서는 보통 진보 성향의 집회는 갤러리아 백화점 인근 은하수 네거리에서, 보수 집회는 대전역 광장에서 열려요. 두 곳이 워낙 떨어져 있어서 충돌이나 이런 건 없었어요. 그런데 전광훈이 조직한 보수 집회가 은하수 네거리에서 멀지 않은 대전시청 근처에서 열려 은하수 네거리에서 양쪽이 만나게 된 적이 있긴 해요. 집회를 일찍 마친 극우성향 시위대 몇몇이 와서 충돌을 유발하는 발언을 한 적은 있죠. 그렇다고 특별한 마찰이 있었던 건 아니에요. 할아버지들이 집회장 근처에서 지나가는 중학생들을 붙잡고 부정선거 의혹을 설명하고 선동하다가 가시는 정도였죠." (정완숙)

극우는 비상계엄의 정당성을 주장하며 서부지법 폭동을 일으키고 전국을 순회하며 대규모 탄핵 반대 운동을 전개했다. 여기에는 보수 개신교를 비롯해 집권 여당의 조직망, 보수·극우 네트워크가 총동원됐다. 극우의 세 과시는 여의도와 광화문에 집중됐고, 지역 집회는 전국 집중 순회 집회 형식으로 열렸다. 지역에서 일상적으로 진행되는 극우 집회는 거의 없거나 미미했다. 앞에서 살펴본 것처럼 극우 유튜버를 중심으로 한 소규모 집회를 열거나 파면 촉구 집회에 찾아가 시비를 거는 수준이었다.

이것은 지난 4개월 동안 드러난 행동주의적 극우의 형태가 사실상 최대 동원된 수준이며, 확장 가능성이 그리 높지는 않다는 것을 시사한다. 보수가 지역 단위에서 시민의 일상 깊숙이 자리 잡지는 못했음을 뜻하기도 한다. 물론 여론조사에서 그들은 꾸준히 40% 내외의 국민에게 영향력을 행사하고 있지만, 지난 4월 2일 진행된 보궐선거 결과를 살펴보면 여론조사에서 확인되지 않는 '숨어있는 여론'도 그들 편은 아니다.

한편 윤석열 파면 촉구에 참여한 시민들 역시 '진보'라고 뭉뚱그려 규정할 수는 없다. 평소 정치적 입장이 없거나, 이후에는 어느 쪽도 지지할 수 있는 가변성을 지닌 사람들이 다수다. 그런 사람들이 이번에는 비상계엄에 반대하고 내란 세력에 대한 단호한 심판이 필요하다는 입장을 분명하게 세운 '다수'가 됐다. 그래서 윤석열의 파면은 극우에 대한 진보의 승리가 아니라, 상식의 승리다. 이는 시민의 분노 대상 역시 언제든 다시 바뀔 수 있다는 것을 시사한다.

지역은 달라도 마음은 같았던 대한민국 곳곳

지금까지 살펴본 것처럼, 서울만이 아니라 전국 곳곳에서는 윤석열 탄핵과 파면을 위한 빛의 혁명이 진행되고 있었다. 지역마다 조건과 분위기, 상황은 모두 다르지만 몇 가지 공통점을 발견할 수 있다.

첫째, 거의 모든 지역에는 비상계엄 선포 이전부터 윤석열 대통령을 규탄해 온 시민사회의 연대체가 존재했다. 비상계엄이 워낙 충격적인 사건이라 갑자기 시민의 저항이 일어난 것 같지만 비상계엄 이전부터 윤석열 탄핵의 흐름은 꾸준하게 고양되고 있었다. 이전에는 윤석열 탄핵 운동을 관망하거나 반대하던 이들도 비상계엄을 계기로 탄핵 흐름에 적극 동참하면서 규모가 훨씬 커졌다.

윤석열의 비상계엄 선포 이유가 단지 '탄핵안을 남발한 야당'만은 아니었을 것이다. 이미 시민사회의 본격적인 저항은 시작되고 있었고 그의 정치적 위기는 무르익고 있었다. 비상계엄 이전부터 시민사회의 분노가 차

근차근 달아오르면서 만들어진 각종 연대 조직은 기습적인 비상계엄 선포에 신속하고 즉각적이며 체계적인 대응을 가능하게 만들었다. 이 연대 기구의 조직망을 타고 비상계엄에 대응하는 직접 행동이 곧바로 일어났고 분노한 시민을 모아낼 광장을 열어낼 수 있었다.

둘째, 비상계엄 이전에도 윤석열 탄핵을 위한 활동은 활발하게 진행되고 있었지만, 비상계엄 이후에는 주도 주체가 크게 바뀌었다. 이전의 집회나 저항은 주로 정당, 노동조합, 시민사회단체 등 사회운동 세력이 주도했다면 비상계엄 선포 이후에는 평범한 시민의 참여가 폭발적으로 늘었다. 물론 이런 현상이 처음은 아니다. 촛불시위라는 저항 양식이 확산하기 시작했던 2002년 미군 장갑차에 의한 여중생 사망 사건 규탄 촛불시위를 비롯해, 2004년 노무현 대통령 탄핵 반대 촛불시위, 미국산 광우병 우려 쇠고기 수입 반대를 위한 2008년 촛불시위, 2016~2017년 박근혜 탄핵 촉구 촛불시위는 모두 동일한 패턴을 보인다. 어느 순간 티핑 포인트(Tipping Point)가 생기면 평범한 시민들이 기존의 운동 조직을 압도하는 참여와 주도성을 발휘했다. 물론 대부분의 운동은 시민의 참여가 폭발하는 티핑 포인트를 기대하며 캠페인을 벌이지만, 그런 순간은 대개 운동을 조직하는 사람들이 예측하지 못한 방식과 시점에 나타난다. 빛의 혁명을 이룬 이번의 티핑 포인트는 운동권이 아니라 윤석열 스스로가 만들어냈다.

새로운 시민의 물결은 기존의 활동가 문화와 갈등하기보다 서로 새롭고 활기차며 기발한 방식으로 스며들었다. 집회 비용 모금과 선결제 등 다양한 형태의 연대 문화가 활발하게 일어났고, 최신 케이팝과 민중가요가 오묘하게 공존했다. 2017년에는 여러 논란을 낳았던 여성, 소수자와의 적극적인 연대와 이에 대한 시위대의 수용성도 매우 높아졌다. 서울에서는 남태령과 한남동 키세스 시위대 등이 연대의 확장을 상징하는 순간으로 기억되지만, 지역에서도 크고 작은 연대가 다양한 모습으로 나타났다.

셋째, 모든 지역에서 내란에 동조한 '국민의힘'을 지역에서부터 압박하는 활동이 진행됐다. 내란에 찬성하고 극우 집회에서 발언한 국민의힘 의원 사무실이나 지역 위원회 사무실을 찾아가 이것이 내란 동조 행위임을 분명히 알리고 규탄해 나갔다. 선거 승리를 목숨처럼 여기는 정치인들에게 '내란 세력'으로 뭉뚱그려지는 공세보단 구체적 대상을 구체적 공간에서 압박하는 것은 매우 큰 영향력을 발휘한다. 한국 보수가 2017년과 달리 극우와 손잡고 계엄의 정당성을 주장하며 정면 승부를 걸기로 한 이상 지역에서의 이런 활동은 극우 세력이 더 크게 확장하지 못하도록 만드는 데 크게 기여했다. 만일 이런 활동이 지역에서 일어나지 않았다면, 극우의 확장은 지역 곳곳에 더 뿌리 깊게 자리 잡았을지도 모를 일이다.

넷째, 서울의 흐름과 유사하게 지역에서도 최대 규모의 집회는 윤석열 탄핵소추안 통과 시점인 12월 14일쯤이었고, 이후에는 조금씩 참여가 줄었다. 집회 참여가 줄던 시기는 행동주의적 극우가 영향력을 과시하기 시작한 시점과 겹친다. 이런 측면 때문에 비상계엄에 대한 입장이나 윤석열 파면에 대한 국민의 여론이 비등해지는 것 같은 착시효과가 나타나기도 했다. 그러나 이런 동원의 교차성은 제도적 해결책과 운동적 해결책의 상호 관계를 통해 이해해야 한다.

참여가 활발하게 일어나기 위해서는 최소한 세 가지 조건이 필요하다. 첫째는 목표에 대한 동의이고 둘째는 참여를 가능케 하는 적절한 수단이다. 마지막으로는 나의 참여로 결과가 바뀔 수 있다는 효능감이 있어야 한다. 이런 조건에 비춰보면, 윤석열의 국회 탄핵을 앞둔 시점에는 국민의힘 내 합리적 보수를 설득하거나 압박할 수 있는 강력한 운동적 힘이 필요했다. 윤석열 대통령 탄핵소추안이 통과된 이후에는 대통령의 최종적 파면의 공이 헌법재판소로 넘어갔다. 만일 대통령 파면을 국민투표로 결정할 수 있었다면 파면 촉구 시위의 동력은 절대로 줄어들지 않았을 것이다. 국회 탄핵 이후 집회 참여자의 감소에는 헌법재판소가 국민의 상식에 부합하는 판결을 내릴 것이라는 기대감이 반영되었다. 그러나 헌법재판소의 최종 판결이 지연되고 헌재가 '정치'를 하고 있다는 의혹이 확산되며 파면 촉구 집회의 동력은 다시 살아나기 시작했다.

반면, 극우 세력의 입장에서 보면 윤석열의 탄핵소추가 국회를 통과한 시점이 위기의 본격적인 출발이었다. 반공·반중, 선거 부정의 논리를 내세우며 계엄의 정당성을 강변할 운동적 실천이 필요했다. 이렇게 본다면 국회에서 윤석열의 탄핵소추안이 통과된 시점부터 헌법재판소의 판결이 내려질 때까지가 극우의 최대 동원이 가능했던 시기다. 이 시기에 헌법재판소의 윤석열 파면 심판이 지연되고 집권 여당까지 극우 세력에 힘을 실어주면서 우려했던 극우의 주류화가 진행됐다.

다섯째, 극우의 주류화에도 불구하고 극우의 확장은 어느 정도 과장된 측면이 있다. 극우·보수 집회는 보수 개신교를 중심으로 서울에 집중되었고, 전국에서 동원한 순회 집회를 제외하면 지역에서 보수의 영향력은 알려진 것보다 크지 않았다. 물론 집권 여당이 행동주의적 극우에게 힘을 실어주면서 과거에는 극소수의 자리만 차지하던 이들이 보수의 주류로 성큼 등장한 것은 부인할 수 없는 사실이다. 그렇지만 지역에서 민주주의를 지킨 것은 그들이 아니었다. 이름 없는 다양한 빛깔의 응원봉들이었다.

지역, 민주주의를 지킨 보루

지역은 우리 민주주의를 풀뿌리에서부터 지켜온 보루다. 비상계엄의 충격과 분노를 조직하고, 지역 곳곳에서 내란에 저항하는 광장을 만들어냈다. 내란의 국면에서 우리는 국회와 여의도, 조금 더 넓힌다면 한남동과 남태령에 집중했지만 어느 지역 하나 세상과 무관한 듯 시간을 보낸 곳이 없었다. 윤석열이 파면에 이른 지금 지역에서는 '윤석열 이후'를 어떻게 조망하고 있을까? 지역의 관점에서 본 내란 이후의 한국 사회는 비관도, 낙관도 장담할 수 없는 상태다.

차성환은 오랜 민주화운동의 경험에 비추어 윤석열 파면 시위에서 발견한 새로운 에너지에 희망을 걸고 있다. 과거의 비상계엄이 사회를 얼마나 철저히 망가뜨리는지 직접 목격했던 민주화 세대의 시각에서는, 친위 쿠데타라는 예상하지 못한 상황을 젊은 세대가 주체로 나서 막아냈다는 사실 자체가 희망일 수밖에 없다. 젊은 세대를 앞세우고 기성세대가 이들을 지원하면서 한 걸음씩 나간다면 분명 미래는 낙관적이다.

다른 참여자들도 차성환과 비슷한 희망을 발견했지만, 그것을 미래의 낙관과 연결 짓는 것에는 공히 주저한다. 정완숙은 처음에는 낙관적으로 내란 이후를 전망했지만 조금씩 생각이 달라지고 있다고 고백한다. 극우가 점차 행동화, 지능화하고 있는 상황에서도 '단호한 처벌'이 쉽지 않다는 것을 실감하고 있기 때문이다. 내란의 완전한 정리가 가능할까? 지금까지의 상황을 보면 누구도 긍정적인 답을 내놓지 못하고 있다.

김영숙 역시 광장에서 엄청난 힘을 얻었고 무엇인가를 해볼 수 있다는 에너지를 발견했다. 그러니 그의 활동 터진인 '대구'라는 일상 공간으로 돌아오면 이유 모를 좌절감을 느끼는 건 어쩔 수 없다. 동대구역 세이브 코리아 집회에 몰래 찾아가 서럽게 눈물을 쏟아냈던 건 너무도 당연한 상식이 대구라는 지역의 거대한 보수 네트워크 앞에서는 여전히 소수 의견으로 취급당할 수밖에 없음을 실감했기 때문이다. 우리의 목소리가 오랫동안 견고하게 구축되어 온 이 거대한 지역 구조를 바꿔낼 수 있을까? 이것을 가능하게 할 방법을 찾아내 새로운 힘을 만들지 못한다면 동대구역 집회에서 느꼈던 좌절감이 쉽게 극복될 리 없다.

박미경은 '숙제'를 말한다. 비상계엄과 뒤이은 극우의 준동은 돈과 권력에 의존해 온 우리 사회의 민낯을 다 드러냈다. 대통령이라는 사람부터 사기를 치고 거짓말을 해도 창피한 줄 모르는 게 한국 사회다. 여러 제도적 개혁이 논의되고 있지만 그것이 정말 이 사회를 바꿔낼 수 있을까? 박미경은 그에 관해 확신할 수 없다고 솔직히 고백한다.

홍진원은 자신이 평소 엄청나게 낙관적인 사람이라고 평가한다. 그러나 그런 그도 윤석열 이후를 희망으로만 전망하기 어려워했다. 박근혜 탄핵의 교훈 때문이다. 그때도 지금처럼 탄핵을 위해 거리에 나와 온갖 희망의 언어를 공유했지만, 결국 수많은 희망을 다음 정권과 정치권에 떠넘겨 버린 채 끝나고 말았다. 그것은 오래된 역할 분담 같은 것이었다. 그러나 그 결과는 어떠했던가? 이번에는 그러지 말자는 이야기를 동료들과 계속 나눴지만 아직 그것을 가능하게 만들 분명한 답은 떠오르지 않는다. 그래서 불안하다.

돌아보면 우리 민주주의 역사는 희망과 열망이 좌절과 절망으로 순식간에 바뀌는 경험을 반복해 왔다. 구체적인 현실의 불합리에 맞서 구체적인 저항을 조직했지만, 그것이 성공한 뒤에는 추상적 희망과 대안을 두루 뭉술하게 남겨둔 채 다시 구체적 절망과 좌절로 돌아왔다. 게다가 당연히 엄정하게 심판받아야 할 이들이 완전히 일소된 것도 아니다. 마치 다 죽은 줄 알았던 괴물이 스멀스멀 계속 살아나는 공포영화처럼, 이제는 끝났다고 생각했던 이들은 끈질긴 생명력을 자랑해 왔다.

이 공포영화 시리즈는 몇 편까지나 이어질까? 윤석열은 파면됐지만 아직 대한민국은 내란 중이다. 언제쯤 종결될 것인가? 그리고 종결 이후의 세상은 또 어떻게 달라질 것인가? 열망과 절망의 사이클은 이번에도 반복될 것인가? 아니면 단절을 통한 새로운 길이 만들어질 것인가? 우리가 쏟아낸 희망의 언어들은 여전히 희망으로만 남을 것인가, 현실이 될 것인가?

알 수 없다. 그러나 분명한 것은 좌절과 절망이 반복되더라도, 우리 사회 곳곳에는 이 나라가 최저선 아래로 내려가지 않도록 만드는 안전망이 견고하게 자리 잡고 있다는 사실이다. 그 안전망은 이름 없이, 각자의 위치에서, 전국 구석구석에서 버티고 있는 사람들이다. 그들은 이번에도 자신의 주변에서 저항을 만들어냈다. 희망의 씨앗을 뿌리는 것을 잊지 않고, 그것을 수확하기 위해 남겨진 과제도 묵묵히 감당하면서.

제9장 헌정질서

'민주공화국'을 중심으로 본 헌정(憲政)의 과제

정연순

서울대학교 공법학과를 졸업하고, 동 대학원에서 행정법 석사과정을 마친 뒤 헌법 전공으로 법학전문박사과정을 수료하였다. 30년간 변호사로 활동하며 인권에 깊은 관심을 가져왔고 국가인권위원회 차별시정본부장과 민주사회를위한변호사모임 회장을 역임했다. 현재는 법무법인 경에서 변호사로 일하고 있으며, 번역서로는 『정의를 배반한 판사들』이 있다.

인터뷰 참여자 **김종철** (연세대학교 법학전문 대학원 교수)
박용대 (법무법인 지향 변호사)
백승헌 (법무법인 경 변호사)
이주희 (법무법인 다산 변호사)
이준일 (고려대학교 법학전문대학원 교수)

대한민국이 수립된 이래 헌법 제1조는 변함이 없었다. 그 문장은 "대한민국은 민주공화국이다."라는 내용이다. 그 뒤를 이은 문장도 마찬가지다. 조문 번호를 달리한 때는 있었지만 내용은 동일했다. "대한민국의 주권은 국민에게 있고, 모든 권력은 국민으로부터 나온다." 그러나 1987년 이전까지 주권은 대한국민에게 실질적으로 존재하지 않았다. 그래서 헌법학자들은 한국 헌법을 '장식적 헌법'이라 불렀다. 이상적인 외양을 갖췄지만 실제와 부합하지 않는다는 의미이다.

헌법 제1조가 비로소 현실 속에서 작동하기 시작한 것은 1987년 민주항쟁 이후이다. 한국 사회는 끈질긴 민중의 저항을 통해 독재자를 물러나게 했고, 그 결과 현재의 헌법을 쟁취했다. 그로부터 40년 가까이 흐른 후, 대한민국은 다시금 누가 국가의 주인인지를 묻는 시험대에 올라섰다. 2024년 12월 3일 밤, 대통령이 국민의 기본적 자유와 권리를 억압하는 계엄령을 선포하며 국민과 정면으로 충돌한 것이다. 그 계엄령은 내용과 형식 모든 면에서 주권자의 의지를 부정한, 위헌적이며 위법적인 조치였다. 그로부터 2025년 4월 4일 헌법재판소가 친위쿠데타의 주역인 윤석열을 대통령의 지위에서 파면하기까지 몇 달간은 한국 헌정질서가 연속되는 위기 속에서 방어와 회복을 거듭하는 시간이었고, 동시에 헌법 제1조 제1항의 의미를 진지하게 되묻게 만든 시기였다.

그렇다면 이러한 헌정질서의 위기와 그 방어의 과정은 법률가들에게 어떤 고민을 남겼을까. 헌법재판소의 파면 결정으로 헌정질서가 일단 정상화 국면으로 들어선 직후인 2025년 4월 18일, 백승헌 법무법인 경 변호사의 진행으로 김종철 연세대학교 법학전문대학원 교수, 박용대 변호사 법무법인 지향 변호사, 이주희 변호사 법무법인 다산 변호사, 이준일 고려대학교 법학전문대학원 교수가 한 자리에 모였다. 대화는 계엄령의 밤부터 헌법재판소의 결정에 이르는 과정에서 돌출한 여러 사건을 두고 광범위하게 이루어졌다. 이들이 나눈 대화를 바탕으로, 현재 우리가 맞닥뜨린 헌정질서의 위기와 그 회복 과정을 '민주공화국'이라는 핵심어를 통해 다시 살펴보고자 한다.

민주공화국의 위기와 그 극복

헌법 제1조 제1항이 표방한 민주공화국이라는 말이 정확히 무엇을 뜻하는지에 대한 의견은 학자들 사이에서도 완전히 일치하지 않는다. 그러나 다수의 견해는 민주주의와 공화정이 섞인, 즉 민주공화국이라는 하나의 국가형태를 지향하는 선언으로 보고 있다. 대한민국은 1919년 3·1 운동으로 태어난 임시정부의 헌장에서 민주공화국을 표방했으며, 민주공화국은 제헌헌법 제1조에서부터 현재에 이르기까지 단 한 번도 흔들리지 않은 지향점이었다. 그중 국민에게 주권이 있고 국민의 의사에 따라 권력이 행사되어야 한다는 민주주의 원칙은 헌법 제1조 제2항에 다시 풀어서 강조되고 있다. 반면 헌법은 공화국에 대해서는 특별히 설명하지 않으며, 공화국의 기초를 이루는 어떤 원칙을 제시하지 않는다. 다만 학자들에 의하면 공화국을 구성하는 요소들은 다음과 같이 설명되고 있다.

정치체제로서의 공화국은 그 권력 행사에 있어 왕이나 귀족과 같은 세습적 지배가 없는 나라를 의미한다. 하지만 정치 이념으로서의 공화주의는 세습군주제나 과두정을 단순히 부정하는 데 그치지 않고, 시민적 덕성을 갖춘 다양한 계층이 서로 인정하며 공존을 모색하는 방식과 그에 따른 원칙을 의미한다. 헌법재판소는 이를 두고 '특정인이나 특정 세력에 의한 전제적 지배를 배제하고 공동체 전체의 동등한 구성원들에 의한 통치를 이상으로 하는 공화주의 이념'(헌법재판소 2014. 12. 19. 2013 헌다1 결정)이라고 묘사한 바 있다. 공화주의는 정치권력의 행사가 특정 개인이나 계층에 집중되는 것을 부정하며, 주요 권력 요소의 분립을 통한 견제와 균형, 법치주의에 따른 통치 등을 중시한다. 현실의 권력 행사자를 대의민주주의의 원리에 따라 주권자로부터 권력을 위임받은 자로 상정하고, 핵심 권력의 분산과 견제, 균형을 통해 주권재민의 원리를 실현하는 것이다.

현대 민주주의 체제가 만들어낸 권력의 위임과 행사 방식의 가장 효율적인 원칙이 입법, 사법, 행정의 삼권분립이다. 그 외 복수정당제도나 선거를 통한 의회 선출제도, 사법부의 독립과 지방자치 등의 제도 역시 공화주의의 이념을 구체적으로 실현한다. 헌법재판소는 반헌법적인 법률과 국가 조치를 심사함으로써 위헌적 요소를 제거하는 최종의 방어선 역할을 담당한다. 이러한 제도적 보장보다 더 중요한 것은 공공선을 추구하는 시민적 덕성을 갖춘 구성원들의 존재이며, 이를 위해 헌법은 인간으로서의 존엄과 행복을 추구할 권리를 비롯한 각종 기본권을 보장하고 법 앞의 평등을 선언하고 있다.

윤석열 대통령의 계엄령 선포는 절차나 내용에 있어서 위법이었을 뿐 아니라 민주공화국의 근본을 침해한 위헌적 행위였다. 그는 국회와 지방의회, 정당의 활동과 기능을 정지시키고, 결사, 집회 시위의 자유나 언론의 자유와 같은 기본권을 본질적 측면에서 침해하려 했다. 심지어 사법부를 비롯한 각계의 주요 인사들을 납치하려는 계획까지 세웠다. 헌법재판소는 이에 대해 "헌법의 근본원리인 국민주권주의와 자유민주적 기본 질서를 위반한 것"이라고 판단했다. 대통령의 권한 발동이라는 극도의 형식적 조치에 의해 근본에서부터 위협받고 무너질 뻔했던 헌정질서는 다행스럽게도 자기방어에 성공했다. 외부의 조력이나 개입에 의한 것이 아니라 주권자에 의해, 그리고 헌정질서가 예정한 절차와 방식에 따라 이뤄진 결과였다. 이는 역사적으로도 드문 사례다. 한국은 OECD 국가 가운데 유일하게 계엄이 선포된 나라로 전 세계를 충격에 빠뜨렸으나 평화롭고 합법적인 방식으로 헌정질서를 지켜냄으로써 또 한 번 세계에 깊은 인상과 감동을 안겨주었다.

"그런 일들이 지금의 헌정 체제 안에서 발생했기 때문에 이를 단점이라고 볼 수도 있습니다. 하지만 거꾸로 그 체제에서 (계엄을) 조기에 진압했고 또 이 체제가 예정하고 있는 절차를 통해서 탄핵을 시켰습니다. 헌정 체제가 가진 장점이 없었다면 힘들었을 것이라 생각합니다. 그래서 여전히 내란이 지속되고 있는 상황에 대한 우려가 큼에도 불구하고, 제일 핵심이 되는 부분인 쿠데타를 실패로 만들었다는 점을 받아들여야 합니다. 87년 헌정 체제는 (내란이 일어난) 구조적인 원인임과 동시에 그것들을

진화하는 중요한 기능을 했다는 것을 말입니다." (김종철)

무엇이 윤석열의 탄핵을 가능하게 했는가. 여러 요인을 들 수 있겠지만 가장 먼저 꼽아야 할 것은 국회의 대응이다. 헌정질서는 이러한 위기를 예상하여 대통령의 계엄에 맞서 국회가 계엄 해제를 요구할 수 있는 권한을 부여해 두었다. 계엄이 선포되자 국회의원들은 야당인 민주당을 중심으로 신속하게 의사당에 모여들었다. 국회 정문의 출입이 통제되자 우원식 국회의장을 비롯한 일부 의원들은 담을 넘었고 보좌관들은 헬기와 장갑차가 진입한 것을 알면서도 군인들을 막기 위해 책상과 의자를 끌어다 문을 봉쇄했다. 행정부 수반의 권력남용을 견제하고 감시할 책임을 지닌 입법부는 신속하고도 침착하게 대응했고, 계엄 해제를 요구하는 결의를 끌어내었다. 이는 아무리 칭찬해도 지나치지 않을 훌륭한 대처였다. 국회는 헌정질서가 스스로를 지키기 위해 설정해 놓은 역할을 완벽하게 수행했다.

군 통수권자의 명령을 받은 군 일부와 경찰 일부의 소극적 대응 또한 기록으로 남겨야 한다. 우리 사회는 군부독재의 역사를 거쳐왔고, 현재도 남북 분단에 따른 수십 년간의 대치를 이어가고 있다. 세계 어느 나라와 비교해도 뒤지지 않는 비대한 군사력과 일촉즉발의 긴장 상태 속에서 군의 정치적 중립성이 깨진다면 민주주의, 자유와 평등, 각종 인권의 목록은 휴지 조각으로 전락할 수밖에 없다. 현재의 헌정질서는 군부독재와 맞서 싸워 획득한 소중한 성과물이기도 하다. 이번 사건은 그러한 헌정질서를 형성한 정신, 즉 사회의 안전이 외부로부터 위협받을 때에만 무력의 발동이 정당화된다는 역사적 교훈이 우리 사회의 구성원들 사이에서 근본 원칙으로 자리 잡았음을 보여주는 순간이었다. 이는 1987년 민주항쟁을 이끌어낸 세대가 자부심을 가질 만한 역사적 장면으로 기록될 것이다.

헌법의 최종 방어선인 헌법재판소는 그 역할을 성공적으로 수행했다. 비록 변론 종결 후 선고까지 상당한 시간을 끌어 전 국민을 불안하게 만들기도 했지만, 8:0의 만장일치로 대통령의 계엄 선포를 헌법위반이라고 선언함으로써 헌정질서가 정상으로 복귀하는 여정에 마침표를 찍었다. 1987년 민주항쟁이 이전의 유명무실했던 헌법위원회를 폐지하고 헌법 재판소를 설치한 것의 역사적 의미를 입증한 순간이었다.

그러나 이 모든 요소를 압도하는 것은 계엄이 선포되고 그 소식이 언론사로, 소셜 미디어로 공유되자마자 국회로 달려간 시민들이었다. 하루의 지친 일상을 끝내고 휴식을 준비하던 시간이었다. 그들은 계엄 선포 소식을 접한 순간, '처단'될 수도 있음을 알면서도 그 두려움에 맞서 여의도로 달려갔으며 '대한민국의 주권은 국민에게 있다'라는 헌법 제1조 제1항을 거리에서 몸소 실천했다.

"12·3 계엄 이후에 (…) 가장 인상 깊었던 것은 아무래도 여의도로 달려온 시민들입니다. 지금도 그때의 상황을 돌아보면 계엄이 참 무시무시한 사건인데 큰 피해 없이 6시간 만에 진압 및 해제가 되었던 것은 정말 기적 같은 일이라고 생각합니다. 이런 기적을 만들 수 있었던 가장 중요한 요인은 윤석열의 비상계엄 선포 직후 계엄을 막기 위해 여의도로 달려온 4천여 명의 시민들입니다. 그들의 시민의식, 그리고 그렇게 행동해 준 시민들이 있었다는 것이 계엄을 막아내고 해제를 만들어내는 데 큰 역할을 했다고 생각합니다." (박용대)

민주화 이후 한국 사회는 극심한 의견 대립과 진영 논리로 인해 갈등이 점차 심화되는 양상을 보여왔다. 지역 차별, 세대·성별 간 갈등, 부와 자산의 양극화 등이 겹치며 공동체로서의 통합력마저 흔들리는 듯했다. 그러나 계엄이 선포되자 위험을 감수하며 주권자로 나선 시민들이 있었고, 이들에 대한 국민의 지지와 성원은 분명하고 강고했다.

"희망적인 것은 우리 87년 체제가 나름의 통제력을 가지고 있다는 점입니다. 개인적인 정치 성향이 보수적이거나 진보적인 것을 떠나서, 문화 세력상으로도 신세대들이나 일반 시민들은 오히려 쿠데타나 독재는 절대로 안 된다는 공존의 룰에 대한 입장이 확고합니다." (김종철)

주권자로서 직접 목소리를 내야 한다는 의지는 계엄 해제 이후에도 이어졌다. 그들이 이끌어간 '빛의 혁명'이 국회의 탄핵소추안 인용, 헌법재판소의 파면 결정을 이끌어냈음은 부인할 수 없는 사실이다.

"지난 박근혜 탄핵 때와 구분되는 지점은 지금 탄핵과 내란 재판이 이뤄지는 전 과정에서 시민과 국회가 굉장히 보이지 않는 의사소통을 이루는 것 같다는 점입니다. 계엄 해제를 하는 과정에서도 그렇고 탄핵소추 표결 불성립에 대해 밤샘 시위하는 과정에서도 국민의 대표 기관인 국회가 어떻게 시민의 목소리를 들을 수 있었겠습니까. 헌법재판소도 마찬가지인 것 같습니다. (…) 이런 점은 시민들이 어떻게 대의제 내지는 법원 관료들을 올바른 방향으로 추동할 수 있는지를 잘 보여준다고 생각합니다." (이준일)

헌정질서가 스스로를 지켜내는 과정은 결코 순탄하지만은 않았다. 헌법재판소의 파면 결정에 이르기까지 몇 개월 동안 '만일 그랬더라면'이라는 가정이 수없이 존재했다. 그 가정 속에서 위기란 언제든지 현실의 혼란으로 이어질 수 있는 불안한 것이었다. 그러나 제6공화국 헌법이 제정된 이래 가장 큰 위기를 헌법과 법률이 정한 절차에 따라 평화적으로 극복해 낸 일은, 우리 헌정사에 길이 남을 사건이었다.

위기를 부추긴 관료 엘리트들

4개월여에 걸친 탄핵 과정이 모두 원만하고 순조로웠던 것은 아니다. 이번 사태를 겪으며 법률가들이 가장 깊이 고민한 부분은 도대체 어떻게 이런 계엄이 가능했는가 하는 점, 그리고 헌법재판소의 결정이 내려지기까지 왜 국민 모두가 안심할 수 없는 위기 상황이 지속되었는가 하는 점이었다. 윤석열이라는 정신분열적 인물에 의해 내려진 계엄령이 신속히 진압되면서 한겨울 밤의 꿈으로 끝난 것처럼 보일 수도 있었다. 하지만 그로부터 탄핵 인용까지의 수개월간 국가 권력기관들이 보여준 비민주적이고 반헌법적 행태들은 국민 모두에게 악몽 같은 기억으로 남게 되었다. 그간 국가가 우리 헌정질서를 성공적으로 지탱해 오고 있었다는 신뢰가 바닥에서부터 무너지는 순간들을 거듭 경험해야 했다.

"특히 비상계엄 선포가 헌법적 요건과 절차를 어겼음을 부인하지 않으면서도 그 사태의 수습을 위한 특별검사법 제정이나 상설 특검의 임명, 내란 수사 등에 대한 법 집행에 긴요한 조치를 거부권을 행사하면서까지 방해했을 뿐만 아니라 탄핵심판 등에 결정적인 헌법재판관의 임명은 물론 공수처의 검사 임명을 해태하는 등 헌정 회복을 저해하는 행태를 서슴지 않은 것은 우리 모두의 공존 준칙, 즉 헌법을 바탕으로 한 민주

공화제의 기본 정신을 훼손하는 것입니다." (김종철)

주권재민의 원리는 여러 대의(代議) 장치를 통해 분산과 견제의 방식으로 구현된다. 이를 현실의 기관과 직제 속에서 실현하는 이들은 헌법에 담긴 공존의 준칙을 직업적 소명과 윤리로 체화한 사람이어야 한다. 그리고 국민은 지금까지 관료들이 이러한 책임을 기꺼이 감당할 자들임을 믿어왔다.

예를 들어 국무위원을 보자. 이들은 비록 행정부 소속이지만 대통령의 위헌·위법 행위를 견제할 책임을 지닌 존재다. 국무위원은 대통령의 명령에 앞서 헌법에 충실할 의무를 갖고 있으며, 그렇기에 주요 정책은 국무회의의 심의를 거치도록 규정돼 있다. 그럼에도 불구하고 계엄령 선포 직전 열린 국무회의에서는 누구 하나 이를 적극적으로 제지하지 않았다. 그리고 그 점에 대해 진정성 있는 반성이나 성찰을 국민 앞에 보여준 이도 없었다. 탄핵소추 이후 대통령 권한대행을 맡은 자들의 태도는 더욱 실망스러웠다. 그들은 일반 국민의 상식으로는 도저히 납득하기 어려운 말과 행동을 반복하며 공직자로서 최소한의 품위마저 저버렸다. 위기 정부를 관리할 책임이 있는 자가 차기 대선에 출마하기 위해 온갖 꼼수를 부리며 정당 밖에서 후보 단일화를 압박하는 추태를 보이기도 했다. 그들의 행동은 내란으로 흔들리는 헌정질서의 뒷덜미를 잡아채는 것이었으며, 우리 사회가 민주공화국이 아니라 사실상 소수의 행정, 사법, 검찰 고위 엘리트들이 지배하는 체제가 아닌가 의심하게 만들었다.

과거 한 관료가 술자리에서 무심코 "국민들은 개돼지"라고 말해 사회적 물의를 일으킨 일이 있었는데, 계엄 이후 고위급 관료들이 보여준 일련의 행태는 해당 발언이 단순한 실언이 아니라 그들의 머릿속에 실제로 깊이 자리 잡고 있었음을 충격적으로 드러냈다. 고위 관료나 정당 지도자들이 민주주의와 법치주의에 반하는 궤변을 서슴지 않고 내세우면서도 아무렇지 않게 행동하는 모습은 이번 사태에서 특히 주목해야 할 문제다. 그들의 태도에 내재된 시각이 바로 민주공화국이 맞닥뜨린 위기의 본질을 그대로 보여주기 때문이다. 법원 건물이 극우 세력에게 피습되고 판사실까지 침탈당하는 사태가 벌어졌음에도 침묵한 사법부의 수장이나, 전례 없는 방식으로 구속기간을 계산해 내란 우두머리에 대한 구속을 취소하고 그에게 평화로운 일상을 되돌려준 사법부 역시 비판에서 예외가 될 수 없다. 이 사건을 통해 우리는 '누가 공화국의 주인인가'라는 근본적인 질문을 다시 마주하게 됐다. 국민 일반의 상식과는 한참 떨어져 있는 권력 수임자들의 행태를 바로잡는 일, 즉 제도의 민주화나 법치주의의 정착만큼이나 그 제도를 운용하는 인력의 성숙함과 헌법정신을 준수하려는 의지를 확보하는 것이 우리 사회의 중대한 과제로 남게 되었다.

공화주의의 위기
─극우 세력의 준동

앞서 언급한 것처럼, 정치 이념으로서의 공화주의는 다양한 사회 세력들이 여러 공동체를 이루며 서로 견제와 균형을 이루는 가운데, 특정한 이해관계가 지배하지 않도록 하여 구성원 모두의 공동 이익, 즉 공동선(common good)을 추구하고자 하는 정치체제를 의미한다. 주권은 본질적으로 추상적이며, 이를 보유한 '국민' 역시 하나의 추상적 개념이다. 국민 개개인은 모두 한 사람의 주권자임을 자부하지만, 현실에서 그들의 가치관이나 지향점은 결코 같을 수 없다. 우리는 다양한 의견과 관점이 서로 갈등하며 부딪치는 현실을 살아간다. 공화주의는 이러한 현실 속에서 권력이 일방적으로 행사되지 않도록, 타협과 균형을 기반으로 운영되도록 하여 공동선을 도모하고자 한다. 선거를 통해 다수표를 획득한 쪽이 권력을 갖더라도 소수를 배려하며 서로의 차이를 인정하면서 모두가 공유할 수 있는 규범과 문화를 축적하도록 독려하고, 이로써 상대방을 제거하거나 절멸 대상으로 인식하지 않도록 하는 것이 공화주의의 핵심이다. 이를 통해 다수 민중의 지배라는 민주주의의 이상을 구체적으로 실현할 수 있는 제도적 틀이 마련된다.

이러한 공화주의적 헌정질서가 안정적으로 작동하기 위해서는 권력의 자의적 행사를 견제할 수 있는 독립된 사법부의 존재가 필수적이다. 법관이 외부의 압력이나 정치적 이해관계에 휘둘리지 않고 오직 헌법과 법률에 따라 판단할 수 있도록 보장하는 것이야말로 공동선에 기반한 법치주의를 실현하는 데 있어 핵심적인 조건이다. 법관의 신분보장은 이러한 독립성을 제도적으로 뒷받침하는 최소한의 장치이며, 이 안전망이 무너지면 공화국의 기초도 흔들릴 수밖에 없다. 사법부가 공정성과 양심에 따라 법을 집행할 수 있을 때만 서로 다른 의견과 이해관계를 가진 시민들이 그 체제를 신뢰하고 공동체의 일원으로서 공존할 수 있다.

이러한 측면에서 이번 탄핵과 내란 극복 과정에서 법률가들에게 큰 충격을 준 사건은 서울서부지방법원 피습 사건일 것이다.

"서부지법 사태 때 폭도들이 유리창을 깨고 건물에 난입해서 판사 이름을 직접 호명하며 찾아다니는 광경이 매우 충격적이었습니다. 물론 어떠한 판결이라도 비판과 평가의 대상이 될 수 있고 되어야 하지만, 우리 헌정사상 이번처럼 비판의 수위가 사회에서 용인될 수 있는 합법적 수준을 넘어서 판사 개인을 향한 물리적, 직접적인 폭력으로 표출된 경우가 있었을지 모르겠습니다. 시민들은 다양한 비판적 의견 개진을 통해 올바른 법의 해석을 직간접적으로 유도해 내기도 하지만, 돌변하면 상당히 파괴적이고 폭력적인 양상을 띨 수 있다는 상징적 사례로 보였습니다."(이주희)

서부지방법원을 피습한 세력은 전광훈 목사를 중심으로 하는 일부 개신교 집단에 극우 유튜버들이 가세한 것으로 알려졌다. 그들은 대통령에 대한 구속영장이 발부되자 서부지법의 출입문을 쇠 파이프 등으로 부수고 침입해 서버 등 집기를 파손하며 영장을 발부한 판사를 찾아다녔다. 이들 세력의 배경과 관련해서는 여러 분석이 제기되었다. "한국 사회 특유의 기독교 근본주의가 소수자 억압이나 혐오와 결탁한 세력으로 배경을 이루고 있다는 지적과 함께 유튜브 등 상업 미디어가 이를 부추기고 있다."(김종철)라는 주장, "분단 체제에 기생하는 반공주의의 건재가 극우 세력을 오랫동안 형성해 왔으며 결국 이번 계엄에서도 반국가 세력 처단이라는 명분을 제공했다."(이주희)라는 주장, "한국 사회가 그간 혐오 표현이나 선동을 방치해 왔고 그것이 실제 폭력으로 전환될 수 있음을 보여준 사례"(이준일)라는 평가 등이 그것이다. 이들 중 어느 하나만을 원인으로 단정할 수는 없으며, 현재 전 세계적으로 극우 세력이 확산하는 흐름 속에 이 사건을 놓고 살펴볼 필요 또한 있다.

그러나 더욱 심각한 문제는 사건 그 자체를 넘어서 존재한다. 언급한 바와 같이 공화주의의 핵심은 정치적 다원주의에 있으며, 그 핵심적 태도는 자신이 옳다고 생각하는 것과 다른 견해를 가진 이들을 관용으로 인내하는 것이다. 그럼에도 해결되지 않은 갈등은 최종적으로 사법부에 넘겨져 사법적 판단으로 종결된다. 사법적 판단에 대한 승복은 공화제 존속을 위한 필수 요소이자 결코 어겨서는 안 될 원칙에 속한다. 이 사건은 공화주의적 헌정질서의 주요 요소인 사법부의 독립과 법관의 신분보장이 공격받았다는 점에서 민주공화국의 장래에 큰 불안을 드리운 사건이었다. 동시에 공화주의를 근본부터 부정하는 세력에 대해 우리 사회는 어떠한 태도를 보여야 하는지에 관한 과제를 안겨주었다.

적과 동지로 갈라진 공화국

한국 사회는 오랫동안 자신을 비교적 단일한 구성으로 이해해 왔다. 단일민족이라는 신화와 그에 기반한 애국·애족 의식은 일제강점기와 남북 분단의 역사적 경험 속에서 더욱 공고해졌고, 때로는 권력자에 의해 전략적으로 활용되기도 했다. 그러나 '우리'를 규정하려는 성향이 강해질수록 필연적으로 '우리 바깥의 존재'를 구분하고 배제하려는 성향 또한 강해질 수밖에 없다. 제헌헌법이 대한민국은 민주'공화국'이라고 천명했지만, 일반의 수준에서 '공화국'이라는 언명이 지향하는 가치와 공동체 원리에 대해 시민들이 깊이 성찰하고 실천할 기회가 충분치 못한 것이 사실이다.

　공화주의가 서로 다른 개인과 세력이 양보와 타협을 통해 공존의 질서를 만들어가는 정치적 장치이자 그 결과물이라고 한다면, 한국 사회는 과연 어느 정도로 공화국스러운 면모를 갖추고 있을까. 사회적 측면에서 한국 사회는 여전히 남북 분단과 이념 갈등이라는 오래된 틀에서 벗어나지 못하고 있다. 아직도 도심 곳곳에 '빨갱이'와 '간첩'을 색출하고 처단하자는 현수막과 구호가 울려 퍼지고 공공연한 혐오와 폭력이 정당화되는 분위기마저 형성되고 있다. 정치적으로도 한국 사회는 1987년 민주화 이후 정권 교체를 수차례 겪었지만, 그 과정에서 정권 지지층과 정치세력이 극단화하는 악순환에 빠져들었다. 전직 대통령의 죽음, 탄핵, 구속 등이 잇따랐고 이러한 사건들은 오히려 극단적 대립의 전환점이 되었다. 그 원인에는 권력층, 지지층, 지식인, 이해관계자 모두가 관여했기에, 특정한 누군가에게 책임을 돌리기도 어렵다. 이러한 정치적·사회적 현실을 가장 극적으로 보여준 것이 이번 비상계엄령 선포이다. 윤석열 대통령은 자신에게 반대하는 세력을 '우리 국민의 자유와 행복을 약탈하고 있는 파렴치한 종북 반국가 세력'으로 규정하고 '이들을 일거에 척결하기 위함'을 계엄 선포의 명분으로 삼았다.

계엄을 극복해 나가는 과정에서도 비슷한 장면이 발견됐다. 계엄 선포 이후부터 파면 결정에 이르기까지 한국 사회에는 두 개의 광장이 마주 섰다. 하나는 탄핵을 찬성하고 윤석열의 파면을 촉구하는 소위 '빛의 혁명' 광장이고, 다른 하나는 탄핵을 반대하며 윤석열의 복귀를 요구하는 광장이었다. 두 광장 모두 자신들을 '주권자'라 칭하며 사법부와 헌법재판소를 소환했고, 윤석열이 구속취소로 석방된 후부터 헌법재판소의 파면 결정이 내려지기까지의 몇 주 동안은 심리적 '내란' 상태라는 말이 공공연하게 오갈 정도로 극심한 대치가 이어졌다. 결국 헌법재판소의 파면 결정으로 표면적인 충돌은 일단락되었지만, 두 개의 광장이 드러낸 정치적 분열과 적대는 한국 사회가 감당해야 할 깊은 상처를 남겼다. 더구나 윤석열 복귀를 외친 광장에서는 극우 세력이 결집하며 폭력적 언사와 혐오 선동이 공공연하게 이루어지면서 민주공화국의 공적 장(場)이 혐오와 배제의 공간으로 왜곡될 수 있음을 보여주었다. 공화주의가 지향하는 공동체적 공존의 가능성은 여전히 위태롭고, 이제 한국 사회는 갈라진 광장을 다시 하나의 공론장으로 통합해야 할 과제를 안고 있다.

'빛의 혁명'과 공화국

공화주의 관점에서 주목해야 할 또 하나의 장면은 바로 '빛의 혁명'을 성취했다는 광장이다. 공화주의가 말하는 자유는 단순히 어떤 것으로부터 간섭받지 않는 소극적 자유가 아니라 공적 시민으로서의 참여와 가시성이 보장된 자유를 의미한다. 다시 말해, 차별로부터 자유롭고 다원성과 다양성이 보장된 삶의 조건 위에서 비로소 공화국 시민의 자격이 주어지는 것이다.

공화국의 시민은 단지 법적 신분으로서가 아니라 공적 책임과 덕성을 실천하는 주체로서 자리매김해야 한다. 공화주의는 절차적 민주주의를 넘어 시민이 타인의 자유와 존엄을 인식하고 이를 보장하는 공동체의 구성원으로서 살아가기를 요구한다. 이때 공화주의의 '덕성'은 추상적인 도덕이 아니라 서로 다른 존재가 평등하게 공존하기 위한 태도와 실천을 뜻한다. 따라서 공화국 시민은 혐오와 차별, 배제를 용인하지 않는 태도를 가져야 한다. 그것은 곧 공동체 전체의 자유를 지키는 길이기도 하다.

이러한 공화국의 이상은 헌법에도 뿌리를 두고 있다. 대한민국 헌법은 인간의 존엄과 평등을 천명하고 있으며, 모든 국민은 성별, 종교, 사회적 신분, 장애, 출신 지역, 정치적 견해 등을 이유로 차별받지 않고 기본권을 향유할 수 있도록 보장하고 있다. 헌법 제10조의 인간 존엄 조항과 제11조의 평등권은 이러한 공화주의의 기초를 구성하며, 이는 단지 선언적 문구가 아니라 구체적 현실 속에서 실현되어야 할 과제다. 공화국이 공화국으로 존재하기 위해서는 이러한 헌법적 약속이 삶의 실제 현장에서 이뤄지고 있는지 실감될 수 있어야 하며, 이는 제도뿐 아니라 시민 개개인의 의식과 실천에 달려있다. 그 지점에서 사회적 약자, 성소수자, 장애인, 이주민 등 오랫동안 침묵을 강요받아 온 이들의 발언과 참여는 그 공동체가 지향해야 할 공동선을 구성하는 데 핵심적이다.

　헌정질서를 무너뜨리고자 하는 계엄에 맞서 모인 '빛의 광장'은 공동선을 실천적으로 보여준 자리였다. 남성, 여성, 성소수자, 비정규직, 연구자, 농민, 이주 노동자, 학생, 성 노동자 등 다양한 사회적 처지에 놓인 사람들이 헌정질서의 최저선을 수호하기 위해 한겨울의 광장에 모여 연단에 올라 발언하고, 행진하며, 연대했다. 매섭게 몰아치는 눈보라와 영하의 한밤중에도 묵묵히 자리를 지킨 이들의 모습은 그 자리에 함께하지 못한 이들의 마음을 움직였고, 그 마음은 전태일의료센터나 각종 사회운동을 향한 실천적 연대로 이어졌다. 또한 평일과 주말에도 빠짐없이 광장에 모인 이들의 헌신이 결국은 사법부와 헌법재판소, 국회를 움직인 주권자의 실천적 힘이기도 했다.

　그러나 그 광장은 단지 탄핵에 찬성하거나 윤석열을 구속하고 물러나게 해야 한다는 구호로만 가득 찼던 것이 아니었다. 그곳에 모인 이들은 동시에 인간의 존엄성을 지키며 모두가 차별받지 않고 살아갈 수 있는 세상을 만들어야 한다고 호소했다. 이들의 주장을 되짚어 보면, 결국은 민주공화국의 이름에 걸맞은 사회—사회적 신분이나 그 어떤 것으로도 차별받지 않고 누구나 자유롭게 발언할 수 있는 일상의 광장과 그 목소리들이 제도 속으로 수용되는 사회—를 함께 만들어가자는 것이었다. 그리고 거듭 강조했듯이, 공동선을 추구하는 시민적 덕성을 갖춘 이들의 존재가 공화국의 핵심이라면, 빛의 광장에 모여든 목소리들이야말로 이후 헌정질서가 지향해야 할 미래를 선명히 보여준 것이다. 그러나 유감스럽게도 빛의 광장이 보여준 진정한 공화제로의 단초가 새로운 정부에서 신속하게 꽃피울 것으로 보이지 않는다. 위기 속에서 열린 광장이 위기의 순간을 넘기면 금세 닫혀 버리고, 광장을 메웠던 수많은 공화국 시민의 목소리가 주변부로 밀려나는 것은 비단 어느 때만의 일은 아니었다. 박근혜 탄핵을 가져온 2016~2017년 촛불 광장 역시 마찬가지였다. 당시에도 다양한 목소리와 구호가 등장했지만, 탄핵의 결과로 출범한 문재인 정부가 촛불 광장의 목소리를 어느 정도나 대변했으며 그 안의 다양한 요구를 얼마나 수용했는가는 뼈아프게 성찰해야 할 지점으로 여전히 남아있다. 그 대표적 예가 아직도 제정되지 못한 차별금지법이다. 이번에 출범한 '국민주권정부'의 대통령은 기자회견에서 '차별금지법은 중요하지만 민생과 경제가 더 시급하다'라고 말하며 유보적인 태도를 보이고 있다. 만약 이번에도 빛의 광장이 남긴 다양성과 인간으로서의 존엄성 쟁취 요구가 정치와 제도 속에 뿌리내리지 못한다면 민주공화국의 장래는 다시 어두운 그림자 아래 놓이게 될 것이다.

민주공화국의 장래를 위하여

그렇다면 앞으로 무엇을 해야 하는가. 우리는 현직 대통령의 친위쿠데타를 합법적 절차와 방식으로 진압함으로써 헌정질서를 지켜냈다는 자부심 아래, 대한민국이라는 민주공화국에 대한 불안과 우려가 짙게 깔리는 경험을 했다. 독재의 시도를 꺾어버린 민주주의의 승리를 자축하면서도 공동체의 울타리에서 전혀 다른 생각을 품고 살아가는 이들—심지어 자신의 주장을 위해서라면 사법기관마저 물리적으로 공격할 수 있는 사람들—을 보면서 깊은 당혹감을 느끼고 있다. 그리고 우리 자신도 끝없는 편 가르기와 진영 논리에 허덕이면서 관용과 배려를 덕성으로 삼는 공화국 시민으로서의 '같이 살기'에 회의를 품는 지경에 이르고 있다.

지금까지 한국 사회가 억압적 지배자를 대상으로 한 민(民)의 저항과 승리의 역사를 써왔다면, 앞으로는 민과 민이 서로 맞서는 가운데 그 갈등을 기회 삼아 권력을 강화하려는 움직임에 저항해야 하는 국면에 이르렀다. 민주공화국이 국가를 구성하는 공동체 구성원이 모두 동등한 삶의 주체로서 나라를 다스리는 정치제제를 상정한다면, 그러한 헌정질서를 이 땅에 실현하기 위해 우리에게 무엇이 필요한지를 성찰해야 한다. 그것이 바로 계엄과 내란을 극복해 낸 현재의 헌정질서가 미래에 갖추어야 할 모습일 것이다.

위에서 지적한 순서대로 살펴보자. 먼저 헌법을 지탱하는 권력기관들의 헌법 준수 의지와 실천력을 어떻게 고양할 것인가의 문제가 있다. 이는 이번 계엄 사태를 계기로 가장 먼저 점검해야 할 과제이기도 하다. 권력기관 종사자들을 올바른 방향으로 추동하는 데 하나의 정답만 존재할 수는 없지만, 제도적 보완은 그 핵심 수단 중 하나다. 예를 들자면 권한대행자의 권한과 한계를 명확하게 규정하거나 헌법재판소의 대통령 탄핵심판 절차를 좀 더 세밀하게 규율함으로써 논란의 여지를 줄이는 방안 등이 있다. 헌법기관들의 민주적 통제를 강화하기 위해서는 각 기관의 임명 절차를 국민에게 더 많이 개방하고 감시와 견제가 가능하도록 제도를 정비할 필요가 있다. 선거구제를 개혁해 민의를 더 정확하게 반영하는 국회의원을 선출할 수 있도록 하거나, 판결문의 공개 범위를 확대하고 법관 수를 증원해 국민 참여와 감시, 견제가 가능한 여러 사법 개혁 방안을 추진하는 일도 중요하다.

아울러 검사 출신의 대통령이 저지른 내란죄라는 점에서 그 출신 기관인 검찰의 구조적 개혁은 더 이상 미룰 수 없는 과제가 되었다. 불완전한 검찰 개혁과 미진했던 수사권 조정은 이번 내란 수사 과정에서도 여러 문제를 드러냈고, 이는 단지 수사 기술만의 문제가 아니라 검찰 조직 자체의 민주적 통제와 책임성 부재를 드러낸 것이기도 하다. 문재인 정부가 검찰 개혁에 실패한 것이 결국 윤석열 정부를 탄생시킨 하나의 원인이 되었고, 그것이 계엄과 내란으로 이어졌다는 점은 냉철하게 돌아봐야 한다. 만약 새로 출범하는 정부가 이 부분을 정권의 이해관계에 따라 조율하려 하거나 조직 내부와 이해관계자의 저항에 밀려 방치하게 된다면, 스스로는 결단코 옳다고 믿으며 누구로부터도 통제받지 않으려 하는 세력이 다시 헌정질서를 뒤흔들 위험은 결코 사라지지 않을 것이다.

이러한 제도적 보완만으로는 충분하지 않다. 궁극적으로 이 문제는 결국 바른 정치가 어떻게 가능한가의 문제로 이어진다. 다시 말하면 우리 사회 구성원들이 정치에 대해 어떤 방식으로 어떤 효능감을 가지고 있느냐는 질문으로 확장된다. 이를 두고도 여러 논점과 의제가 제시될 수 있지만, 이번 인터뷰 중 김종철이 지적한 바와 같이 "정치를 할 수 있는 사람이 너무 제한적"이라는 문제의식은 성찰을 구하는 대목이다. 김종철은 민주공화제가 제대로 작동하기 위해서는 정치 행위를 소수의 가진 자나 지식인들만 독점하고 있는 현재의 구조를 근본적으로 바꾸어야 한다고 강조한다. 시민 누구나 정치적 행위의 주체로 참여할 수 있는 조건과 환경을 조성하는 일이야말로 민주공화국의 토대를 더욱 튼튼히 만드는 길이다.

"우리 사회는 정치를 할 수 있는 사람들이 너무 제한적입니다. 가진 사람들과 지식인들이 아니면 안 됩니다. 물론 제도적으로는 장벽이 없지만, 사회적으로 정치의 진입 장벽이 너무 높습니다. 형식적인 평등과 형식적인 참정권은 보장되어 있지만, 실질적인 참정권이 없습니다. 대표적인 게 교사와 공무원입니다. 백만이 넘는 시민들이 전부 다 정치적인 활동이 금지되어 있습니다. (…) 일반 국민의 정치화가 잘 안되어 있습니다. 이런 이야기를 하면 우리나라 사람들만큼 정치화가 많이 된 사람이 어디 있느냐고 생각하겠지만, 그런 인식은 현상적일 뿐이고 실질적인 권능화가 안 되어 있습니다. 국회의원을 보면 알 수 있습니다. 예를 들어 은행원이 국회의원을 하는 것을 봤습니까? 없습니다. 일반 교사들이 국회의원을 합니까? 안 합니다. 그걸 당연하게 생각합니다. 그래서 속된 말로, 좋은 시민의 수가 매우 부족합니다. 이 거대한 시민들, 좋은 자원군의 정치활동을 전면적으로 금지시키고 제한된 엘리트들만 정치를 하다 보니 생기는 문제입니다. 그래서 선거법과 공무원법 같은 것들을 다 바꿔서 정치를 더 많은 사람들이 할 수 있도록 만들어야 합니다." (김종철)

두 번째로, 극우 세력의 준동을 어떻게 방어하고 해소해 나갈 것인가의 문제이다. 극우 세력은 단지 반대 의견을 가진 시민 집단이 아니다. 그들은 공화국의 근본 질서—즉 헌정주의, 법치와 다원주의—를 직접적으로 위협하는 반공화주의적 성격을 지니고 있다. 특히 최근의 서부지법 피습과 같은 사태는 단순한 과잉행동이나 일탈이 아니라, 사법부에 대한 직접적 공격이라는 점에서 민주공화국의 근간을 흔드는 중대한 사건이었다. 이러한 경우 국가는 법과 제도에 따라 단호하고 일관된 대응을 보여주어야 하며, 폭력과 위협에 대해서는 타협 없이 엄정하게 처리해야 한다. 또한 극우적 태도를 부추기고 폭력으로까지 감행하게 한 배후 세력에 대해서도 동일한 기준을 적용해야 한다. 그럼에도 서부지법 피습 사태에 대해 수사기관은 당시 주요 가담자는 물론 그 배후에 대해서도 충분히 수사할 생각이라고 밝혔으나 실제로는 현장 가담자 외에는 조사를 받거나 기소된 사람이 없었다. 이러한 수사의 한계는 극우 세력에 대한 국가의 대응이 얼마나 선택적이고 소극적일 수 있는지를 보여주는 대목이다. 결국 공화국의 적에게조차 일관되지 못한 대응은 그 자체로 헌정질서를 위협하는 일이다.

문제는 단기적 처벌만으로 이 세력을 제어할 수 없다는 데 있다. 극우 세력은 종종 집권 세력의 지지 기반과 일부 겹쳐있으며, 특히 정치적 이해관계에 따라 그들의 주장이 용인되거나 묵인되는 경우가 많다. 정당을 비롯한 각종 정치조직이 민주공화국이라는 헌법정신에 복무하며 이를 준수할 의무와 책임을 망각해서는 안 된다. 자신의 지지층 내에서 제기되는 극단적 주장과 행동에 휘둘리지 않고, 그들과 일정한 거리를 유지하는 태도를 분명히 가져야 한다. 공화국의 장래는 특정한 정치적 열광이나 선동 위에 세워질 수 없으며, 권력을 행사하는 자일수록 더욱 절제되고 헌법적 가치에 충실한 태도를 실천으로 보여야 한다. 인터뷰에서는 이와 관련해 "혐오 표현의 법적 규제와 내란을 묵인하고 옹호한 국민의힘을 위헌 정당으로 해산해야 한다는 주장을 진지하게 검토해 봐야 한다."(이준일)라는 의견과 "문제의 심각성을 인식하는 것과 별개로 독일이나 통합진보당 사례 등을 참고해 볼 때 위헌 정당 해산의 실효성이 크지 않고 그 반작용을 고려해야 한다."(김종철)라는 주장이 제시되었다. 위헌 정당으로 해산된다고 해도 그 정당 구성원들이 사회에서 다른 방식으로 활동을 이어간다는 점을 고려하면 위헌 정당 해산 제도를 두는 것과 별개로 그와 같은 방안이 만능의 해결책이 될 수 없음은 명백해 보인다.

결국 극우 세력에 대한 대응은 단기적 대응이나 일회성 조치로 해결할 수 있는 일이 아니다. "신경외과적 섬세한 접근"(김종철)이자 "자연스럽게 소멸할 수 있도록"(박용대) 오랜 시간에 걸쳐 더디지만 착실하게 이루어져야 하는 일이다. 극우 세력이 발호하게 된 원인과 그 토대를 제거하는 일은 국가 등 공적 기관뿐 아니라 시민사회와 교육, 언론이 책임을 나눠 맡아야 한다. 그중에서 극우 담론이 반복적으로 유통되고 소비되는 유튜브나 SNS 환경, 그리고 그 안에서 형성되는 '진영 논리'와 '혐오 선동'의 구조를 방치해서는 안 된다.

방치해서는 안 된다는 말이 법적 '처벌'이나 '제재'만을 뜻하는 것은 아니다. 오히려 강제와 규제에만 의존하지 않고, 시민사회가 자율적 자정능력을 발휘할 수 있는 환경을 조성해 나가는 일이 핵심이다. 이를 위해서는 앞서 지적한 대립하는 광장의 존재에 대한 모두의 성찰이 필요하다. 극우 세력은 대립하는 광장과 떼어 놓고 생각하기 어려운 주제이기도 하다. 혐오를 정치적 자원으로 삼는 문화가 공고해질수록 공화국은 그 토대를 잃게 된다. 민주공화국은 단지 선거를 통해 형성되는 것이 아니라 서로 다른 생각과 존재가 공존할 수 있는 언어와 태도를 사회 전체가 어떻게 길러내는가에 달려있다.

"민주공화국 내에는 다양성이 있고 그 안에는 여러 의견이 있을 수 있습니다. 법적으로 양심의 자유를 이야기할 때, 그것이 내부에 있을 때와 외부로 표현되고 행동으로 옮겨질 때는 각각의 판단 기준과 규제의 정도가 다릅니다. 이 공동체 내에서 살아가게 되면 공동체가 지켜야 하는 규범이 있고, 이걸 벗어나느냐 아니냐에 대한 판단이 필요하다고 생각합니다. 어쨌든 이번 사태가 보여준 것은 비상계엄이 적절하지 않고 용납될 수 없다는 점입니다. 민주주의 제도 내에서 다른 사람을 공격하고 국가기관에 방화를 하거나 사법부의 판사들에게 린치를 가할 생각을 한다면 그것은 공동체를 유지하기 위한 질서를 매우 벗어나는 행동입니다. 이는 결코 용납되어서는 안 됩니다. 그런 행동들이 하나둘 용인된다면 사람들은 더욱더 극단으로 갈 수밖에 없을 것입니다. 그렇기 때문에 준

엄하게 처벌되어야 합니다. (…) 특히 국가기관에 대한 공격이나 폭행과 같은 것들을 행하는 세력과 사람이 있다면 그들을 고립시켜서 다수의 세력이 되지 못하게 만들고, 다시는 그런 행위들이 발생할 수 없는 토양을 만들어내는 게 가장 좋은 방법 같습니다. 그 사람들을 완전히 몰아내기란 불가능할 것이고, 자연스럽게 소멸해 갈 수 있도록 우리 모두가 경계하면서 꾸준히 노력해야 한다고 생각합니다." (박용대)

세 번째 과제는 대립하는 광장이 고착화되고 있다는 점이다. 어느덧 우리 사회는 자신이 지지하는 정권이 취하는 조치에 무비판적으로 동조하고, 그 안의 문제점은 사소하거나 감내할 수 있는 것으로 치부한다. 그러나 반대편에서 동일한 조치를 취할 경우 즉각적으로 강한 비난의 대상으로 삼곤 한다. 정권에 따라 이러한 입장과 태도 역시 기계적으로 뒤바뀐다. 이처럼 정파적 태도가 반복되는 가운데 헌정질서를 구성하는 핵심 가치들—자유, 평등, 공정, 배려, 관용과 같은 단어들—의 의미는 점차 얕아지고 오염되어 왔다. 이 가치들은 인류가 오랜 시간 자의적 권력에 맞서 싸워오면서 쟁취한 소중한 유산이며, 공화국의 유지와 운영에 필수적인 요소이다. 그러나 이처럼 본질적인 가치마저 정치적 프레임 속에서 소비되고 해석되는 현실은 우리가 공유하는 공감대의 폭을 심각하게 좁히고 있다. 이를 방지하기 위해서는 의식적인 사회적 노력과 실천이 절실하다. 정치적·사회적 쟁점이 촉발되었을 때 그것이 즉각적인 대결 구도로 흐르지 않도록 공론장을 열고 충분한 시간을 들여 숙의하는 문화와 제도가 반드시 필요하다. 공론장은 정치, 사회나 공적 분야뿐만 아니라 시민사회, 교육의 분야로도 확장되어야 한다.

이에 덧붙여 헌정질서의 근본을 해치는 주장이나 명백한 혐오 발언에 해당하는 주장에는 지금보다 단호하게 대응할 필요가 있다. 그렇지 않으면 대중의 말초적 입맛에 영합하는 자극적 발언들이 유튜브나 각종 소셜 미디어를 통해서 다시 대립하는 광장으로 되먹임되는 현상을 막을 수 없을 것이다. 극단과 혐오가 여론을 왜곡하고 공론장을 대체하는 것을 방치해서는 안 된다. 법학자 이국운은 「민주공화국의 탈권력적 정당화」라는 논문에서 대한민국이라는 민주공화국을 제대로 실현하기 위해서는 동지와 적의 경계를 허물고 경쟁자도 적도 아닌 이웃, 어디선가 불쑥 나타나곤 하는 정체 모를 손님, 즉 낯선 타자들의 자리를 찾아내야 한다고 주장한다. 우리에게는 지금 그 자리가 너무나 좁거나 거의 없어져 가고 있다. 서로가 상대방을 절멸의 대상으로 여기지 않으며 손님으로 환대하고, 구성원 각자가 타인으로부터 지배받지 않는 상태에서 동등한 삶의 조건을 누릴 때만 진정한 민주공화국이 가능하다는 그의 지적은 오늘의 한국 사회가 되새겨야 할 공화주의적 통찰이다. 그러기 위해서는 우리가 먼저 적과 동지의 개념을 뛰어넘어야 한다.

이러한 공론장을 제도화하기 위해서는 몇 가지 실질적인 장치가 필요하다. 우선 시민참여단이나 공론조사위원회 같은 숙의민주주의 기제가 일회성에 그치지 않도록 상설적인 공론 기구로 발전시킬 필요가 있다. 또한 학교교육과 시민교육 전반에 걸쳐 토론과 숙의 능력, 다양성에 대한 감수성을 기르는 과정이 체계적으로 포함되어야 한다. 아울러 혐오와 허위 정보가 확산되는 디지털 환경에 대응해 플랫폼과 미디어 역시 공적 책임을 분담할 수 있도록 하는 사회적 합의와 제도적 장치가 뒷받침되어야 한다. 공론장이 단지 자발성과 열정에만 기대지 않도록 시민의 역량을 기르고 이를 뒷받침하는 제도적 기반을 함께 갖춰나가는 것이야말로 공화국을 지속 가능하게 하는 길이다.

마지막으로 남은 과제는 공화국의 시민 자격을 모두에게 실질적으로 부여하는 일이다. 이번 계엄과 내란 극복 과정에서 우리는 누가 공화국의 주인인가를 충격적으로 되돌아보게 되었고, 동시에 그에 맞서는 긍정적이고 감동적인 순간들도 경험했다. 2024년 12월 3일 이후 2025년 6월 3일까지 헌정질서를 방어하고 정상으로 복귀시킨 것은 국무총리도, 대법관도, 군인도 아닌 평범한 일반 시민들이었다. 그들의 끈질긴 여론과 이에 호응한 직접 행동들이 민주주의에 대한 간절함을 불러일으켰고, 매주 광장에 빛의 물결을 퍼뜨렸다. 재외 교포부터 학생, 회사원, 노동자, 교수, 프리랜서, 무직자, 가정주부, 경찰 등등 다양한 처지와 구호를 가진 사람들이 모여 하나의 공통된 염원을 드러냈다.

그것은 우리 사회가 민주공화국의 본질로 돌아가야 한다는 것이었다. 민이 주인으로 존중받고, 다양한 생각과 주장을 가진 사람들이 평화롭게 공존하며 차별받지 않고 함께 살아야 한다는 것이다. 공화주의는 공화국의 시민에게 국적과 같은 단순한 법적 자격이 아니라 덕성을 요구한다. 타인에 대한 존중과 경청, 사회적 약자나 소수자의 자유를 지키며 공동체를 수호하는 책임 의식 아래 이성적인 태도로 숙의에 참여하려는 실천적 자세 말이다. 이러한 덕성을 갖춘 시민들을 키워내야만 헌정질서는 그 자체로 단단해지고 어떠한 위협 앞에서도 자신을 방어할 수가 있다. "시대를 선도하고 국가적 의제가 있을 때 적극적으로 참여해서 자신을 희생시킬 수 있는 정치적 자질을 가진 사람들로 국회가 채워지고"(이준일) 다른 헌법기관이 채워지는 것, 그래서 국민이 안심하고 살아갈 수 있는 큰 울타리의 역할을 헌정질서가 담당해 내는 것, "그것이 도달 가능한 민주주의 실현 방안"이다.

그렇다면 어떻게 주권자로서의 의식을 지닌 공화국의 시민을 키워낼 것인가가 우리가 직면한 가장 근본적인 과제이다. "지금까지 미뤄지고 있는 차별금지법의 제정은 물론, 민주시민으로서 성장하기 위한 시민교육, 차이와 다양성의 인정, 그리고 삶의 경제적 조건을 최소한의 수준으로 끌어올리는 사회경제적 불평등의 완화"(박용대)도 중요하다. 그리고 이에 덧붙여 헌법의 기본권 관련 조항을 개정하는 일의 중요성을 강조하고 싶다. 우리 사회가 개헌에 합의한다면 더 큰 민주주의, 더 성숙한 공화주의를 향해 나아갈 수 있다. 지금의 제6공화국 헌법은 1987년 이후 한국 사회가 겪어온 급격한 변화와 갈등을 반영하지 못하고 있다. 이제는 민주공화국이 정녕 무엇을 뜻하는지, 대한민국이라는 공화국의 진정한 주인이 누구인가를 다시 호명하고, 기본권 조항을 보완하여 미래지향적 권리들을 체계화해야 한다. 법치주의는 단지 형식적 절차의 준수를 의미하는 것이 아니라 성숙한 민주주의가 표방하는 가치에 대한 실질적인 헌신을 의미해야 한다. 이에 더해 자유와 평등은 누군가의 전유물이 아니라 관용과 공정 속에서 모든 공화국 시민이 동등하게 누려야 할 최소한의 삶의 조건이라는 점이 여실히 드러나야 한다. 이를 위해 개별 헌정질서의 순위와 그 기초가 명백히 정립되어야 한다.

한국 사회는 오랜 기간 독재와 권력에 대한 투쟁의 역사를 써왔다. 그러나 이제는 그에서 한 발짝 더 나아가야 한다. 성숙한 공화국의 시민으로 산다는 것은 주권자의 이름으로 타인을 배제하는 것이 아니라 참여와 책임하에 관용과 반차별의 태도를 견지함을 의미한다. 이는 2개의 광장에 서있었던 사람들 모두에게 요구되는 과제이며, 서로가 서로에게 요구해야 하는 과제이다. 헌법 제10조가 명시한 대로 "모든 국민은 인간으로서의 존엄과 가치를 가지고 행복을 추구할 권리가 있음"을 인정하고 실천하는 것이다. 이 과제의 실천은 교육과 문화, 제도, 윤리와 생존의 최소

기반 보장이 어우러지는 조건에서만 가능한데, 이에 대한 김종철의 발언을 인용하며 글을 마친다.

"87년 체제의 장단점이 드러난 게 이번 계엄입니다. 이것을 업그레이드해서 2.0 체제로 만들기 위한 제2의 민주화가 필요합니다. 원리적으로는 민주주의를 지금보다 더욱 강화해야 하는 과제가 있습니다. 그 초점으로 선거제도의 다원화와 정당 공천 제도의 개혁이 필요합니다. 더 강한 민주주의를 병행해서 법치주의도 더 조직화되도록 하고, 권력분립도 수사권의 조정에서부터 이뤄져야 합니다. 그중에서도 핵심은 권력형 법집행기관들의 개혁입니다. 공수처뿐만 아니라 경찰, 검찰, 정보기관들에 대한 개혁을 진전시켜야 합니다.

그다음에 대의제를 보완할 수 있는 숙의 민주제를 더 많이 제도화해서 시민들의 동력이 나쁜 방향으로 가지 않도록 유지해야 합니다. 탄핵심판의 경우에도 가능하지만 다양한 선거제도 개혁에 시민 배심제나 시민 의회제 등을 더 확대해야 한다고 생각합니다. 덧붙여서 문화의 중요성이 크다고 언급했습니다만, 문화의 다원성을 더 확산시킬 수 있는 고민이 제도적인 부분과 인식의 개선 면에서 함께 이뤄져야 한다고 생각합니다. 극우가 드러나면서 시민들이 구조적 위기감을 느끼기 시작했기 때문에 해당 부분에 더 관심을 갖고 개선할 필요가 있습니다.

예를 들면 혐오 표현이나 소수자의 취약성을 개선하기 위한 부분인데, 결국 이는 시민교육을 강조하는 것으로 이어진다고 봅니다. 조금 더 강조하자면 헌법에 기초한 시민교육입니다. 모두가 공생, 공존할 수 있는 문화를 만들고 거기에 제도 개혁 차원에서 헌법개혁과 입법 개혁이 병행해야 제2의 민주화운동이라고 하는 총체적인 국가 사회 대개혁으로 갈 수 있습니다. 마지막으로 언급하고 싶은 것은 극우 세력의 자양분이 결국 경제적·사회적 취약계층인데, (그들이) 그들의 이익을 보호해 주기 위한 개혁에 동참하는 게 아니라 반대 진영에 가서 오히려 행동 대장이 되는 모순적인 현실입니다. 이런 상황에 주의를 기울여서 국민 경제의 균형적인 발전을 소홀히 하지 않아야 제2의 민주화운동의 종합적인 요소들이 선순환 구조를 향해 안정적으로 나아갈 수 있다고 생각합니다."

(김종철)

대담

12·3 계엄과
한국 민주주의의 위기

정리 정은주

윤석열의 12·3 비상계엄 사태는 한국 민주주의의 근본적 위기와 구조적 한계를 드러낸 사건이었다. 지난 2025년 4월부터 아홉 개 분야 포커스 그룹 인터뷰(FGI)를 이끈 전문가들이 모여 계엄 사태의 원인과 전개, 실패 요인, 그리고 한국 민주주의의 미래 과제에 대해 심층적으로 논의했다. 이 대담에는 백승헌 법무법인경 변호사의 사회로 김정인 춘천교육대학교 사회과교육과 교수, 박용대 변호사, 손우정 성공회대학교 사회과학연구소 연구위원, 이미현 참여연대 정책기획국장, 이원재 LAB2050 이사장, 정은주《한겨레》기자, 정욱식 평화네트워크 대표, 추은혜 변호사가 참석했다.

참석자들의 말을 종합하면, 비상계엄 선포의 배경으로는 윤석열 개인의 특성, 검찰 조직 문화, 보수 정치세력의 구조적 한계가 복합적으로 작용했다. 윤석열의 강한 권력욕과 독특한 성향, 그리고 검찰 조직에서 형성된 권위주의적 문화는 분명 계엄 결정을 촉진했다. 이와 함께 그가 최고 통치자에 오를 수 있었던 사회적·제도적 환경 역시 중요한 배경이었다. 윤석열은 계엄 선포의 명분으로 국정 마비와 야당의 탄핵 추진 등 정치적 위기를 내세웠으나, 실제로는 권력 유지를 위한 극단적 수단으로 보는 게 훨씬 더 타당하다.

계엄 사태의 실패 원인으로는 젊은 군인들의 시민적 정체성에 기반한 저항, 국회의 신속한 계엄 해제 결의, 전국적 시민사회의 조직적 대응이 꼽혔다. 특히 국회와 헌법재판소, 그리고 전국적인 시민 저항이 계엄의 동력을 빠르게 소진시켰고, 보수진영 내부에서도 헌법 질서 수호라는 최소한의 합의가 있었음이 확인됐다.

그럼에도 이번 사태는 한국 사회의 엘리트 구조, 권력기관의 비민주적 운영, 극우 세력의 정치화 등 다양한 구조적 문제를 부각시켰다. 비상계엄은 단순한 개인의 일탈이 아니라 민주주의 시스템의 취약성과 엘리트 카르텔, 사회적 양극화, 그리고 검찰·군 등 권력기관의 개혁 필요성을 다시 한번 상기시킨 계기였다. 또 신자유주의 체제에서 공론장이 붕괴되고 극우 포퓰리즘이 득세한 점, 그리고 엘리트 집단의 자기 보존적 행태가 이번 사태의 배경이자 한계로 지목되기도 했다.

앞으로의 과제로는 비슷한 사태의 재발 방지와 민주주의의 제도적 보완, 보수의 재건, 정당 민주주의 강화, 시민사회의 지속적 감시와 참여가 꼽혔다. 전문가들은 계엄을 저지한 경험으로 민주주의의 회복력과 시민 저항의 힘을 확인했지만, 권력남용과 극우의 부상, 구조적 불평등 등 해결해야 할 과제 역시 여전히 남아있음을 강조했다.

다음은 참석자들의 발언을 정리한 내용이다.

계엄 선포의 원인: 개인적 요인 vs 구조적 한계

백승헌 계엄은 왜 발생했는가? 그 원인은 윤석열 대통령 개인의 문제인가, 아니면 보수 정치세력의 구조적 한계인가?

손우정 전문가들은 대체로 이번 내란이 두 단계를 거쳤다는 것에 동의했다. 1차 내란은 계엄 선포, 2차 내란은 극우 세력과의 결합으로 볼 수 있다. 1차 내란인 비상계엄 선포의 원인에는 구조적인 요인과 개인적인 요인이 동시에 작용하지만, 어느 쪽에 더 무게를 두느냐에 따라 해석이 달라진다.

정은주 '윤석열' 분야에서는 두 가지에 집중해 논의를 진행했는데, 윤석열이라는 개인의 성격, 그리고 검찰 출신이라는 조직적 특성에 관한 이야기였다. 윤석열이 고집이 세고 타인의 말을 잘 듣지 않는 성향이 있으며, 어린 시절 학대를 경험했다는 내용이 언급됐다.
또 검찰이라는 조직이 윤석열의 성격을 더욱 부추긴 것 아니냐는 추정이 나왔다. 수사 결과가 좋으면 다소 무리한 수사 방식도 용인되는 검찰 문화 속에서 윤석열의 개인적 특성이 더욱 강화됐고, 대통령이 된 이후에 이러한 성향이 더 두드러지게 됐다는 분석이다.

손우정 미국에서 정신분석가들이 트럼프의 성격을 나르시시즘, 마키아벨리즘, 사이코패스로 분석한 적이 있다. 윤석열은 여기에 사디즘과 샤머니즘이 결합해 있다는 진단이 나왔다. 그러나 윤석열의 캐릭터를 주위에서 흔히 볼 수 없는 독특한 것으로 보고 이를 비상계엄의 원인으로 규정하는 것이 적절할까? 만일 그렇다면, 윤석열만 없으면 모든 문제가 해결되고 다시는 비상계엄과 같은 일이 벌어지지 않는다는 결론에 이른다.

그런데 윤석열 같은 사람이 정말 드문가? 의외로 주위에서 쉽게 볼 수 있지 않나? 고위 관료나 공공기관 단체장 중에서도 나르시시즘에 빠져있거나 목표를 위해 수단을 가리지 않는 사람은 꽤 많다. 문제는 이런 사람들이 최고 통치자의 지위에까지 오른 이유다. 윤석열의 특수성을 강조하기보다 이런 사람이 등장하고 권력을 쥘 수 있었던 사회구조적 맥락을 주목하지 않으면 우리가 이제 뭘 해야 할지에 대한 교훈을 얻기 어렵다.

박용대 권력자는 자신의 뜻대로 하고자 하는 욕구가 있기 마련이며, 이러한 욕구는 언제든 표출될 수 있다. 이러한 권력자의 욕구를 어떻게 제어할 것인지가 중요한 과제로 남았다. 윤석열만의 문제가 아니라 앞으로 등장할 다른 권력자 역시 비슷한 행태를 보일 수 있기 때문이다.

손우정 비상계엄이 나름의 합리적 선택이라는 측면이 있었는지, 아니면 윤석열의 망상적 결과인지에 대해서는 전문가들 사이에서도 입장이 갈렸다. 계엄 선포에 합리성을 찾을 수 없다는 전문가들은 쿠데타가 일어날 만한 상황도 아니었고 성공할 가능성도 없었는데, 망상에 빠진 윤석열이 잘못된 행동을 저질렀다고 보았다. 반면 계엄 선포가 단지 망상이 아니라 일련의 위기를 극복하기 위해 선택한 돌파구였다고 보는 전문가들은 정권 위기와 보수진영의 위기라는 맥락을 강조했다. 윤석열이 정권의 위기가 누적된 상황에서 보궐선거로 반전을 기대했지만 실패했고, 통치 권력자로서 마지막으로 남은 돌파구가 군사적인 대응이었다는 분석이다. 결국 정권의 위기라는 구조적 상황 속에서 계엄이 선택된 것으로 해석했다.

이원재 윤석열의 쿠데타 직후에 더 큰 충격을 받았다. 관료 엘리트와 일부 법조 엘리트가 헌법재판관 임명 거부 등을 통해 쿠데타를 일으킨 윤석열을 적극적으로 옹호하는 모습을 보였기 때문이다. 1987년 이후 국민들은 우리나라의 엘리트 그룹이 민주주의 체제의 옹호자라고 생각하고 있었다. 그런데 실상은 그렇지 않았다.

한국의 엘리트 그룹은 권위주의 체제에서도 신자유주의 체제에서도 일했고, 진보적인 정권이 들어오면 최저임금도 올리고 아동수당도 도입해 온 집단이다. 이렇게 저렇게 적응하면서 권력을 유지해 왔다. 즉 그들에게는 민주주의 체제조차도 하나의 옵션이었던 것이다.

1987년 이전과 마찬가지로 우리나라 엘리트 그룹의 상당수는 권위주의 체제 아래에서도 그대로 현재의 역할을 하는 데 만족하며 살아갈 사람들이라는 생각을 갖게 만든다. 그런 면에서 윤석열과 근본적으로 크게 다르지 않은 사고체계를 지녔다.

손우정 제도, 법, 체제 등 여러 구조적 기반이 불안정해졌다는 상황을 가장 퇴행적이고 극단적으로 드러낸 것이 비상계엄이다. 87년 체제는 이미 효용성과 실효성을 다했지만 아직 새로운 체제로 넘어가지 못한 후기 국면에 있다. 이런 상태에서는 과거로 회귀하려는 흐름과 미래로 나아가려는 흐름이 동시에 나타나면서 적대적 각축이 격화된다. 우리만이 아니라 세계 곳곳에서 유사한 상황이 나타나고 있다. 이런 점에서 윤석열의 비상계엄은 분명히 존재했지만 지금은 향수로만 남아있는 과거의 어떤 지점으로 회귀하려는 흐름이 극단적으로 표출된 형태라고 봐야 한다.

계엄 실패의 결정적 요인: 무엇이 계엄을 막아냈는가

백승헌 계엄이 실패한 이유가 무엇이라고 생각하는가. 군 내부의 변화, 시민사회의 대응, 보수진영의 균열 등 여러 요인이 작용한 것으로 보이는데, 결정적으로 계엄을 막아낸 힘이 무엇이었는가.

정욱식 젊은 군인일수록 '제복 입은 시민'으로서의 정체성을 체화해 임무에 소극적으로 임했고, 이것이 계엄 사태를 종식시킬 수 있었던 원인 중 하나였다. 반면 대령급이나 장성급 등 상급자들은 민주시민으로서의 정체성이 희박했고 진급에는 예민해 내란에 가담하는 경향이 있었다.

박용대 1960~70년대 쿠데타와 연관된 군 지도부가 김영삼 정부에서 상당 부분 정리됐지만, 그 영향력이 여전히 남아있을 가능성이 있다. 과거 독재 시절에 대한 향수를 가진 인물들이 고위직에 있고, 이들이 쿠데타 시도에 저항 없이 동조한 배경이 됐을 수 있다.

이미현 민주주의의 핵심은 제도와 시스템이 제대로 작동하는 것, 그리고 정치적 자유주의가 얼마나 보장되며, 법치주의가 얼마나 잘 작동하는지다. 우리나라는 법치주의가 완벽하진 않지만 어느 정도 작동하고 있고 정치적 자유주의도 일정 수준까지 올라왔다. 계엄이 구조적으로 완전히 불가능했다고는 볼 수 없지만, 거의 불가능한 상태였다고 생각한다.

추은혜 계엄이 구조적으로 성공하기 어려운 요인들은 분명히 존재했다. 헌법상 계엄 해제를 위한 견제 장치가 마련돼 있고, 군 내부의 분열 가능성도 무시할 수 없다. 또한 지금은 냉전 시대가 아니다. 국제사회에서 한국의 위상 역시 예전과 달라져 계엄이 성공하기 힘든 환경이었다.

손우정 나는 조금 다르게 보고 있다. 장기적으로 보면 시민의 저항으로 인해 계엄이 실패로 돌아갔을 가능성이 높지만, 그 과정에서 엄청난 희생이 따랐을 것이다. 노상원의 수첩에 적힌 몇 가지 프로세스 중 하나라도 실행됐다면 계엄을 막기 어려웠을 것이고, 결과적으로 계엄이 불가능했다고 쉽게 평가할 수 없는 상황이 벌어졌을 것이다.

비상계엄의 실패는 필연적이었다기보다 매우 운이 좋았던 결과라고 보는 편이다. 사실 윤석열의 개인적 성격은 비상계엄을 선포하게 한 원인이라기보단 비상계엄이 실패로 귀결된 원인에 가깝다. 나르시시즘에 충만한 그의 성격은 시민의 저항, 국회의 신속한 대응, 군의 소극적 행동 등 계엄을 실패로 이끈 변수들을 예측할 수 없게 만들었기 때문이다.

김정인 이승만의 쿠데타를 보면 군의 물리적 장악보다는 정치력이 성공의 핵심이었음을 알 수 있다. 반면 윤석열은 한 번도 그런 정치력을 보여준 적이 없다. 정치력이 없는 사람이 정치력이 가장 필요한 친위쿠데타를 시도했기 때문에 실패했다. 이 문제를 윤석열 개인의 문제로만 볼 수는 없다. 앞서 말했듯 독재를 경험한 사회라는 점이 구조적으로 큰 문제. 이런 구조는 우리가 안고 가야 할 숙제이기도 하다.

박용대 큰 희생 없이 계엄을 막아낸 것은 기적이다. 광주 5·18 민주화운동 등 과거의 경험이 있었기에 가능했다. 국회의 역할도 매우 중요했다. 계엄 소식이 전해지자마자 야당 지도부가 의원들을 신속히 소집했고, 국회가 계엄 해제 결의안을 통과시켜 계엄을 빠르게 끝낼 수 있었다. 2차 계엄이 시도됐더라도 해제 결의로 인해 동력을 잃었을 것이다.

정욱식 12월 3일 비상계엄령 발표 당시 국민의힘 대표 한동훈이 가장 먼저 계엄에 반대 의사를 밝힌 점이 인상적이었다는 목소리가 있다. 한동훈은 계엄 선포 직후 "대통령의 계엄령 선포는 잘못된 결정이며, 국민과 함께 이를 막겠다."라고 공개적으로 선언했고, 이후 국회에서 계엄 해제 결의가 신속히 이뤄지는 데 결정적 역할을 했다. 같은 서울대 출신이자 이른바 '윤석열 라인'의 핵심 인물이었던 한동훈이 윤석열과 결을 달리한 점은 보수진영 내부에서도 헌법과 법치주의에 대한 최소한의 합의가 존재함을 보여주는 사례로 평가된다. 탄핵에 찬성한 보수 세력의 역할과 입장은 내란 사태의 성격을 규정하는 데 중요한 변수로 작용한다. 단순한 진보와 보수의 대립을 넘어 헌법 질서 수호라는 최소주의적 자유민주주의 원칙에 사회적 합의가 가능하다는 점을 확인시켰기 때문이다. 따라서 이들의 입장과 행보에 대한 재평가가 필요하다.

이원재 보통 중요한 정치적 갈등의 배경에 사회경제적 기반이 있다고 해석해 왔지만, 이번 사태로 시민들은 대부분의 갈등이 엘리트 집단 내부의 권력 다툼이라는 점을 새롭게 인식하게 됐다. 엘리트의 상당수는 사회경제적 체제에 큰 관심이 없고 오로지 자신의 권력 유지만을 추구한다.

예를 들어 조국 사태 때 반발한 이들이 소외된 학생들이 아니라 서울대 학생들이었다는 점이 이를 보여준다. 계엄 역시 시민들의 저항이 있었지만 실제로는 국회와 헌법재판관 등 법조인 네트워크가 중요한 역할을 했다. 법률가들 내부에서조차 저런 식의 계엄은 안 된다는 공감대가 있었기에 계엄이 실패한 측면이 크다.

물론 시민들의 압박이나 586세대 엘리트들의 민주사회 경험 등 여러 요인이 있을 수 있었다. 하지만 그 근저에는 사회경제적 기반보다는 엘리트 집단 내 가치관의 충돌이 있었고 한쪽이 이겼다고 보는 것이 더 냉정한 해석일 것이다.

2024년의 광장, 무엇이 달라졌나

백승헌   2024년의 광장은 과거와 어떻게 달랐는가. 이번 집회에서 나타난 새로운 흐름이나 특징이 무엇이었나.

이미현   2024~2025년 광장에서는 젠더, 성평등, 차별금지법, 기후 등 계엄과 직접 관련이 없을 수도 있는 다양한 의제가 자연스럽게 등장했다. 일부 정당 인사들은 이런 흐름을 비판하기도 했지만, 비상행동이 '사회대개혁'이라는 이름답게 현장에 나온 시민들의 목소리가 더 많이 반영되도록 이러한 발언들을 독려했다.

손우정   서울 이외의 지역에서 비상계엄에 어떻게 대응했는지 들어봤는데, 빚지지 않고 시민 후원금만으로 집회 비용을 감당한 것이 처음이었다는 지역이 많았다. 나중에는 '우리는 충분하니, 중앙 비상행동에 후원해 달라'는 공지까지 내건 곳도 있었다. 그만큼 무엇에라도 참여하고 싶은 시민의 분노가 전국 곳곳에서 폭발한 거다. 보수의 심장이라 불리는 대구에서도 크게 드러나지는 않았지만 다양한 저항이 있었다. 특히 젊은 세대가 많은 동네에서 큰 변화가 감지된 것 같다. 예전에는 보수 정권을 비판하는 시위를 열면 항의하거나 방해하는 사람들이 많았는데 이번에는 응원하는 사람들도 많았다고 한다.

김정인   며칠 동안 계엄이 유지되었거나 헌법재판소가 윤석열의 복귀를 결정했다면 실제로 시민 항쟁이 벌어졌을 것이라고 많은 역사학자들이 생각했다. 4·19 혁명 이래로 시민이 만들어온 민주주의에 대한 강한 신뢰가 있다.

손우정 언론에는 보수 개신교 집회를 중심으로 극우가 상당히 큰 영향력을 발휘한 것으로 나오는데, 실제 지역 이야기를 들어보면 그리 정확하지 않은 진단이다. 전국에서 집중적으로 조직한 순회 집회를 제외하면 자생적인 보수 집회는 크게 의미 있는 수가 모이지 않았다고 한다. 대부분의 지역에서 공통적으로 관찰되는 현상이다. 광주에서 대규모로 진행된 세이브코리아 집회도 언론에서 많이 주목했는데, 사실 외지 사람들이 더 많았다. 비상계엄과 윤석열 탄핵소추 이후에 극우 시위가 활발하게 전개된 것은 사실이지만 다소 과장된 측면도 분명히 있다.

정은주 광주에 극우 성향의 인사들이 방문해 집회를 열었을 때 새마을부녀회에서는 3천 인분의 떡국을 준비했으나, 탄핵에 반대하는 이들도 식사하러 오면서 총 5천 인분이 제공됐다고 한다. 탄핵 찬성자와 반대자들이 한 테이블에서 함께 식사한 셈이었지만, 예상과 달리 현장에는 큰 긴장감이 없었다. 오히려 일부 참석자들은 광주 방문을 자주 해달라는 요청도 했다고 했다.

계엄 사태, 재발 가능성과 방지 조건

백승헌 계엄 사태가 앞으로도 재발할 수 있을까? 앞으로 계엄과 같은 일이 반복되지 않으려면 어떤 조건과 사회적 합의, 제도적 보완이 필요한가?

정욱식 한국 사회에서 '군사쿠데타'가 일어날 가능성은 낮지만, 선출 권력이 군·경 등 국가기구를 동원하는 '친위쿠데타'의 위험은 여전하다. 헌법 질서 수호와 민주주의의 기반을 지키기 위해 군대와 경찰 등 권력기관의 헌법 교육 강화가 필수적인 이유다. 미국은 병사에서부터 군 지휘관들에 이르기까지 헌법적 가치에 충실하도록 교육한다.

'외교' 분야 인터뷰에서 권혁철《한겨레》기자는 계엄 사태 이후에도 군이 달라지지 않았다고 지적했다. 육군이 주도한 일이라며 해군, 공군, 합참 등은 '우리와 무관하다'는 식으로 책임을 회피했고, 권혁철은 이런 태도에 실망했다고 말했다. 반면 여석주 전 국방부 정책실장은 군이 작은 상처에도 명예와 경제적 상황, 삶의 뿌리까지 흔들릴 수 있어 두려움을 갖고 있다고 설명했다. 내면적으로는 반성과 성찰이 있지만 이를 외부에 드러내지 못하는 것이라고 해석했다.

김정인 정부에 대한 일격을 '쿠데타'라고 흔히 생각하는데, 의회에 대한 정부의 일격이 쿠데타의 본뜻이라는 것을 '역사' 분야 인터뷰에서 알게 됐다. 대통령 중심제에서 대통령이 국회에 일격을 가하는 것이 바로 쿠데타의 본질이다.

이번에 1952년 부산정치 파동이나 1972년 유신쿠데타, 보나파르트 친위쿠데타 등 다양한 사례를 다루면서 민주주의에 대한 사회적 합의가 재차 필요하다는 생각을 하게 됐다. 민주주의가 무엇인지, 그 경계선을 넘었을 때 어떤 제재나 처벌이 가능한지에 대한 합의가 있어야 같은 일이 반복되지 않을 수 있다.

이원재 앞으로도 계엄 사태는 언제든지 재발할 수 있다. 계엄에 동조하는 엘리트가 다수가 된다면 실제로 성공할 수도 있기 때문이다. 이번 사태는 군사령관들을 조금 더 일찍 포섭하고, 탄핵을 반대하는 국회의원이 100명을 넘을 수 있을 때 계엄을 선포하면 되겠구나 하는 것을 보여줬다. 기술적으로 계엄을 기획하기가 오히려 쉬워졌다. 한국은 미국의 테크 밸리처럼 극우에 사회경제적 기반이 있는 사회가 아니지만, 앞으로 사회경제적 문제가 심화될 경우 권력을 잡으려는 엘리트가 이를 이용할 가능성이 있다. 현재 윤석열과 극우로 분류되는 인사들은 철저히 수사 대상이 됐고, 2024년 12월의 비상계엄은 엘리트 사회 내에서 이미 결론이 났기에 이번엔 정리될 것으로 보인다. 그러나 이것이 곧 문제의 근본적 해결을 의미하지는 않는다.

한국의 엘리트 구조가 깨지지 않는 한, 집권만 하면 관료들은 따라오겠다는 믿음이 깨지지 않는 한, (계엄의) 위험은 있다. 자기 권력을 확장하려는 나쁜 대통령이 나타나면 (계엄이) 또 일어날 수 있다.

정은주 언론이 왜 윤석열을 제대로 검증하지 못하고 놓쳤는가에 대해 심각하게 반성해야 한다. 위험한 인물이 대통령이 된 것은 한국 사회의 검증 시스템에 문제가 있다는 방증이다.

추은혜 시민사회의 저항을 이번 비상계엄이 성공하지 못한 중요한 구조적 요인으로 평가할 수 있다. SNS, 유튜브, 언론 등 다양한 채널을 통해 시민들이 과거의 경험을 공유하고 결집하면서 앞으로 계엄이나 독재 시도가 다시 일어나더라도 시민 저항이 강하게 나타날 것이라는 점이 확인됐다.

이미현 계엄을 저지한 경험을 바탕으로 시스템을 보완하려는 의지가 커졌고 우리 현실에서 법치주의가 더 공고해질 가능성이 높아졌다. 계엄법이 당장 바뀐 것은 아니지만, 전문가와 시민들이 시스템의 약점을 지적하고 보완해야 한다는 의견이 계속 나오고 있다. 이런 변화로 인해 계엄이 반복될 가능성은 더욱 낮아졌다고 본다.

박용대 시민사회는 민주화가 크게 진전됐음을 보여줬지만, 정부 관료나 법률가 집단은 여전히 과거의 영향에서 벗어나지 못했다. 이것이 윤석열의 행보를 제어하지 못하게 만든 원인 중 하나다. 특히 고위직 인사권을 가진 이들이 자신에게 충성하는 인물들로 주변을 채우는 것을 견제하지 않으면 한국 사회를 뒤흔들 또 다른 권력남용 사태가 발생할 수 있다. 제도적 개선과 권력에 대한 지속적인 경계가 우리의 과제다.

정욱식 대외 변수, 특히 조선민주주의인민공화국(북한)이라는 변수의 영향력도 간과할 수 없는 요소다. 실제로 12·3 계엄령 선포의 명분으로 "북한 공산주의 체제의 위협"이 언급됐다. 천만다행으로 이번에는 북한이 자제했다. 북한 측은 2024년 7월 '윤석열 정권이 자꾸 공화국을 자극하는 이유는 정치적 위기의 돌파책으로 쓰기 위해서'라는 취지의 담화를 발표하기도 했다.

남북 관계 악화가 계엄령의 법적 근거가 될 수 있다는 점에서 향후 비슷한 사태 발생 시 북한 이슈가 어떻게 작동할지 주목해야 한다. 다행히 윤석열 정권의 계엄 선포 이전에 북한의 무력 도발은 없었지만, 정치적 위기 국면에서 남북 관계가 악용될 수 있음이 다시 확인됐다.

손우정 북이 한국의 의도에 대응하지 않은 것은 미국의 개입 때문이라는 이야기도 들었다.

정욱식 2023년 말부터 북한은 '적대적 두 국가론' 입장을 내세우며, 한국과의 상호 불간섭 원칙을 더더욱 강조해 왔다. "너희는 너희이고, 우리는 우리다. 너희가 우리를 건드리지 않으면 우리도 너희를 건드릴 일이 없다."라고 밝히며, 내란 사태와 관련해서도 별다른 공식 입장이나 선전 활동을 하지 않았다. 과거와 달리 북한은 계엄에 대해서도 해외 토픽 수준으로 짧게 보도하는 데 그치고, 체제 선전의 소재로도 거의 활용하지 않았다. 일각에서는 미국의 개입 때문이 아니라 북한이 자체적으로 이번 사태에 큰 관심을 두지 않았기 때문이라고 분석한다.

추은혜 계엄의 위험성은 여전히 남아있다. 아무리 헌법과 법률을 개정하더라도 완벽하게 막을 수는 없고, 만약 독재자가 법을 무시하고 강행한다면 계엄은 다시 시도될 수 있다. 이번 사태에서도 군의 움직임이 조금만 더 빨랐다면 상황이 달라질 수도 있었다. 현장에서 총기가 등장했고 물리적 충돌의 위험성이 보인 아찔한 순간이 있었다. 군이 소극적으로 대응했다고 해도 법률과 헌법의 취약성은 여전히 존재한다.

박용대 민주시민 교육과 함께 권력남용을 견제할 수 있는 제도적 장치가 촘촘히 마련돼야 한다. 물론 교육을 받았다고 해서 권력을 잡았을 때 계엄과 같은 비상조치를 100퍼센트 하지 않는다는 보장은 없다. 그러나 법률가의 입장에서 보면, 차용증을 작성하면 돈을 빌리지 않았다고 주장할 수 없는 것처럼 제도는 권력이 위험하게 작동할 때 제동을 거는 역할을 한다. 따라서 권력의 남용을 막기 위해서는 제도를 촘촘하게 설계하는 것이 중요하다.

엘리트-시민 간 간극이 벌어지는 이유

백승헌 한국 사회가 민주화되었는데도 왜 엘리트와 시민 사이의 간극이 계속 벌어지고 있는가? 그 구조적 원인과 배경이 무엇인가?

이원재 민주주의의 장점이 제대로 발휘되기 위해서는 엘리트 집단이 경쟁을 통해 순환되어야 한다. 즉, 시험에 합격하거나 사업에 성공하고 실패하는 과정을 거치며 엘리트가 교체되어야 한다. 그러나 한국 사회에서는 이미 학벌 세습이 고착된 지 오래다. 1970~80년대에는 그나마 엘리트의 순환이 이루어졌지만 오히려 최근 들어

학벌주의가 더욱 심화되고 있다. 특히 서울대 출신들 사이에서는 어떤 의견을 내든 서로를 인정하는 분위기가 강하다. 이번 계엄 사태에서도 서울대 법대 출신들이 핵심적인 역할을 한 것으로 나타났다.

김정인 이탈리아와 한국은 학연이나 혈연 등 인맥에 기반한 카르텔형 부패 구조를 가진 국가로 평가된다. 민주화 이후에도 이른바 '모피아'와 같은 관료 집단이 여전히 강력한 영향력을 행사하고 있다. 특히 모피아는 IMF 위기를 초래한 데 이어 그 위기를 극복하는 과정에서도 오히려 힘을 더 키웠다. 법원과 검찰의 전관예우 역시 1990년대부터 사회적 문제로 지적되어 왔다.

박용대 검찰이 '괴물'이 되었다는 인식은 시민사회 전반에 퍼져있다. 정부 역시 이를 개혁하려고 시도해 왔지만 번번이 좌절했다. 그 이유는 검찰 내부의 강한 저항 때문이다. 권력기관의 특성상 검찰뿐 아니라 군 역시 근본적인 개혁이 쉽지 않다. 군 조직은 승진이 곧 개인의 생존과 직결되는 계급 중심 구조이기 때문이다. 계급사회에서는 상급자에게 잘 보여야 승진이 가능하고, 그 과정에서 '이것을 해주면 저것을 얻는다'는 식의 암묵적인 거래가 이뤄지기 쉽다. 이러한 구조는 부패를 조장한다.

검찰과 군 모두 조직 내부에서 고위직이 누릴 수 있는 권력과 부의 유혹이 크다. 이 때문에 일부는 부패의 위험을 감수하면서까지 높은 자리를 차지하려는 욕구를 갖게 된다. 결국 권력기관의 개혁이 어려운 것은 조직 내 계급 구조와 기득권을 지키려는 내부 저항, 그리고 부패를 부추기는 구조적 요인 때문이다.

이미현 엘리트주의 자체의 문제라기보다는 민주적 의사결정이 제대로 이뤄지지 않는 정부 기관이 더 큰 문제라고 본다. 민주주의가 완벽하게 작동하는 사회라면 모든 단체와 정부 기관이 민주적으로 의사결정을 해야 한다. 그러나 우리 사회에서 대표적으로 민주적이지 않은 기관으로는 검찰과 군이 있다.

군은 구조적으로 명령 하달 체계이고, 조직 보존 논리가 강력하게 개입하는 시스템이다. 이와 결합해 대통령 등의 권력이 내리는 명령만으로 일사불란하게 움직이는 문화가 있다. 윤석열은 이런 문화 속에서 계엄이 가능하다고 생각했던 것 같다. 결국 엘리트주의 자체보다는 민주적 의사결정과 법치주의 시스템이 제대로 작동하지 않는 조직의 경험으로부터 비롯된 그의 개인적 시각이 계엄의 결정적 배경이 됐다.

백승헌 민주화가 이루어져도 관료 사회의 부패와 카르텔 구조가 왜 여전히 남아있는가? 민주화가 이런 문제들을 근본적으로 해결하지 못하는 것인가?

박용대 민주주의의 힘과 가능성에 대한 믿음은 여전히 유효하다. 시간이 지날수록 부패나 권력남용의 위험이 줄어드는 것은 사실이지만 문제들이 완전히 사라졌다고 보기는 어렵다. 부패의 싹은 언제든 다시 자랄 수 있기에 꾸준히 견제하고 민주주의를 더욱 강화하기 위한 노력이 필요하다.

김정인 문제는 많은 이들이 자신도 이런 카르텔 부패에 연관될 수 있다는 사실을 인식하지 못한다는 점이다. 누구나 쉽게 인맥 카르텔을 활용하거나 부패적 행동에 가담할 수 있지만, 이에 관한 자각과 민감도가 매우 낮다. 학연이나 지연을 이용하는 것이 얼마나 부패한 행위인지에 대한 사회적 인식이 부족하다. 민주화 이후에도 엘리트 집단은 이러한 부패를 반성하거나 성찰하지 않고 부와 권력, 명예를 모두 차지해 왔다.

손우정 우리가 상대를 비판하는 것만큼 성찰적이지 못하다는 점에서 동의할 수밖에 없다. 젊은 남성 극우의 입장에서 86세대는 우리 사회의 전형적인 기득권 카르텔이다. 그들은 사회에서도, 정치권에서도 분명한 주류다. 그리고 이들이 정치적 영향력을 행사할 때는 우리 사회의 양극화가 심화된 시기와 겹친다.

86세대가 주축이 된 문재인 정부에서 부동산정책이 실패했다고 하지만, 도리어 86세대는 집값이 올라서 돈 벌었다는 사회적 인식이 있다. 그러다 보니 젊은 보수 입장에서는 86세대, 또는 86세대의 가치에 저항하는 것을 기득권에 대한 저항으로 인식한다.

김정인 이번에 드러난 카르텔 부패 가운데 가장 심각한 것은 모피아들이다. 한덕수나 최상목 같은 고위 관료들의 박약한 민주 의식이 문제였다. 끊임없이 이어지는 부패로 인해 부패에 대한 자각이 낮아졌다. 앞에서 끌어주고 뒤에서 밀어주는 식으로 카르텔 부패가 형성되어 왔기 때문에 민주적 감수성이 거의 없고, 민주 정부에서는 민주 정부를, 보수 정부에서는 보수 정부를 그대로 따라간다. 앞으로 이 문제를 어떻게 해결할 것인지 고민해야 한다.

진보진영이 성찰해야 할 지점

백승헌 좌우 모두 성찰이 필요하다면, 진보 쪽에서 성찰해야 할 지점은 무엇인가?

김정인 모피아, 사법 카르텔 등 카르텔 부패 문제는 진보와 보수의 문제가 아니다. 보수만의 문제로 볼 수 없다. 보수는 길도, 이념도 모두 잃었다. 진보 역시 카르텔 부패로부터 자유로운지 돌아봐야 한다.

손우정 윤석열이 망상도 있고 나르시시즘에 사디즘, 샤머니즘까지 갖춘 사람이라는 이야기가 많은데, 문제는 어떻게 그런 사람이 대통령의 자리까지 오를 수 있었느냐는 것이다. 결국 민주 세력이 일조해서 만든 사회적 토양에 답이 있는 거 아닌가? 우리가 상대를 비판하는 잣대로 우리를 평가하는 시각이 필요하다. 엘리티즘이나 카르텔은 보수나 극우의 문제만은 아니다.

윤석열만이 문제가 아니다. 윤석열이 최고 통치자가 될 수 있었던 구조적 원인을 제거하지 않는 한 윤석열 같은 사람은 계속 나온다. 그 구조적 원인을 만든 데에는 민주 세력도 일조했다는 인식을 가져야 한다.

박용대 분명 86세대가 민주적이지 않은 측면이 있다. 독재에 반발한 자산은 있지만 민주주의 체제 이후에는 오히려 자기 것을 지키기 위해 배타적이고 폐쇄적인 모습도 보인다. 이런 비판에서 자유로울 수 없다.

김정인 가장 큰 문제는 운동권이나 86세대가 이미 이 사회의 주류가 되었음에도 그 사실을 인식하지 못한다는 점이다. 자신이 하는 일은 모두 정당하다고 생각하는 경향이 있다. 민주화운동 세력이 이 사회의 주류가 되었고, 그들의 역사 인식이 국민적 인식이 되었다. 보수가 역사 전쟁을 도발한 것도 이런 위기에서 비롯됐다. 학생들도 민주화운동을 독립운동의 연장선으로 본다. 그런데 그들은 이미 주류가 되었는데도 계속 비주류처럼 행동한다. 이제는 주류로서 어떤 생각과 행동을 해야 하는지 깊이 성찰해야 한다.

정욱식 이런 논의는 10년 전부터 계속되어 왔다. 앞으로도 86세대의 기득권화가 더 강해질 것으로 보는가?

김정인 그렇다고 본다.

정욱식 최근에는 자신들이 주류라고 인식하는 86세대가 많아진 것 같다. 하지만 왜 이런 문제 계속 제기되는데도 교정되지 않는지, 민주당의 기득권 세력이 왜 계속 기득권화되는지 짚어봐야 한다.

박용대 세대 논쟁이 적절한 담론은 아니라고 본다. 86세대 내에도 기득권과 비기득권이 있다. 법조계는 86세대를 떠나 시민사회에 비해 훨씬 폐쇄적이고 보수적이다. 법관, 검찰 등 각자의 카르텔이 있다. 이미 자기들에게 유리한 문화가 만들어져 있어 혁신 동력이 생기지 않는다.

정은주 86세대가 예전보다는 주류 인식이 생겼지만, 실제로는 그렇게 보이지 않는 것이 문제다. 그들은 50에서 100이 됐다는 차이를 이야기하지만, 20대가 보기엔 50이나 100이나 똑같다. 20~30대가 86세대에 대해 느끼는 무책임성과 불공정에 대한 문제의식은 크게 변하지 않았다. 실질적인 것보다 과장된 면도 있겠지만, 인식 차이가 분명하다.

이제는 한국 사회의 엘리트와 기득권이 누구인가를 생각해 봐야 한다. 엘리트나 기득권에게 직접 물어봐도 스스로 그렇다고 인정하지 않는다. 기득권이 하나의 카르텔로 사회를 지배하지만, 혼자 있을 때는 누구도 기득권이 아니라고 생각한다. 한국 사회 전체에 피해자만 있고 가해자는 없다. 이런 인식이 반복된다. 좌우를 넘어 진보와 보수 모두가 갖고 있는 문제다. 자신이 어디에 서 있는지에 대한 인식이 너무 느슨하다.

백승헌 피해는 구체적이고, 가해는 공유되기 때문이다.

손우정 기득권이 문제라는 것에는 다들 동의하지만, 막상 자신이 기득권이라는 것을 인정하지 않는 사람들이 많다. 스스로를 기득권에 속한다고 생각하고 있나?

정은주 기득권이라고 생각한다. 만약 대통령이 이재명이고 국민의힘이 다수당이어서 계속 탄핵이 이어졌다면 우리는 어떻게 반응했을까? 진보진영이나 나는 지금과 같은 말을 반복할 수 있었을까? 양극화와 진영 논리가 뿌리 깊기 때문에 내 위치에 따라 생각이 달라지는 것은 아닌가. 스스로를 객관적으로 보지 않으면 계엄과 같은 문제가 반복될 수 있다고 본다.

박용대 좋은 지적이다. 이재명이 대통령이 되어 민주당이 정권을 잡아도 큰 기대는 없다. 계엄을 일으키지 않는 정도만으로도 만족할 수 있다. 집행 권한과 의회 권한을 모두 갖게 되면 오히려 위험해질 가능성도 있다. 시민사회와 언론이 항상 경계해야 한다. 민주당이 권한을 오남용하지 않도록 비판할 필요가 있다.

백승헌 누군가는 보수진영만이 계엄과 같은 사태를 일으킬 것이라고 생각하지만, 반민주적이고 반헌법적인 부분은 좌우를 가리지 않고 우리 사회 전체에 존재한다. 진보를 구성하는 엘리트들의 문제와 반성해야 할 지점이 더 충분히 고려되어야 한다.

박용대 사회에는 항상 엘리트층이 존재해 왔으며, 이를 구체적으로 특정하지 않고 보편적으로만 이야기한다면 그 구조를 근본적으로 바꿀 방법이 없다. 엘리트 전체를 문제시하는 것은 바람직하지 않다. 누구나 좋은 엘리트가 되기를 바라지만 실제로 그렇게 되지 못하는 것이 문제일 뿐, 엘리트가 존재하는 것 자체는 문제가 아니다. 정치체제나 민주주의를 논의할 때도 엘리트 정치와 민주 정치가 적절하게 조화를 이루어야 한다는 이야기가 자주 나온다.

백승헌 엘리트 자체를 부정하기보다는 우리 사회에 만연한 엘리트주의를 지적하는 것이다. 우리 사회의 문제점을 논의할 때 광범위하게 엘리트의 문제로만 규정하면 실질적인 해결이 어렵다.

정은주 엘리트라는 표현 자체가 위험성을 내포하기도 한다. 엘리트와 반엘리트라는 구도가 형성되면 그 논의가 극단적으로 흐르고, 이는 독재나 극우가 태동하는 씨앗이 될 수 있다. 신중하고 정교하게 접근해야 한다.

극우의 역할과 영향력, 그리고 전망

백승헌 극우가 이번 사태에서 어떤 역할을 했으며, 앞으로 극우의 영향력이 어떻게 전개될 것이라고 보는가?

박용대 탄핵 반대 세력인 20~30%를 모두 극우라고 보기는 어렵지만, 이번 일을 계기로 극우 세력의 정치화와 목소리가 커진 점은 확인됐다. 이러한 흐름에 힘을 얻는 사람들을 경계할 필요가 있다.

추은혜 우리 사회가 정치적 양극화가 매우 심하고, 이런 풍토에서 극우나 극단주의가 발현될 수 있다는 걸 처음 인지했다. 국민의힘은 자신들의 전략으로 극우를 포섭했고, 대통령이 파면되고 나서부터 최소한의 선을 긋기 시작했지만 여전히 부족하다.

백승헌 논란의 여지가 있다. 국민의힘이 극우와 선을 그었다고 표현했는데, 많은 사람들이 오히려 극우와 연합했거나 적어도 이중 플레이를 했다고 생각하고 있다.

추은혜 서부지법 폭동이 여론을 바꾸는 촉매제 역할을 했다. 파시즘의 발흥도 '나는 공격의 대상이 될 수 없다'는 시민들의 신뢰가 있어야 가능한데, 몇몇 이들이 법원이라는 공권력을 공격함으로서 극우가 더 확산되기 어려워졌다.

계엄 직후에는 윤석열 탄핵을 찬성하는 여론이 70% 이상 육박했다. 이후에 보수가 결집되면서 탄핵을 반대하는 여론이 40%까지 갔다가 서부지법 폭동을 계기로 다시 탄핵 찬성 여론이 형성되었다. 폭동이 다수에게 확산되기에는 전략이 부족했다.

손우정 서부지법 폭동을 보고 많은 이들이 충격받았다고 하던데, 솔직히 나는 안도의 감정을 느꼈다. 만일 비상계엄이 실패하지 않았다면 저런 폭력이 공권력의 비호 아래 백색테러 행태로 이어졌을 것이다. 실제 쿠데타 이후에 종종 벌어지는 일이다. 그나마 비상계엄을 막을 수 있었기 때문에 공권력이 진압도 하고 법적 처벌도 내릴 수 있게 됐다.

극우의 부상도 마찬가지다. 현재의 극우는 새롭게 등장한 것이 아니라, 2003년부터 꾸준히 우익이라는 시민사회의 목소리로 존재해 왔다. 지금의 특징은 어느 사회에나 존재하는 극우가 보수의 주류적 입장으로 부상했다는 점이다. 또 이 과정에서 나이 든 극우가 젊은 세대와 연결되면서 극우 세력이 재생산되는 계기도 마련한 것 같아 우려스럽다.

우리 사회가 파시즘으로 가는 것은 아니겠지만, 파시즘적 형태를 가진 극우 운동이 계속 이어질 가능성이 높다. 특히 대통령과 집권 여당이 소수의 목소리로 존재하던 극우에 정당성을 부여하고 응원하면서 이들이 자신감을 갖게 됐다는 점은 심각한 결과로 이어질 수 있다. '난 생각이 달라'에서 '내 생각이 맞아'로 바뀌면서 규범과 상식을 벗어나는 행동이 이어질 우려가 있다.

추은혜 정당은 파시스트적 성향의 지도자를 걸러내야 하는데, 지금은 그런 검증이 제대로 이루어지지 않고 있다. 국민의힘이 한덕수를 지도자로 세우려 했던 것도 문제다. 내란을 시도했던 정부의 총리였고, 헌법재판관 임명을 거부하며 헌정질서 회복을 막았다. 국민의힘이 극우와 언제든 다시 결탁할 수 있기 때문에 미래를 낙관하기 어렵다.

김정인 '역사' 분야 인터뷰에서는 서양 극우와 한국 극우의 차이점도 명확하게 드러났다. 정당을 만들어서 의회에 진출한 유럽의 극우와 달리 한국의 경우 윤석열이 자신의 기반을 극우에서 찾았고, 국민의힘까지 다 극우로 끌어들였다. 보수의 위기가 곧 민주주의의 위기로 이어진 셈이다.

이미현 계엄 이후 한국 사회에 드러난 문제는 권력기관의 권위적이고 비민주적인 운영체제다. 이런 부분들이 계엄 사태에 기여한 측면이 있다. 정당도 자유로울 수 없다. 계엄 이후 정당 내에서도 문제를 인정하기보다는 정치적으로 모면하려는 행태가 이어지고 있다. 정당 내에서 차분히 가치를 논의하거나 토론할 수 있는 구조가 취약한 점도 문제라고 본다.

추은혜 전 세계적으로 극우 세력은 과반을 넘는 지지를 받은 적이 한 번도 없다. 언제나 지지층은 협소한데 이들이 주류 정당과 결탁해서 세력화한다. 우리 사회가 극단적인 파시즘을 허용하는 사회로는 가지 않을 것이라는 게 내 결론이다. 다만 국민의힘과 같은 정당이 언제든 극우와 손을 잡을 수 있으니 그런 것들을 경계해야 한다.

손우정 인터뷰에서 2차 내란, 즉 극우의 주류화 현상에 대해서는 대부분 경제적 요인을 원인으로 꼽았다. 사회적 양극화와 견고한 양당 체제가 극우의 부상과 밀접하게 연결됐다는 진단이다. 이러한 구조적 요인은 윤석열이 대통령이 된 배경과도 일치한다. 양극화와 교착된 양당 체제, 힘을 가진 정당의 대립 속에서 윤석열과 극우의 부상이 동시에 가능했다는 분석이 나왔다.

정욱식 대외적으로 보면 우리 극우 세력엔 미국의 영향이 크다. 트럼프가 미국의 극우 정당을 대놓고 지지하는데, 한국에서 극우 정당이 등장했을 때 미국이 어떤 반응을 보일지가 중요한 변수다. 또 트럼프 행정부가 유럽의 극우 정당을 지지하는 상황이다. 한국에서도 트럼프 임기 내에 영향력 있는 극우 정당이 출현할 경우 미국의 입장이 한국 정치에서 어떻게 소비될지 주목해야 한다. 한국에서 극우가 적으로 삼는 대상은 북한과 중국이며 이를 종북·친중 세력으로 소비하는 방식이 이어져 왔다.

'윤석열 현상'의 지속성과 한국 정치·사회에 미치는 영향

백승헌 윤석열이 퇴장한 이후로 이른바 '윤석열 현상'이 끝났다고 볼 수 있는가? 아니면 여전히 우리 사회와 정치에 영향을 미치고 있는 것인가?

정은주 한국 사회에는 민주당과 정의당 쪽으로 가지 않을 국민이 존재한다. 만일 국민의힘이 극우의 목소리를 더 반영하는 식으로 성장하면 이들은 갈 곳이 없어진다. 결국 극우가 되는 것이다. 독일도 보수가 쪼그라들자 극우가 등장했고 재건을 위해 많은 노력이 필요했다. 한국 사회에서 보수의 완전한 제거는 불가능하므로 합리적 보수가 재건될 수 있도록 사회 전체가 힘을 모아야 한다. 그렇지 않으면 파시즘이 나타날 수밖에 없다.

이미현 지난 총선에서 전광훈 정당이 2.8%의 지지를 받으며 제도권 정치 진입 가능성이 커졌다는 점을 확인했다. 2030 남성으로 대표되는 신남성연대는 세련된 방식으로 대중 앞에 나서고 있다. 유럽 극우 정당들이 주류화되는 모습을 한국 극우가 학습하고 있다. 집회 방식이나 무대 구성, 2030 세대를 앞세우는 전략 등도 눈에 띈다. 극우도 이번에 재정비하고 전략을 새롭게 할 것이다. 지금은 잠시 소강 상태일지라도 곧 주류화되는 과정이 나타날 것으로 보여 걱정이다.

이원재 '경제' 분야 인터뷰에서도 유럽의 우파나 강경우파, 미국의 트럼피즘과 같은 현상이 한국 사회에도 존재하는지에 대한 논의가 있었다. 이번 사태에서는 극우 세력이 쿠데타 세력과 결합하지는 않았지만, 앞으로 결합할 가능성도 있다는 의견이 나왔다.

특히 20대 남성들의 보수화 경향에서 그 단초를 찾을 수 있다는 분석이 있었다. 남성이 정규직으로 취업해 4인 가족을 부양하던 전통적 경제구조가 무너졌음에도 이러한 규범과 제도가 여전히 사회에 남아있어 균열이 발생하고 있다는 진단이었다. 다만 아직 정치적으로 본격화되지는 않았다는 판단이 다수였다.

백승헌 극우가 제도권 정당으로 들어와 순치되는 것이 민주주의를 위해 낫다는 의견이 있다. 한국 정치에서 극우와 주류 정당의 관계가 어떻게 변화할 것이라고 보는가.

손우정 민주주의란 무엇인가에 대해서는 매우 넓은 스펙트럼의 답이 있지만, 결국 핵심은 가장 못마땅한 존재와도 공존하는 데에 있다. 극우적 사고를 가진 사람들이 일정한 규모를 넘어서면 이들이 제도권 정당이 되는 것을 받아들일 수밖에 없다. 어떤 대상이 못마땅하다고 강제로 진입 장벽을 세울 수는 없다.

우리가 주목해야 할 점은 이재명과 윤석열, 트럼프 같은 인물의 공통점이다. 이들은 현재의 시스템을 원활하게 운영하기보다 무언갈 확 바꿀 것 같은 기대감을 주는 사람들이다. 세계적인 상황을 봐도 이런 인물들이 좌우를 막론하고 나타나는 걸 보면 불안정한 시대의 공통된 현상 같다.

사회 갈등과 예측 불가능성을 줄이기 위해서는 불안정한 체제를 안정화해야 한다. 기존 시스템의 단순한 수리로는 불가능한 단계에 이르렀고, 이제는 새로운 시스템을 구축해야 한다.

박용대 대의제에서 시민들이 정치인에게 모든 것을 맡기는 것이 아니라, 끊임없이 소통하고 정치인의 권한 남용을 견제할 수 있는 장치가 무엇인지 고민해야 한다. 시민들이 정치인을 감시하고, 경제적 불평등 등 실생활과 밀접한 문제들을 제도적으로 풀어나갈 기회가 있었으면 한다.

손우정 촛불시위만 봐도 2008년이 가장 급진적이었고, 2017년은 가장 보수적이었다. 현재는 그 중간에 있다. 2017년 촛불시위 때 시민사회가 당 정치에 개입하지 않겠다고 하면서 사회개혁의 어젠다만 던지고 활동을 중단한 것은 판단 착오였다.

지금이라도 광장에서 사회개혁의 어젠다를 적극적으로 던지고 있는 상황은 긍정적이라고 생각한다. 이런 흐름이 새로운 시스템으로 이어져 결국 개헌으로 정리될 수밖에 없다고 본다. 그 과정에서 전광훈 같은 사람은 계속 존재할 것이다. 그들과 함께 살아가야 하는 것도 민주주의의 숙명이다.

백승헌 전광훈이 헌정질서를 뒤집거나 윤석열이 군대를 동원하는 등의 일이 벌어졌을 때 민주주의를 방어하는 문제는 다르게 봐야 하지 않나. 반헌법 정당이나 인사를 제어하는 방식이 필요하지 않은가?

손우정 기준은 명확하다. 무엇을 상상하고 주장하는 것은 자유지만, 그것이 공동체와 공론장을 파괴하고 사회적 규범을 넘어서는 행동으로 이어지면 강력한 규제와 처벌이 필요하다. 어떤 생각이나 주장이라도 규제와 처벌보다는 공론장에서 자연스럽게 논쟁되고 정화되는 것이 바람직하다. 그러나 타인에게 명백한 피해를 주는 혐오적 발언이나 파괴적 행동에 대해서는 엄정하게 처벌해야 한다. 그래야 정치적 규범이 바로 선다.

박용대 민주주의란 다양한 의견이 존재할 수밖에 없고, 이를 인정하는 체제라고 본다. 반면 전체주의나 파시즘은 다른 의견을 수용하지 못하고, 군대까지 동원해 반대 의견을 억압한다. 이를 기준점으로 잡아야 한다. 만약 문제가 헌법에 있다면 개헌이 필요하고, 법률이 문제라면 입법이 필요하다. 그러나 민주당이든 국민의힘이든 막상 집권하면 바꿀 필요가 없다고 생각하는 경향이 있다. 시민사회도 비판만 할 뿐 제도적 장치가 없어 늘 망설인다. 민주 정부를 어떻게 만들 것인지 고민만 반복한다.

손우정 소위 87년 체제를 넘어설 고민이 필요하다. 반공이데올로기의 원천인 분단 체제를 해소해야 한다. 시장과 경쟁 만능주의에 대응해 경제의 사회적 성격과 공공성을 강화하는 대책이 나와야 한다. 또 국민의 주권이 선거 이후 통치 과정에서도 발휘될 수 있어야 한다. 이것은 시스템을 바꾸는 일이기에 개헌이 필요하다. 시대가 바뀌는데 시스템이 그대로면 계엄처럼 예측하지 못한 사건이 계속 발생할 수밖에 없다.

이원재 경제전문가들은 "성장 없이는 복지도 어렵다"라는 데 의견을 모았고, 앞으로 성장에 대한 압박이 더 커지고 불확실성도 커질 것이라는 점을 지적했다. 이 과정에서 내수 중심과 수출 중심, 두 가지 경제 전략이 맞섰다.

내수경제 중심론자들은 수출 제조업이 일자리 창출에 한계가 있고 양극화를 심화시켜 한국식 '러스트벨트' 현상을 낳는다고 보았다. 유럽처럼 황폐화된 자영업자나 청년층에서 극우 정치가 등장할 수 있다는 우려가 제기됐다.

윤홍식 교수는 보편적 복지 담론이 사실상 실패했다는 점을 언급했다. 수출 제조업 중심 국가에서는 노동시장의 이중구조와 양극화를 피하기 어렵다는 게 그의 결론이다. 10년간 연구한 끝에 보편적 복지의 한계를 인정하게 됐다는 것이다. 이에 따라 평등성을 유지하려면 경제 체제 자체를 바꿔야 한다고 했다.

예를 들어 스웨덴은 대타협을 통해 돌봄 노동자를 국가가 고용하고 사용자에게 비용을 부담시킨다. 또 이민자 유입을 조절하는 등 독일과는 다른 길을 택했다. 보편복지에 대한 인식을 바꾸고 그에 맞춰 경제정책을 다르게 전개해야 한다는 얘기다.

한국은 국가 차원에서 돌봄 경제를 확대하고 내수 산업에 더 많이 투자해 일자리를 만드는 산업정책을 펼쳐야 한다는 의견도 나왔다. 만약 세계가 보호무역주의로 재편된다면 수출이 위축될 수 있으니 이에 대한 대비가 필요하다는 주장이다.

반면 낙수 경제론을 주장하는 참석자들은 한국이 글로벌 경제에서 맡고 있는 역할을 유지해야 하며, 수출 제조업을 중심으로 성장을 이어가야 한다고 강조했다. 성장 전략을 둘러싼 논쟁은 계엄과 직접적인 관련은 없지만 이번 사태를 촉발한 배경 중 하나로 볼 수 있다.

정욱식 성장과 내란 사태 방지 사이에 어떤 논리적 연결고리가 있는가.

이원재 우리가 '신자유주의 시대'라고 불렀던 지난 30년은 사실 전 세계적으로 말도 안 되는 번영의 시대였다. 이런 번영은 이전에도 없었고 이후에도 없어야 정상이다. 미국식 세계가 전 세계로 확장되면서 경제가 지나치게 효율적으로 돌아갔다.

한미 FTA를 체결할 당시, 시장을 개방하면 제국주의가 들어와서 수탈당할 거라고 했지만 20년이 지나고 보니 오히려 잘살게 되고 정치적으로도 안정됐다. 이것은 비정상적이었다. 지나치게 많은 무역과 에너지 이동이 미국이라는 거대한 군사력의 보호 아래 이뤄졌기 때문이다.

그러나 트럼프의 태도를 보면 앞으로 효율성은 침해되고, 그만큼 성장률은 줄어들 것으로 보인다. 특히 무역 국가인 우리나라는 성장 둔화가 더 심각할 것이다. 그렇게 되면 국가 운영 차원에서 재정압박이 심각해질 수밖에 없다. 복지도 해야 하고 인프라도 구축해야 하는데, 문제가 터져서 프랑스의 연금 사태처럼 사회적 갈등이 커질 수 있다. 정치가 이를 재정적으로 조정하지 못하면 갈등은 더 심해질 것이다. 그래서 성장률을 지켜 세금을 걷을 수 있는 기반을 만들고, 그 기반을 통해 국가를 안정적으로 운영해야 한다는 이야기가 많이 나왔다.

여기에 덧붙여 나는 앞으로 경제의 참여 효능감을 높이는 것이 매우 중요하다고 생각한다. 장기적으로 보면 양극화나 강경보수화가 나타날 가능성이 상당히 높다. 이런 현상은 노동시장에 참여해 임금을 받고 안정적으로 살아가는 사람들이 줄어들고, 이로써 불안정해진 계층에서 강경보수화가 일어나는 현상으로부터 비롯된다. 지금 체제대로라면 국민연금도 못 받고 여러 제도가 제대로 작동하지 않을 수 있으니, 제도적으로 어떻게든 이들을 감싸안는 노력이 필요하다.

그 방법 중 하나가 '환상을 주는' 산업정책이다. 전문가들의 얘기를 들어보면, 세계적으로 국가가 어떤 산업을 키우겠다고 이야기하는 건 대부분 거짓말이다. 중요한 것은 나중에 그 산업이 정말로 성장해서 결과가 나오는 게 아니라, 일단 "키우겠다"고 선언하면 국가가 돈을 지원하기에 그 예산으로 많은 사람들이 먹고살 수 있다는 점이다.

국가가 반도체에 투자할 수도 있고, 벤처나 서비스산업에 투자할 수도 있다. 국가가 많이 투자하면, 그 지역이나 산업에 속한 사람들은 '내가 내 힘으로 일을 해서 먹고 사는구나'라고 느끼게 된다. 실제로 그 산업이 잘 성장해서 분배할 재원이 생기면 좋겠지만, 설령 잘되지 않더라도 이런 방식 자체가 중요한 관리의 방법이라는 이야기가 나왔다.

우리나라의 프리랜서, 비정규직, 자영업자 등을 포괄하지 못하는

4대 보험 등 사회보장제도를 손봐서 일차적으로 분배를 강화하고, 사회보장제도가 더 많은 사람들을 포괄할 수 있도록 만들어야 한다. 그래야 구조적으로 내란이나 심각한 사회 혼란이 발생하는 것을 막을 수 있다.

추은혜 전적으로 동의한다. 성장을 이루면서도 사회적 연결이라는 가치도 더 중시해야 한다. 물론 전 국민이 모두 완전히 연결될 수는 없겠지만, 의료·교육·복지 등 필수적인 핵심 의제에 대해 정부와 정치가 실질적인 대안을 제시해 시민들 상호 간의 연결고리를 만들어주면서 탄탄한 복지국가로 나아가야 한다고 생각한다.

한국 민주주의가 나아가야 할 방향

백승헌 앞으로 한국 민주주의가 나아가야 할 방향은 무엇이라고 생각하는가?

김정인 최근 대학 정책을 조사하면서, 현재 대학의 틀을 만든 것은 김대중 정부와 노무현 정부였다는 점을 알게 되었다. 김대중 정부는 IMF 위기 극복에 집중했고, 노무현 정부에서는 구체적인 정책들이 많이 나왔다. 이런 연속성이 개혁에서 매우 중요하다는 생각이 들었다. 우리에게 충분한 개혁의 시간이 주어졌으면 좋겠다.
당장은 내란 종식으로 바쁘겠지만, 그다음 단계로 우리가 할 수 있는 것은 민주적 합의에 기반한 개헌이다. 1987년에 여야 합의를 거쳐 개헌했던 것처럼, 민주주의 국가라면 개헌도 여야 합의에 기초해야 한다. 이를 논의하는 과정에서는 무엇이 민주주의이고, 무엇이 민주주의가 아닌지, 그 경계를 충분히 논의해야 한다.

박용대 정치권과 관련해서는 제도적으로 시스템을 만들어야 한다고 본다. 그중 핵심은 다당제다. 다양한 의견을 수용하려면 결국 다당제로 가야 한다. 진정한 민주 정부라면 임기 내 걸림돌만 신경 쓸 게 아니라 장기적으로 민주주의를 발전시킬 제도 개혁을 고민해야 한다. 정당 민주화도 빼놓을 수 없다. 다당제가 정착되면 정당들도 경쟁하며 민주적이고 유능한 정치세력이 나올 수 있는 토대가 마련될 것이다. 이런 변화가 장기적으로 민주주의를 단단하게 만들 것이기에 이번 기회를 놓치지 않았으면 한다.

정욱식 현재 민주당 정권은 의회 권력까지 장악한 유사 이래 가장 강력한 정치권력을 갖추게 되었다. 이러한 권력 구조가 2028년까지 이어질 가능성이 있다. 그 때문에 민주당 내에서는 협치나 다당제 등 정치적 다양성을 확보하려는 동기가 약해질 수 있다.

노무현 정부의 한계가 이명박·박근혜 정부로, 문재인 정부의 실패가 윤석열이라는 결과로 이어졌던 것도 계속 상기해야 한다. 무엇보다도 민주 정부 지도자의 능력주의적 태도는 경계해야 한다. 자수성가형 지도자인 이재명은 특히 더 위험한 캐릭터일 수 있다. '소년공의 신화'로 대표되는 능력주의를 과도하게 강조하다 보면 기존 기득권 세력과는 이질감을, 소외계층과는 위화감을 키울 수 있다. 이에 따라 능력주의의 정치적 표출은 자제해야 한다. 자수성가형 지도자는 겸손해질 때 더 강한 힘을 가질 수 있다는 뜻이다. 정권을 잡은 이후 이재명이 중도·보수로 자리매김할지도 지켜봐야 한다. 성장주의, 동맹주의, 안보주의 등 보수적 어젠다로 가면 사회경제적 불평등은 개선되지 않거나 악화될 수 있다. 정치적 양극화로 좌절한 사람들이 정반대의 선택을 하도록 만드는 밑거름이 될 수도 있다.

북한과는 평화적으로 헤어질 결심을 해야 하고, 개헌 논의에서 영토 조항 개정 등이 현실적인 힘을 가질 수 있는 방안도 고민해야 한다.

추은혜 권력은 언제나 부패하는 경향이 있고, 지금 민주당의 권력이 너무 크다. 이런 상황에서 민주당이 어떤 포지션을 취할지 지켜봐야 한다. 이번 대선과 그 이후의 행보가 매우 중요하다.

정은주 대통령이 제왕적인지 여부에 관한 헌법학자들의 의견이 엇갈렸다. 대통령이 제왕이 되려고 하는 태도가 문제이지, 실제로 우리 대통령제가 반드시 제왕적이라고 볼 수만은 없다는 진단도 나왔다. 또한 이번 사태의 원인이 대통령제 자체에 있는지에 대해서도 의문을 제시했다.

백승헌 현재만을 바라보다는 중요한 것을 놓치기 쉽다. 사회문제를 시계열적으로 길게 보고, 국제적 시각과 남북 질서도 함께 고려해야 한다. 상상력이 필요한 부분이다.

정욱식 민주주의가 목적 자체인지, 수단에 그치는지에 관한 질문이 필요하다. 오랫동안 민주주의 자체가 선이고 목적이라고 여겨왔지만 누구를 위한, 무엇을 위한 민주주의인지를 놓친 측면이 있다.

박용대 개혁이 지체되고 정권을 잃고 나면 후회하는 일이 반복되어 왔다. 시민사회도 개헌, 선거제도 개혁, 결선투표 도입 등 정치권의 다양성을 만들어내는 데 힘을 보태야 한다. 더 많은 사람들이 더 나은 정치를 희망할 수 있어야 좋은 리더가 나올 수 있다.

정욱식 민주당이 집권하면 남북 관계나 한중 관계가 개선될 수 있지만, 이것이 국내에서는 친중이나 종북 담론으로 소비될 우려가 있다. 이번에는 남북 관계가 거의 제로 상태여서 종북 담론이 힘을 못 썼고, 그 빈자리를 혐중 담론이 채웠다. 앞으로도 이런 흐름을 주의 깊게 지켜봐야 한다.

김정인 앞으로 해야 할 일 두 가지를 제시하고 싶다. 첫째, 보수의 재건이 필요하다. 극우 현상을 모두 걱정하지만, 보수가 스스로 위기에서 벗어나거나 진보가 보수의 개혁을 돕는 과정이 없다면 여야 합의 자체가 불가능하다. 합의의 상대가 사라지기 때문이다. 그래서 보수의 재건이 매우 중요하다.

둘째, 앞으로 정당 민주주의에 대해 더 많은 논의가 이루어져야 한다. 민주당은 당원이 500만 명을 넘었고, 권리 당원이 150만 명에 달한다. 국민의힘도 당원이 400만 명을 넘었고 책임 당원이 90만 명을 넘는다. 시민사회 차원에서도 정당 민주주의가 무엇인지 공론화하고 논의해야 한다. 정당 민주주의에 대한 활발한 토론과 보수의 재건 과정이 함께 이루어져야 개헌이 가능하다. 시간이 많이 필요할 것이고, 이 시간이 우리에게 주어질지는 시민사회와 정치권에 달려 있다.

백승헌 앞으로의 한국 사회를 낙관적으로 보는지 비관적으로 보는지, 그리고 그 이유는 무엇이라고 생각하는지 궁금하다.

손우정 나는 대단히 낙관적으로 본다. 이유는 비상계엄을 막았기 때문이다. 만일 비상계엄이 성공했다면 벌어졌을 일들을 상상만 해도 끔찍하다. 그런 상황을 피할 수 있었다는 것만으로도 얼마나 다행인가? 앞으로도 여러 우여곡절이 있고 실망스러운 일들이 벌어지기도 하겠지만, 계엄이 성공했을 때와 비교하면 훨씬 더 나을 것이다. 그런 점에서 낙관적이다.

박용대 민주주의에 대해서는 낙관적이다. 사람들이 민주주의를 자기 문제로 인식하고 발전시켜 온 것이 역사의 흐름이기 때문이다. 반면 인류 전체의 미래에 대해서는 기후위기와 AI 등으로 인해 회의적이다. 인간이 스스로를 파괴할 수도 있다는 생각을 떨치기 어렵다. 물론 당장은 아니겠지만, 먼 미래에는 그런 종말을 맞을지도 모른다는 우려가 있다.

민주당의 새 정부를 신뢰하지는 않지만, 이번 선거에서 가장 중요한 과제는 극우 세력의 준동을 막는 것이었다. 민주당을 믿지 못하더라도 이번 정권이 성공할 수 있도록 시민사회가 힘을 모아야 한다고 생각한다.

추은혜 극우가 언제든 성장할 수 있고 보수의 재편이 쉽지 않다는 점에서 크게 낙관하지 않는다. 다만 우리 사회에서 극우가 주류 담론이 되기는 어렵다고 확신한다. 그럼에도 사회적 갈등이 너무 뚜렷하게 보이기 때문에 완전히 낙관할 수는 없다. 성장과 복지를 기대하기 어려운 현실에서 양극화가 심화되면 극우 세력이 개입할 여지는 언제든 남아있다고 본다. 극우의 주류화는 어렵다고 보지만, 사회적 갈등을 생각하면 희망적으로만 보기는 어렵다.

김정인 역사에서 중요한 것은 경험이다. 모두가 이번 계엄 사태를 함께 겪었고, 그 경험의 힘이 크다고 생각한다. 계엄을 막아냈고, 평화적으로 헌법 질서 안에서 문제를 해결했다. 이 경험이 앞으로 한국 사회에서 어떤 위기가 닥쳐도 극복할 수 있는 힘이 될 것이라 본다. 4·19처럼, 앞으로도 이 경험이 한국 사회에 중요한 거울이 될 것이므로 낙관적으로 본다.

정은주 계엄 사건을 어떻게 처리하느냐가 중요한 메시지가 될 것이다. 계엄과 같은 사건이 반복되지 않으려면 진실이 충분히 밝혀져야 하지만, 우리의 경험상 그럴 수 있을지 비관적이다. 또한 극우 문제의 핵심에는 박탈감과 외로움 같은 정서가 있다. 사회 전체가 서로의 상처를 인정하거나 공감하지 않는 분위기가 팽배하다. 양극화와 극우 문제는 쉽게 해결되기 어렵다.

이미현 시민사회가 세상을 바꿀 기회가 있다는 점에서 희망을 본다. 이재명이 대통령으로 당선되어 민주당이 행정부와 국회를 모두 장악했기에 견제받지 않는 권력의 부패가 우려되긴 한다. 하지만 문재인 정부의 경험을 반면교사로 삼아 어려움을 극복하는 기제가 작동할 수 있다고 본다.

다만 이재명이 팬덤 정치로 강력한 드라이브를 걸 때 쉽게 제어되지 않을 수 있다는 부정적인 예측도 가능하다. 민주당 내 정치 엘리트의 성장과 재생산 구조가 튼튼하지 않으면 윤석열 같은 정치인이 민주당에서도 나올 수 있다. 이런 점에서 정당 민주주의를 강화하고 시민사회도 이에 대해 더 많이 이야기해야 한다. 비판적 성찰이 더해진다면 낙관이 더 강화될 수 있다.

정욱식 운동적 관점에서 미래를 비관적으로 봐야 분발할 수 있다고 생각한다. 대외적으로도 예측 불가능한 위기가 많다. 성장의 지속 가능성도 의문이고, 반도체나 AI, 그리고 방위산업 중심으로 정부 예산이 과도하게 쏠리면 다른 분야의 재원 축소로 이어질 수 있다. 이는 사회적 양극화와 차별로 연결될 수 있다. 한국은 성장의 정점을 지났고, 대외관계에서도 새로운 경쟁이 시작되고 있다. 이런 변화에 어떻게 대응할지 준비가 필요하다.

우리나라의 과도한 군사주의를 줄이고, 한미동맹의 전제를 바꿀 필요가 있다. 유사시 무력 흡수 통일 목표를 내려놓으면 병력 감축과 국방비 절감, 기후위기 대응에도 도움이 된다. 이런 대안들이 사회적으로 잘 공론화되고, 정치권에 반영되어 선순환을 이뤄야 한다고 생각한다. 비관적이지만, 이런 노력이 필요하다는 점을 강조하고 싶다.

추은혜 극단적 포퓰리즘이나 극우화로 흐르지 않으려면 다양한 대안이 제시되고 국민들이 서로 공감대를 형성할 수 있는 정치의 재편이 중요하다. 그래서 대선 이후의 정치적 변화가 매우 중요하다고 본다. 국민의힘이 지금과 같은 포지션을 유지한다면 극우는 살아남지 못하고 전멸하거나 뿌리째 뽑힐 것이라고 생각하지만, 그에 관해서도 완전히 낙관할 수는 없다.

백승헌 모두 긴 시간 수고 감사드린다. 이번 내란 사태는 우리 사회에 깊고 커다란 상흔을 남겼다. 이 상처가 두고두고 우리 사회의 건강을 해치는 결과가 될지, 잘 아물어서 헌법과 민주주의를 지키고 강화하는 전화위복의, 영광의 상처로 남을지는 이제부터 우리 모두가 고민해야 할 숙제일 것이다. 대담이 끝날 무렵, 이런 사회적 과제들은 지금 우리가 나눈 것처럼 대화와 성찰을 통해서만 해결할 수 있으리라는 생각이 들었다. 이번 기획과 오늘의 대화가 그 시작의 단초가 되길 기대한다.

12·3 비상계엄 사태를 계기로 열린 인터뷰와 대담은 한국 민주주의의 문제점을 솔직하게 드러내는 기회였다. 정치, 사회, 역사 등 여러 분야의 전문가들은 이번 사태가 단순히 한 사람의 잘못이 아니라 우리 사회에 뿌리 깊은 엘리트 집단의 폐쇄성, 권력기관의 비민주적 문화, 그리고 갈수록 더 심해지는 사회적 양극화와 연결되어 있다고 결론지었다.

이번 경험을 통해 시민들의 저항과 국회, 헌법기관의 빠른 대응 등이 민주주의를 지켜냈다는 점도 확인할 수 있었다. 그러나 앞으로도 이러한 위기가 반복되지 않을 것이라는 보장은 없다. 제도적 보완과 민주적 감수성의 확장, 시민사회의 지속적인 감시와 참여가 반드시 필요하다. 또한 보수와 진보 모두 자기 성찰을 통해 진정한 사회적 합의와 개혁의 동력을 만들어내야 한다는 점도 분명해졌다.

앞으로 우리가 해야 할 일은 권력이 남용되지 않도록 제도적으로 감시하고, 사회 갈등과 양극화를 줄이는 동시에 다양한 목소리가 정치권 안에서 자유롭게 반영되도록 만드는 것이다. 민주주의는 한 번의 변화로 완성되는 것이 아니라 끊임없는 성찰과 토론, 그리고 시민참여를 통해 조금씩 발전해 간다. 이번 작업이 앞으로 우리 사회의 민주주의를 더 단단하게 만드는 출발점이 되기를 바란다.

 한겨레경제사회연구원과 법무법인 경 공익연구소가 공동으로 발간한 「넥스트 민주주의: 50개의 시선으로 상상하다」(PDF 파일) 전체 보고서는 스마트폰으로 좌측의 QR코드를 스캔해 손쉽게 내려받으실 수 있습니다. 보고서에는 이번 책에 참여한 전문가 50인의 인터뷰 전문이 수록되어 있어 책을 읽은 분들께는 더욱 유용한 텍스트로 다가가리라 생각합니다. 한국 민주주의의 미래를 고민하는 모든 시민과 연구자에게 의미 있는 참고 자료가 되길 바랍니다.

그러므로 내란은 끝나지 않았다
지금 여기, 한국을 관통하는 50개의 시선

발행일	2025년 8월 22일 초판 1쇄
지은이	김정인, 손우정, 이미현, 이원재, 정연순, 정욱식, 추은혜
기획	백승헌, 정은주
편집	박성열, 배선화, 신수빈
디자인	박은정
인쇄	재원프린팅
제본	라정문화사
발행인	박성열
발행처	도서출판 사이드웨이
출판등록	2017년 4월 4일 제406-2017-000041호
주소	서울시 영등포구 선유로 114, 양평자이비즈타워 705호
전화	031)935-4027 팩스 031)935-4028
이메일	sideway.books@gmail.com
ISBN	979-11-91998-52-8 (03300)

- 잘못 만들어진 책은 구입처에서 바꾸어 드립니다.
- 이 책의 전부 또는 일부 내용을 재사용하려면 사전에 도서출판 사이드웨이의 동의를 받아야 합니다.